JN233227

グローバリゼーションと国際社会福祉

仲村優一・愼燮重・萩原康生 編著

中央法規

はしがき

『グローバリゼーションと国際社会福祉』というタイトルでまとめられた本書は，この本のなかで随所に引用・参考文献として出てくる，ジェームズ・ミッジリィ著，京極高宣・萩原康生監訳『国際社会福祉論』中央法規出版，1999年（原著の発行年は1997年）とかかわって生み出されたものである。というのは，ミッジリィによって『国際社会福祉論』で打ち出された，以下で見るような新しい社会福祉の定立に向けての提言（たとえば，「選別的・救済的な各国別社会福祉」に対する「地球的規模の広い視野で社会福祉をとらえる開発的アプローチ」の如く〈監訳者まえがき〉）に対し，日本およびアジアの視点からの問題提起を行うことをねらいとして，日本・韓国・中国で，アジアおよび世界の福祉に詳しい若手の研究者に寄稿してもらい，このような形でまとめられたものである。

　私ども，本書の編者3人は，このほぼ10年来，社会福祉の国際会議や学会大会，個人的コンタクトといろいろな機会にジェームズ・ミッジリィ教授と接触し意見を交換する場をもち，同教授の「グローバリゼーションと社会福祉」に絡む論説に強い刺激を受けてきた社会福祉の研究者である。国際会議や学会のシンポジウムで，同教授がコーディネーター，あるいは「促進者」を意味するファシリテーターを務め，"シンポジウム"の名にふさわしい，劇的に際立った盛り上がりを演出する同教授の力量に驚嘆するとともに，自らの立場をグローバルな視点から問い直してみることの大事さを痛感したのである。

　ただし，ミッジリィの立場の受け入れの度合いには濃淡の差があることは否定できない事実で，編者のうち萩原は，上に挙げたミッジリィの主著『国際社会福祉論』の監訳者の1人でもあり，ミッジリィから本書への橋渡しの

役割を果たしていることにも注意しておきたい。

　以上のことを予備的に概念整理をしたうえで，読者には，本書を次の章別の順序で読んでいただくことを勧めたい。

　まず，第1章（愼燮重）と第7章（萩原康生）の2章が全体の導入部分となる。

　第1章は，章末に挙げられている参考文献を見ていただくとわかるように，この章でとりあげられている文献は，大体オーソドックスな社会福祉の概説書で，ミッジリィのいう国家福祉の文脈でとらえられる社会福祉が包括的にとりあげられている。それを，グローバリゼーションと国際政治・経済の動きとの関係でとらえたうえで，現状を国家福祉から国際社会福祉へと向かいつつある過程にあるものとしてとらえている。

　第7章は，従来型福祉をミッジリィのいう開発型福祉と対比させて，経済に従属する福祉ではなく，福祉の消費者であるとともにその生産者として経済にも寄与する開発型福祉を基本的な類型として抽出している。ミッジリィによって提起された壮大な仮説の体系が，これで的確・適切にまとめ切れているのか，ミッジリィのきわめて難解な原著をここまで簡略化して表すことができるのか議論の余地があろうが，とにかく，国際社会福祉の現実に照らして験してみたうえで，その実証の可能性をさぐる必要があり，それに値する問題提起である。読者には，第7章の末尾に示される図表とその説明のなかに出てくる「人権の尊重」「持続的発展」「内発的発展」「人間のウェルビーイングを目ざす人間開発」「住民の住民による住民のための福祉活動」等の諸概念のもつ意味を，現実の社会福祉の諸活動に照らして点検吟味することが求められるのである。

　第1章，第7章に次いで，上記の作業を進めるための点検素材として，第2章以下の他の諸章をとらえ，これをまず第5章（金子光一），第6章（原島博），第3章（菅沼櫻子）の順で読んでいただくことを勧めたい。

　第5章の金子論文は，オーソドックスな社会福祉の国際化論から出発して，国際社会福祉の領域において日本が果たしてきた役割，および今後に期待さ

れるものを，ODAの成果やNGO活動の批判的検討を基に明らかにしたので，きわめてオーソドックスなまとめになっている。そのなかで，市民の意識変革を経た自発的国民参加が強く求められている点に，特に注目しておきたい。

第6章の原島論文は，国際協力のアクターであるODA（政府開発援助），国連関係機関，NGOの諸活動についての20世紀の動向，特に20世紀の終わりの動きを批判的に検討したうえで，社会福祉の国際協力を必然的な方向として指向せざるをえないことになっているプロセスを明らかにしている。アジアの福祉に直接かかわって国際社会福祉の現実をよく知っている論者の説得力のある記述に注意しておきたい。

第3章の菅沼論文は50頁に近い力作の論文で，内容的には，国際社会福祉の課題をアジアにおける社会福祉の問題に対象をしぼり，特に，ジェンダーの視点，環境の危機と人々の暮らしに焦点をおいた実態分析が行われており，アジアの貧困と女性問題や児童問題等の実態が鋭く浮きぼりにされている。

編者としては，菅沼論文が，特にグローバリゼーションの課題を「環境の視点」でとらえている点において，諸論文のなかで際立った論考であったことを，とりわけ高く評価したい。この点は，国際福祉関係機関（たとえば，国際ソーシャルワーカー連盟）の「グローバリゼーションに関する政策提言」などでも，掘り下げた検討を強く要請されていることなので，菅沼論文が，さらに読者からの参加も得て，その中身が深められ，日本からの積極的な提言ができるようにしたいものである。

第2章（沈潔）と第4章（李仁之）は，今回，わが国の大学で，それぞれ「国際福祉」と「国際福祉論」を講じている中国と韓国の若手研究者の参加を要請し，「グローバリゼーションと国際社会福祉」について，それぞれの立場でまとめてもらった注目すべき論文である。

このうち，第2章の沈論文は，必ずしも，ミッジリィの著書『国際社会福祉論』の問題提起を踏まえることなく，論者独自の国際社会福祉論の提起になっており，また，国連の国際年に関する歴史の叙述等に詳しく，主題そのものの検討は必ずしも十分ではない。しかし，論者はすでに中国の社会福祉

に関する複数の著書もあり，日本，中国の福祉に通ずる貴重な人材なので，今後に向けて，ミッジリィに戻って本書の主題を追求していただきたい。

　第4章の李論文は，ミッジリィの原著および訳書を読んだうえで，論者自身の独自の「国際福祉システムの視点」からの論旨を展開している。

　論者の李は，価値判断の規定要因を図式化する「価値の社会学」に基づく機能集団論に準拠し，国際社会福祉を経済・政治・社会・文化のシステムに分け，その構造機能を分析するという手法を用いて国際社会福祉システムの形成要因を明らかにしようとする，それなりの根拠をもった形式理論社会学の立場からする国際社会福祉論定立の根拠を示そうとする論考である。この理論的枠組みを用いてミッジリィの社会福祉論をどう評価するかについての一歩踏み込んだ考察を加えてもらうことが編者の論者への要望である。

　以上の7本の貴重な論考を寄せていただき，今後の，本書の主題をテーマとする共同研究のための貴重な素材を提供された論者の皆さんに心から感謝申し上げるとともに，読者の皆様からの忌憚のないご意見をお寄せいただければ幸いである。

2002年8月

仲　村　優　一

目　次

グローバリゼーションと国際社会福祉●目次

はしがき

第1章　グローバリゼーション時代の国際政治・経済と国家福祉 ── 1

　第1節　グローバリゼーション時代の意義 ………………………… 1

　第2節　世界の地域紛争と国際政治経済における地域的枠組み … 6
　　　　1　世界の地域紛争／7
　　　　2　国際政治経済における地域的枠組み／10

　第3節　国家福祉の理論と現状 …………………………………… 14
　　　　1　社会福祉の概念／14
　　　　2　国家福祉と社会福祉政策／15
　　　　3　国家福祉の諸理論と国家福祉の現状／18
　　　　4　福祉国家の理論と現状／25

　第4節　国家福祉の展望 …………………………………………… 30
　　　　1　福祉国家の危機と新自由主義の台頭／30
　　　　2　福祉国家から福祉社会へ／31
　　　　3　グローバリゼーション時代を迎え，国家福祉から
　　　　　　国際社会福祉へ／33

第2章　国際社会福祉の意義と展望 ── 37

　第1節　国際社会福祉の定義 ……………………………………… 37

　第2節　国際社会福祉の目標と理念 ……………………………… 40
　　　　1　国際社会福祉をとりまく国際環境／40
　　　　2　国際社会福祉の目標／41

i

　　　　3　国際社会福祉の理念／43
　第3節　国際社会福祉の歴史 …………………………………… 46
　　　　1　国際社会福祉の実践活動の流れ／46
　　　　2　国際社会福祉研究の流れ／49
　第4節　国際社会福祉の現状 …………………………………… 52
　　　　1　先進国と発展途上国の社会福祉の違い／53
　　　　2　国際社会福祉の援助活動の形態／55
　　　　3　国際社会福祉活動へのアプローチ／57
　第5節　国際社会福祉の展望 …………………………………… 59

第3章　国際社会福祉の課題―アジアにおける社会福祉の課題― ── 61

　第1節　国際社会福祉の課題 …………………………………… 61
　　　　1　福祉実現の道程の多様性／61
　　　　2　制度（GOVERNANCE）の多様性／63
　　　　3　価値の相対化とソーシャルワーカーのAUTOGNOSIS
　　　　　　―エミック（当事者の主観的論理）とエティック（文化的来訪者の客観的論理）の葛藤を越えて―／65
　　　　4　「真の自由を拡大していくプロセス」としての開発／68
　　　　5　国際社会福祉の任務と要件／70
　第2節　「拡大する格差」を引き継ぐ未来世代 ……………………… 72
　　　　1　「北」の豊かさの再生産を支える「南」の貧困の再生産／72
　　　　2　第三世界の政治の低開発と多国籍企業／74
　　　　3　次世代への敬意／75
　第3節　アジアの貧困と環境問題
　　　　　―先進国のエネルギー消費量削減と途上国の人口抑制― …… 76
　　　　1　人口圧力―地球は90億人を養うことができるのか―／77
　　　　2　人口増加と環境問題群／81
　　　　3　まとめ／88
　第4節　生き抜くために働くフィリピンの人々 ……………………… 88
　　　　1　貧困と女性問題（ジェンダーの視点から）／89
　　　　2　貧困と児童労働（なぜ子どもたちは働くのか）／97

第5節 世界の子どもたちの苦しみ …………………………… 103
1 児童奴隷売買／103
2 子ども兵士／105
3 物乞い，路上生活／105
4 識字問題／106
5 未就籍児／106

おわりに …………………………………………………………… 107

第4章 国際福祉システムの形成とその視点 ── 109
第1節 国際福祉の提案 …………………………………………… 109
第2節 国際福祉システム ………………………………………… 110
1 国際福祉システムの特徴／112
2 国際福祉の経済システム／113
3 国際福祉の政治システム／116
4 国際福祉の社会システム／119
5 国際福祉の文化システム／122
6 システムの制御機能／124

第3節 永住外国人の福祉問題 …………………………………… 128
1 在日コリアンの歴史的背景／128
2 無年金高齢者／129
3 金鉉釣訴訟／130
4 市民権としての参政権／133
5 アイデンティティとエスニシティ／135
6 自生的・共生的な福祉活動／138

第5章 国際社会福祉の領域における日本の役割 ── 143
第1節 実　績 ……………………………………………………… 143
1 日本における国際化の意味／144
2 日本の国際援助／146

第2節 現　状 ……………………………………………………… 152
1 日本のODAの現状と課題／152

　　　　　2　日本のNGO活動の現状と課題／156

　　第3節　展　　望―日本の国際社会福祉が歩むべき道―……………162

第6章　社会福祉のグローバル化と国際協力 ──────── 169

　　第1節　国際社会福祉の背景 ………………………………………169

　　　　　1　国際協力による「社会福祉」とは何か／169

　　　　　2　国際協力の前段階
　　　　　　　―植民地政府イギリスによるコミュニティ福祉支援―／171

　　　　　3　南北格差と「国連開発の10年」の流れ／173

　　　　　4　構造調整政策と累積債務問題
　　　　　　　―失われた開発の10年―／175

　　第2節　国際社会開発と国際協力 …………………………………176

　　　　　1　経済開発から社会開発へ／176

　　　　　2　ベーシック・ヒューマン・ニーズ（BHN）から
　　　　　　　人間開発（HD）へ／177

　　　　　3　国際協力に与えた「国連世界社会開発サミット」の効果／178

　　　　　4　地球規模の社会開発の前進と課題／180

　　第3節　地球社会共生のための国際協力 …………………………184

　　　　　1　国際協力の全体的しくみ／184

　　　　　2　日本政府による国際協力／185

　　　　　3　国際連合による国際協力／191

　　　　　4　日本のNGOによる国際協力／196

　　おわりに ………………………………………………………………202

第7章　国際社会福祉の新たな方向―開発型社会福祉― ───── 205

　　第1節　社会開発の歴史と展望 ……………………………………205

　　第2節　社会開発の枠組み …………………………………………211

　　　　　社会開発の国際動向／211

　　第3節　社会開発の諸相 ……………………………………………214

　　　　　1　CBR(Community Based Rehabilitation)／214

　　　　　2　都市における社会開発／217

　　　　　3　農村における社会開発／219

　　　　　　　　　　　　　　　　　　　　　　　　　　　　目　次

　第4節　開発型福祉の真髄—内発的発展— ……………………… *220*
　　　　1　概念の整理／*220*
　　　　2　スリランカのサルボダヤ運動の事例／*222*
　第5節　開発型福祉をめざして ……………………………… *223*

執筆者一覧
編者紹介

第1章
グローバリゼーション時代の国際政治・経済と国家福祉

第1節 グローバリゼーション時代の意義

　科学革命で始まった20世紀は長足の科学技術の進歩を招き，科学技術が先導する産業社会の発展は脱産業社会（post industrial society）の段階に立ち至っている。しかし，20世紀最後の10年以降，1989年のベルリンの壁崩壊と1991年のソビエト消滅による冷戦の終結，そして情報技術（IT）の革命による情報化の急速な進展により，21世紀に立ち至った今日，全世界は「グローバリゼーション時代」という世紀的転換と大激変の時代を迎えている。

　J.ミッジリィによれば，グローバリゼーションとは多様な人々や経済や文化，政治が国際化にさらされ，人々がその影響を日常的に感じることのできるような国際統合のプロセスとして定義されている。インターナショナリゼーションという用語も，このプロセスを説明するために使われるが，グローバリゼーションという用語のほうが今日は好まれている。グローバリゼーションはインターナショナリゼーションよりも包括的な用語である。[1]

　一方，岡田徹によれば，今日，近代産業社会化や資本主義経済の高度な発展により，政治・経済・社会・文化諸システムにおける国際化（internationali-

---

(1) ミッジリィ, J. 著，京極高宣・萩原康生監訳『国際社会福祉論』中央法規出版，1999年，29頁。（Midgley, J., *Social Welfare in Global Context*, SAGE Publications, 1997, p.21.）

zation)や地球規模化(globalization)が加速的に進展し,世界はますます相互依存関係を強めつつある。要は,ボーダーレス・エコノミー——金(金融資本),人(労働力),物(商品,資源),情報,サービスが国境(国家や国民社会の枠)を越えて流動化するという経済システムがその先陣を切り,それに政治システムが追随し,やや遅れて社会・文化システムが後に続いているといえる。これは政治・経済的な≪利害状況≫レベルによる国際化・グローバル化を意味するが,一方で価値や規範という,いわば≪理念レベル≫による国際化・グローバル化も見落としてはならない。すなわち,20世紀の2度にわたる世界大戦の反省として,国連等の国際機関によって展開された国際的な人権保障の思想や体制,および戦争防止・安全保障・平和追求への努力がこれである。[2]

要するに,グローバリゼーション(地球規模化)とは,経済,政治,社会,文化の諸システムにおいて,経済と情報を中心に「ボーダーレス化」が進み国境を越えたつながりが増大し強化されることに伴い,金,人,物,情報,サービス,人権など価値観の地球規模的交流が増大深化する,国際統合のプロセスであるといえる。

グローバリゼーション時代の背景としては,ソビエトの崩壊をきっかけにした東西両陣営の冷戦体制の終焉と,社会主義が崩壊したことで民主主義と市場経済に基づく世界秩序の確立による,脱イデオロギー時代に進入していること。ひいては,情報技術(IT)の革命と交通の発達による時間的同時代と空間的地球村化,そして世界貿易機関(WTO)体制を通じての国家間・地域間の経済的相互依存性の増大などをあげることができる。

グローバリゼーションの意味をより明確にするため,その意味の側面または領域を次のように区別させておく必要がある。

① 技術的側面

まず,技術的視点からみれば,グローバリゼーションの概念は,特に20

---

[2] 岡田徹「国際社会福祉の意義と課題」松本眞一編著『現代社会福祉論』ミネルヴァ書房,1998年,285〜286頁。

世紀型の「産業社会」から，21世紀型の「情報社会」へと転換させる原動となった情報技術の革命と密接に結びついている。こうした情報技術の革命的な発展と転換こそ，政治と経済的要因よりも，グローバリゼーションを促進させたことといえる。

② 経済的側面

経済的視点からみれば，商品・貨幣・サービス・資本等の流通の自由化，生産の国際化，そしてまた，ますます強力になりつつある多国籍企業の発展とグローバリゼーションの概念は結びついている。この現在進行中のグローバリゼーションの結果，歴史上はじめて，全世界に資本主義的な市場が張りめぐらされ，資本主義が全世界において支配的かつ普遍的になったということは，強調しておかねばならないことであろう[3]。しかし，グローバリゼーションを主導する経済のグローバル化が進むにつれ，豊かな国と貧しい国との格差が拡大するネガティブな面も現れている。

③ 政治的側面

政治的視点からみれば，グローバリゼーションは冷戦とそれに伴う二つの敵対的陣営への世界の分裂の終焉に関連する。ソビエトの崩壊の後，民主主義モデルの歴史的勝利が永遠のものとみなされるに至り，また，アメリカが全世界に君臨する唯一の軍事的権力となった。こうした事態を背景に国連が新しい役割を担い，いずれは世界政府の役割を演ずるのではないかと期待するものさえ現れるようになった[4]。しかし，それが可能となるのは，支配的国家（アメリカ）の利害に適うときでしかないという限界がある。

いずれにせよ，国連による政治的協力と国際統合は政治のグローバリゼーションを促している。また，冷戦の終焉による民主主義の最終的勝利とともに国境を越えたレベルでのグローバル民主主義の波及に伴い，国家主権の重要性が相対化されつつあるなか，政治問題も国境を越えて展開さ

---

[3] 姜尚中「グローバリズムと現代」姜尚中ほか『グローバリゼーションを読む』情況出版，1999年，25頁。
[4] (3)に同じ，24頁。

れるようになった。
④ イデオロギー的・文化的側面

　イデオロギー的，文化的視点からみれば，グローバリゼーションはある特定の価値が普遍的になったということを意味している。たとえば，自由民主主義的諸原理や人権思想が一般的に承認されるとともに，資本主義的な消費スタイルもまた全世界的なものとなったのである[5]。

　個人の市民的自由を保障する自由民主主義はその普遍性および人類共同体意識とともに，人権などの価値観のグローバルな共有が深まりつつある。

　一方，文化的側面では，情報・通信技術の発展と拡散がインターネットに連結され，アメリカ的な均質的大衆文化が展開されているなか，グローバリゼーションの進行に伴い，大衆の態度や好み，そして嗜好がグローバル的に似てくるようになった。

⑤ 社会福祉的側面

　経済，政治，技術，文化面に加えて，グローバリゼーションは社会福祉の側面ももっている。グローバリゼーションが進むにつれ，国際的なレベルで社会状況や社会福祉を考えることが求められるようになっている[6]。すなわち国境を越えたさまざまなグローバルな貧困や飢餓の問題をはじめ，国際労働，地域紛争による難民，環境悪化，そして国際犯罪など人類の福祉に関連する社会問題が緊急課題となっており，その解決のため国際福祉的な介入が必要とされている。

　これまでグローバリゼーションの意味と背景，そしてその諸側面と要件などに対して考えてみた。しかし，グローバリゼーションの時代が進むにつれ，グローバリゼーションに対する批判の声も高まっている。

　グローバリゼーションとともに民主主義と福祉と平和と人道主義の新しい時代が始まるに違いないという信念はナショナリズム，人種主義，そして幸福ショービニスムの台頭によって無残にも打ち砕かれた。ソビエトの崩壊は

---

(5) (3)に同じ，24〜25頁。
(6) (1)に同じ，45頁参照。

民主主義の決定的勝利であり、人権の普遍的な現実化を可能にするであろうという想いは、全くの幻想であったということが明らかになった。(7)

特に、近頃、今日のグローバリゼーションは、アメリカ化にほかならないとの論難が起こっている。すなわち、グローバリゼーションはアメリカ主導の世界共通化政策であり、アメリカが世界全体に共通な制度・慣行を世界各国に施行しようという試みである。そして、コカ・コーラ、ハリウッド映画、ディズニーランドまたはディズニーワールドなどの大量消費と娯楽に代表されるアメリカ的な文化や価値が世界中を席巻し、各国のローカルな文化を破壊していくのではないかといわれている。

それでは、アメリカ主導のグローバリゼーションの代案は何であろうか。グローバリゼーションの方向と課題は次のように提示することができる。(8)

(1) グローバリゼーションはアメリカ化一辺倒から脱皮し、多様性を追求することでなければならない。なぜかというと、グローバリゼーションとは同質化の過程であると同時に差別化の過程であるからである。

(2) アメリカ主流の文化から脱し、第三世界の民族と文化に対する理解の幅を広げなければならない。グローバリゼーションは世界のすべての構成国家と民族文化を尊重することから出発すべきである。アメリカ一辺倒の基準で、そして経済的ものさしだけで、開発途上国を評価して無視したり軽蔑してはならない。

(3) グローバリゼーションは、多様性を認めることができる市民意識を養うことから出発しなければならない。排他的で画一的な民族は、グローバリゼーションされることができない。したがって、グローバリゼーションは地方化を通じて成就されることができる。地方化とはグローバリゼーションとその軌を一にするといえる。地方化とは中央集権的な画一性からの離脱を意味する。地方化はグローバリゼーションに至る、連続した過程である。

---

(7) (3)に同じ、31頁。
(8) 姜致遠『世界化と韓国社会の未来』白衣、2000年、158〜162頁参照。

第2節　世界の地域紛争と国際政治経済における地域的枠組み

　一国における社会福祉の増進は巨視的には，適切な人口規模，持続的な経済成長と発展，そして民主政治の発展という三つの要件を整えてこそ初めて可能なことであるといえる。つまり，一国の福祉水準を示す代表的なインデックス（index）を一人当たり国内総生産（GDP）の大きさとすれば，過大な人口の規模は一人当たりGDPの増大を決定的に抑制するネガティブな要因として作用するからである。

　また，持続的経済成長と発展は公正分配を前提に，パイ（pie）の極大化が分配の前提条件であるとの論理の当然な帰結である。

　そして民主政治の発展は社会福祉の基本理念が人間の尊厳であり，これを保障するための人権の保障は主権在民の民主政治の政治システムでなければならないのである。

　グローバル・システムがどのようなプロセスで発展したのかについて，社会科学者たちが研究している。彼らの研究によると，そのプロセスはきわめて複雑であり，多様な要因の影響を受けている。技術の役割，特に近年爆発的に進んでいる情報技術に焦点を当てる社会科学者たちがいる。貿易やその他の経済活動がグローバルな交流を推進させたとして，経済的要因をいっそう強調する者もいる。政治的要因が決定的に重要だと考える者は，国際的なパワーの行使が，グローバリゼーションのプロセスをもたらしたと主張している。[9]

　21世紀に入った今日，民主主義と社会福祉そして人権への要求が，ますます強くなりつつある。このようなグローバリゼーションの時代における，国境を越えたグローバルな社会福祉を実現するための国際社会の福祉ともいえる国際社会福祉において，最も重要な側面は，何よりも国際政治と国際経済

---

(9)　ミッジリィ，J. 著，京極高宣・萩原康生監訳『国際社会福祉論』中央法規出版，1999年，31頁。

の領域である。

　したがって，21世紀のグローバリゼーション時代における国際政治と国際経済の状況を，冷戦以後にも国際政治の重要課題である世界の地域紛争と，国際政治経済においての地域主義による地域的枠組みを中心に分析する必要がある。

1　世界の地域紛争

　1989年11月9日，東ドイツと西ドイツを分けた「ベルリンの壁」が崩壊した。同年12月3日には，ジョージ H ブッシュ米大統領とゴルバチョフ旧ソ連共産党書記長が，地中海のマルタ島で会談し，米ソ両国の敵対関係の終結を宣言した。1991年8月9日にはソ連にクーデターが起こり8月24日に共産党が解散した。そして同年12月21日に独立国家共同体（CIS）が創設され，旧ソ連が消滅したことによって第二次世界大戦以後からの米ソ冷戦の体制が終焉した。

　冷戦の終結によって，第三次世界大戦または全面的核戦争による人類共滅の危機からは免れ，世界平和の時代が訪れるはずであった。しかし，冷戦後にも21世紀という新世紀を迎えたが，民族と宗教の問題，そして領有権などをめぐる衝突による武力を伴う紛争が，世界各地で頻繁に起こっている。

　したがって，冷戦後における世界の主な紛争を，その原因，経過，そして難民を含む結果について分析することにする。

(1)　ボスニア・ヘルツェゴビナ内戦

　民族構成が複雑であるボスニア・ヘルツェゴビナは，旧ユーゴスラビアからの独立問題を契機に，イスラム人とセルビア人，そしてクロアチア人などの勢力争いで，1992年4月27日に内戦が勃発した。1995年8月には，北大西洋条約機構（NATO）軍がボスニアのセルビア人軍事拠点に空爆を行った。そして20万人以上の死者と難民200万人を出した同内戦は，アメリカ主導の強

力な調停により和平に合意しパリで関係3か国間が協定に調印して、3年半をかけての内戦が終わった。

(2) ルワンダ内戦

アフリカ中央部の小国ルワンダで、政府と北部を制圧したツチ族主体の反対勢力「ルワンダ愛国戦線」(RPF)が、1993年8月、国連などの仲介で和平協定に調印した。しかし、大統領機墜落事件をきっかけに、多数派フツ族の強硬派により、ツチ族の住民50万人ないし100万人が殺害される大量虐殺が発生した。

「ルワンダ愛国戦線」はツチ族の保護を掲げて攻勢に出て、1994年7月に全土を掌握し、ツチ族のビジムンク大統領の新政権を樹立した。しかし、隣国に逃れたフツ族のゲリラは、ルワンダ国境のツチ族集落への襲撃を繰り返している。

ルワンダの虐殺に関しては、国際社会の対応がまずかったとの見方が強まっている。

(3) チェチェン紛争

1991年、ソ連崩壊直前の混乱期に、チェチェン共和国はロシアからの独立をめざし、武器を持って立ち上がった。これに対し、エリツィン大統領は1994年12月、大量の軍隊を投入して阻止しようとしたが、チェチェン人は勇敢に戦い、合わせて数万人の多大な死者が出た。1996年8月、独立問題の決着を2001年まで5年間先送りすることで合意し、全面停戦となった。1997年5月、エリツィン大統領はチェチェンのマスハドウ新大統領と停戦を法的に定めた和平条約に調印した。しかし、1999年8月、チェチェンのイスラム武装勢力が東隣のダケクタン共和国に侵入したことで、ロシア軍は軍事行動を開始し、チェチェン全土に空爆を続け、20万人を超す難民を出した。

(10) 毎日新聞社外信部編著『世界の紛争』東京書籍、1999年、10〜11頁参照。
(11) (10)に同じ、110〜112頁参照。

(4) ユーゴスラビア連邦のコソボ紛争

ユーゴスラビア連邦のコソボ自治州で，少数民族のセルビア人（同州住民の1割）と，自治拡大や独立を求めるアルバニア系住民の間で衝突が頻発し，互いに民族主義への傾向を強めた。

1996年頃からは，コソボの分離独立を掲げる武装組織「コソボ解放軍（KLA）」の動きも活発化し，アルバニア系住民と，ユーゴ連邦およびセルビア人の武力衝突が激化した。[13]

1999年2月には，米英独仏露の代表が政治的解決のために調停を行ったが，ミロシェビッチ・ユーゴ連邦大統領は和平案を拒否した。それで，1999年3月24日，北大西洋条約機構（NATO）軍はユーゴスラビア連邦に空爆を開始した。空爆後，アルバニア系住民が追い出され，90万人が難民となった。1999年6月3日，ミロシェビッチ大統領が主要8か国（G8）の和平案を受諾したので，NATOは78日間の空爆を停止した。

第二次世界大戦以後も冷戦が続き，朝鮮戦争，ベトナム戦争，イラン・イラク戦争，フォークランド紛争など，戦争または紛争が相次いだ。同じように，1991年の旧ソビエト崩壊を契機に，冷戦が終結された以降にも，ユーゴ紛争，コソボ紛争，ルワンダ内戦，そしてチェチェン紛争などの地域紛争は，絶えることがなかった。

上述したように，ボスニア・ヘルツェゴビナ内戦やユーゴスラビア連邦のコソボ紛争などの旧ユーゴスラビアの諸民族紛争での和平交渉において，最終的な意思決定と執行機能は，アメリカ主導のNATOが担っている。しかし実は，冷戦の終焉以後，冷戦時代の米ソ二極体制が崩壊したことによって，アメリカは地球上で唯一の超強大国として残ることになり，世界の政治と軍事秩序はアメリカを中心に収斂されるのではないかと予想される。

しかし，国際政治におけるリベラリストたちは，冷戦体制以後の国際社会

---

(12) (10)に同じ，26頁。
(13) (10)に同じ，15頁。

はより多元化された方向に展開されることと考え,アメリカ優位の一極的世界支配を認定していない。それは冷戦以後の国際関係を,競争国家の多様化による多極勢力型の共存システムであると認識するからである。つまり,世界の未来は覇権の秩序よりは,多極的勢力均衡の時代になるのである。すなわち,冷戦以後の世界政治秩序は,アメリカ中心の「一極主義」ではなく,主要諸国の「多国間協調主義」により展開されることと予想される。

したがって,21世紀のグローバリゼーション時代を迎え,国家福祉の中核的要件としての民主主義政治からコスモポリタン民主主義への転換とともに,主要諸国の国際協調によって異なる民族と宗教,そして領有権などをめぐる国際地域紛争の予防と解決を図るべきである。

2　国際政治経済における地域的枠組み

今日,グローバル経済は経済的・技術的要請により,市場経済を原則にする一つの市場圏としての一極体制に統合され,生産効率が高まる傾向がある。

世界経済の統合化,すなわち「経済のグローバリゼーション」の可能性は,①情報,通信,交通分野の技術発達に伴う物理的可能性と,②脱冷戦により政治的制約が解消されたためである。それのみだけではなく,このような「経済のグローバリゼーション」の大勢を制度的に後押しする具体的な努力がなされてきた。

まずグローバル経済のなかで,地域経済の次元においては,ヨーロッパ単一市場の形成および地域経済協力の経済・政治共同体としてのEU(欧州連合)の出帆,そしてNAFTA(北米自由貿易協定)とAFTA(アセアン自由貿易圏)の締結などの経済的地域主義の進展をあげることができる。そして汎地球的次元においては,WTO(世界貿易機関)の出帆とその後続協商を通じ推進されている。自由・公定貿易の制度的保障の努力をあげることができる。[10]

今日,世界経済において,EUをはじめNAFTAやAPEC等の地域経済圏と,国際貿易秩序の核としてのWTOが,グローバル経済時代の経済統合と経済

協力の視点から注視されている。

したがって，EU，NAFTA，APEC，そしてWTOを，各々その成立，目的，機能等について，分析・検討する必要がある。

(1) EU（欧州連合）

　第二次世界大戦後のヨーロッパは，「冷戦」の影響を受け東西に分断されていた。東側はソ連を中心にコメコン（経済相互援助会議）が結成され，西側にはEC（欧州共同体，1993年11月以降EU〔欧州連合〕），EFTA（欧州自由貿易連合）が存在した。ところが，「冷戦」の終結に伴ってコメコンが解体され（1991年），EFTA諸国も次第にEUに加入し始め，現在では，EUを軸としてヨーロッパの地域的枠組みが形成されている。

　EUの目的は，特に域内国境のない地域の設定，経済的および社会的結束の強化，ならびに最終的には欧州条約の諸規定に従った単一通貨を含む経済通貨連合の設立を通じて均衡がとれ，かつ持続可能な経済的および社会的発展を促進することである。

(2) NAFTA（北米自由貿易協定）

　1994年1月1日に発効した，アメリカ，カナダ，メキシコの3か国によるNAFTA（北米自由貿易協定）が，現在の北米の地域的枠組みである。NAFTAは，貿易の市場アクセスのみならず，農業，サービス，投資，知的財産権，環境など広範囲の分野にわたる包括的な「自由貿易協定」であり，その意味で，自由貿易地域（市場）を構築するための経済面における協力の意味に限定される。しかし，NAFTA全体の経済的規模，さらに，世界国家と言っても言い過ぎではないアメリカが関係する地域的枠組みだけに，国際政治経済

---

(14) 氷溪金永燮教授定年記念論文集発刊委『偉大な社会に向って』法文社，2000年，157頁参照。
(15) 野林健・大芝亮・納家政嗣ほか『国際政治経済学・入門』有斐閣，1996年，199頁。
(16) 細谷千博監，滝田賢治・大芝亮編『国際政治経済資料集』有信堂高文社，1999年，84頁。

に与える影響は，EUに劣るものではない。⁽¹⁷⁾

(3) APEC（アジア太平洋経済協力会議）

　世界的に政治・経済環境が変容し，地域主義的な潮流が強まるなかで，1989年，アジア・太平洋地域でも画期的な発展があった。それが第三の波，すなわちオーストラリアのホーク首相の提唱によるAPEC（アジア太平洋経済協力会議）の成立である。⁽¹⁸⁾

　アジア・太平洋地域の地域的経済枠組みとして，18か国の加盟国で構成されているAPECは，EUによる欧州統合の進展とアメリカを中心とするNAFTAの結成に対し，アジアの経済的主導権の発揮でもあるといえる。

　1991年の第3回閣僚会議（ソウル）で出されたAPECの目的等をうたった「ソウル宣言」によると，APECの目的は以下のとおりである。⁽¹⁹⁾

① 　地域住民の共通の利益のために地域の成長と発展を持続し，もって世界経済の成長と発展に貢献すること。
② 　地域経済と世界経済双方のために，財，サービス，資本，および技術のフローを奨励することを含め，経済的相互依存関係の進展に起因する積極的利益の増進を図ること。
③ 　アジア・太平洋，および他のすべての諸経済のために，開かれた多角的貿易体制を推進・強化すること。
④ 　適用すべきガット（GATT）の諸原則と合致し，かつ他の諸経済を害することなく，財・サービスの貿易と投資における障壁を参加メンバー間に削減すること。

　このようなAPECの目的は，1994年，インドネシアのボゴールでの「ボゴール宣言」で，貿易の自由化，貿易・投資の円滑化，そして開発協力を三位一体で進めることにより具体化された。

---

(17) (15)に同じ，233頁。
(18) (15)に同じ，267〜268頁。
(19) (15)に同じ，270〜271頁。

今後，APECは，アジア・太平洋地域の強大な経済力のもとで，いかに自由貿易のシステムを効率的に推進させ，「開かれた地域協力」を遂行していくかが，その課題であろう。

(4) WTO（世界貿易機関）

1947年以来約半世紀にわたって世界の貿易秩序を支えてきたガット（GATT：関税と貿易に関する一般協定）が発展的に吸収・継続されて，21世紀の新たな国際貿易秩序を形成するための核となる新しい国際機関としてWTO（World Trade Organization：世界貿易機関）が1995年1月1日誕生した[20]。

WTOはガットの機能を継承したものであるが，ガット以上に強い権限をもっており，正式な国際機関ではなかったガットとは異なり，法人格をもつ正式な国際機関である。

WTOは，ガットに比べその機能が，①必要な特権・免除の加盟国領域内での行使可能，②モノのみでなく，サービス貿易などを含む取り扱い分野の拡大，③紛争処理機関の強化などにかけて，大幅に強化された[21]。

EU，NAFTA，そしてAPECなどが，現在，「地域的枠組み」として，独自の原則に基づいて貿易の自由化を進めているが，それらとWTOが主導する世界貿易秩序はどのような関係になるのかということである。一般的には，「地域的枠組み」内だけで貿易障壁を減少・撤廃する場合には，域外諸国に不利に作用することがあると懸念される。WTO「設立条約」中の「附属書1A」にある1994年ガット第24条に，ガットと同様の規定が盛られたが，同時にWTOによる「地域的枠組み」に関する監視強化の手続きが盛り込まれている。しかし，「地域的枠組み」がWTOよりも進んで貿易自由化を実施したり，環境などの新たな分野に意欲的に取り組んでいるだけに，WTOがどれだけ

---

(20) (15)に同じ，291頁参照。
(21) (15)参照。

有効に,「地域的枠組み」を制御できるかは疑問である。[22]

いずれにせよ,EUとNAFTA,そしてAPEC等の地域経済圏とWTOの協力を通じ,貿易および投資の拡大とともに,地域経済圏域内外の諸問題を効率的に解決することにより,世界経済の発展に寄与すべきである。

第3節　国家福祉の理論と現状

1　社会福祉の概念

社会福祉の概念は国と時代により異なるが,一般的に狭義と広義に区別される。狭義の概念として代表的なものは,1950年,社会保障制度審議会で出された定義で,「社会福祉とは,国家扶助の適用を受けている者,身体障害者,児童その他援助育成を要する者が自立してその能力を発揮できるよう,必要な生活指導,更生補導その他の援助育成を行うこと」と述べている。このように,狭義の概念では,社会福祉の対象者をケアを要する一部の階層に限定している。

しかし,資本主義の高度化および産業化の進展に伴う社会構造・条件の変化,そして国民生活と国民意識の変化により,勤労者の増大とともに,社会福祉の対象者がケアを要する「社会的弱者としての社会成員の一部から,一般国民ないしすべての国民」に拡大されることになった。それとともに,社会福祉のサービス範囲も,社会的サービス全般に及ぶようになった。いわゆる「社会福祉の拡大」ということである。

ところで,W.フリードランダーは,「社会福祉とは,全住民の基本的ニーズに対応して,また社会秩序がよりよく機能するために強化し,また条件を整備するための法律,施策,援助,サービスの体系である」[23]と述べ,社会福祉

---

[22] (15)に同じ,313～314頁。
[23] Friedlander, W.A., *Introduction to Social Welfare*, Prentice Hall, 1980, pp.4～5.

の概念を広義にとらえている。

　一方，J.ミッジリィは，社会福祉の概念を，社会問題が適切に処理され，人間のニーズが充足されて，社会的機会が最大化されたときに，存在する人間の福祉の状態または条件であると定義し，これら三つの次元は社会的福祉の状態を確保するための，基本的な要件を構成すると述べており，国際福祉には広義の社会福祉を採用している。

2　国家福祉と社会福祉政策

(1)　国家福祉とその焦点

　国家福祉とは国家社会福祉の略称であり国際社会福祉の相対的概念でもある。国家福祉とは国（政府）が主体となり，すべての国民を対象に，健康で文化的な最低限の生活保障を目的に，国の責任のもと公的負担で，社会サービスを供給する社会福祉制度であるといえる。

　国家福祉制度の焦点は「ビッグ・ファイブ」（Big Five）として知られている。これら国家福祉の五つの主要な社会サービスは，①社会保険や社会扶助などの所得保障，②保健サービス，③教育プログラム，④住宅供給，そして，⑤ソーシャルワーク・サービス，いわゆる「対人福祉サービス」である。

(2)　国家福祉と社会（福祉）政策

　社会政策は，記述的（descriptive）で，ソーシャルワークの運用方法を分析し，検討を行うものである。今日，社会政策は国家福祉についての理論体系を構成するようになった。

　多くの社会政策の理論が，政府の社会的供給に関するものである。国家に

---

(24)　ミッジリィ,J. 著，京極高宣・萩原康生監訳『国際社会福祉論』中央法規出版，1999年，5～7頁。
(25)　(24)に同じ，9頁参照。
(26)　(24)に同じ，120頁参照。

ついていえば，社会政策理論は三つの大きな主題に関連している。その第一は国家福祉の供給についての具体的概念を構築することである。社会政策の理論構築のための第二主題は，国家福祉供給の起源と機能を説明することである。そして，社会政策分野の社会科学者の関心を引く第三の主題は，規範的理論の形成である。[27]

(3) 社会（福祉）政策の定義とモデル

T.マーシャルは社会政策を次のように定義している。

「社会政策とはサービスと所得を提供することで，市民達の福祉に直接影響を及ぼす行動に関する政府の政策である」。したがって，社会政策の中心的な核心は，①社会保険または他の現金給付の方法（公的扶助）による，所得維持という意味においては社会保障であり，②保健サービスまたは健康保険，または両者の混合形態である健康保護（保健）であり，③社会福祉または個別的福祉サービスであるとともに，④特に不足な住宅に対する政策（住宅政策）等であり，このほかに，教育および犯罪者処遇等も包含されている。[28]

R.ティトマスは，「社会政策とは一定の物質的および社会的ニード(need)，特に要救護ニードに関し，市場では満足できないとか，充足させることができないものを，特定の人々（社会的弱者）に賦与する政府の行為である」。としながら，社会政策を次のように三つのモデルに分類している。[29]

① モデルA：残余的福祉モデル

　このモデルは個人個人のニードが当然に充足される，二つの「自然的な」（あるいは社会的に賦与された）通路があるとの前提に基礎をおいている。すなわち，私的市場および家庭があるという前提に立脚している。これら

---

(27) (24)参照。
(28) マーシャル，T. H. 著，岡田藤太郎訳『社会(福祉)政策』相川書房，1990年。(Marshall, T., *Social Policy in Twentieth Century*, Hunchinson, 1970, pp.11〜15.)
(29) ティトマス，R. M. 著，三友雅夫監訳『社会福祉政策』恒星社厚生閣，1981年。(Titmuss, R., *Social Policy : An Introduction*, George Allen & Unwin Ltd., 1974.)

が崩壊した場合に限って，社会福祉制度が一時的に作動するのである。
② モデルB：産業的業績達成モデル

このモデルは経済の従属物としての社会福祉制度に重要な役割を重ね付けることである。それは社会的ニードが公的とか労働の業績的な生産性を基礎にして充足されることを意味する。

③ モデルC：制度的再分配モデル

このモデルは社会福祉を社会においての重要な統合的制度としてみることである。すなわち，ニードの原理に立脚して，市場の外のほうから普遍的なサービスを提供するのである。これは社会的平等の原理を基礎にしている。

⑷ 社会福祉政策の分析枠と次元

N.ギルバートとH.スペクトは，社会福祉政策の接近方法として，政策形成方法の理解を重視しながら，社会福祉政策の分析において，次のような準拠の枠を提示している。

このような準拠の枠組みにおける重要な選択の次元は，次の4種類である。[30]

第一の次元は，社会的割り当て（social allocation）の基礎としての国家福祉の適用範囲である。これについては選別主義（residualism）と普遍主義（universalism）論がある。

第二の次元は，割り当てられる給付の形態である。これについては現金給付か現物給付，または国民ニードの多様性と高度化に伴う国家福祉サービスの多様化と'生活の質'論がある。

第三の次元は，このような給付の伝達戦略である。これについては国家福祉サービスの供給体系と，国・地方自治体と民間福祉の役割分担の論議がある。

第四の次元は，これらの給付のための財源調達である。これについては国

---

[30] Gilbert, N. and Specht, H., *Dimensions of Social Welfare Policy*, Prentice Hall Inc., 1986, p.37参照。

家福祉の財政とともに，租税負担の対国民所得比と，社会政策関連支出の対GDP比が注目される。

3 国家福祉の諸理論と国家福祉の現状

　社会福祉理論とは，社会福祉制度の歴史的生成・変動過程を広く社会の構造諸領域に関連づけて分析するとともに，社会の構造的脈絡のなかで，社会福祉制度が果たしている諸機能を分析することを主な任務とする研究領域を指している。[31]

　一方，社会福祉の研究は，政策と制度のマクロ的，総括的研究から，個別的援助の方法・技術と実践の具体的分析等ミクロ的研究領域にまたがっている。

　国家（政府）の国民に対する社会福祉供給の方策である社会（福祉）政策は，国家福祉研究の重要な体系でもある。したがって，前述した社会福祉政策の分析枠組みにおける諸次元に伴う，重要な国家福祉の諸理論を次のように重点的に検討する。そして，総合的な観点から福祉国家の理論について論議することにする。

(1) 選別主義と普遍主義論

　社会福祉政策の研究において，社会福祉の拡大をその対象とのかかわりで，政策的な側面から研究することは重要な課題の一つである。このような社会福祉拡大の論議に関連づけられる理論が，ほかならぬ国家福祉における「選別主義と普遍主義」の論議である。

　社会（福祉）政策の給付とサービスの範囲を示す，対概念としての「選別主義と普遍主義」において，給付・サービスを受けるにあたって個別的資力調査（ミーンズテスト）を受けることを条件とする場合が選別主義，それを

---

[31] 松井二郎『社会福祉理論の再検討』ミネルヴァ書房，1992年，はしがき i 頁。

第1章　グローバリゼーション時代の国際政治・経済と国家福祉

必要としない場合が普遍主義と定義される。この定義によれば，特定の範　疇（はんちゅう）（たとえば母子世帯）に該当する者全員が受給資格を持つか，ニード判定に基づいて所得・資産とかかわりなく受給できる給付・サービスは，普遍主義の条件を満たすものとされる。実際の政策にかかわる論議では，この定義が採用されることが多い。[32]

選別主義の欠点としては，①資産調査がスティグマ（stigma）を必然的に伴い，捕捉率を低める可能性が強いこと，②公的制度と民間市場との二重構造が生じ，公的制度のほうがサービスの質が低くなることが予想されること，③以上の点から社会政策が社会的統合を疎外する危険性があること，④「貧困の罠」の問題が生じやすいことなどの点が指摘されている。普遍主義の欠点としては，①費用がかかること，②ニードを持たない中・高所得層にまで受給資格が与えられること，③社会政策による所得再分配効果が弱められることなどの点が指摘されている。[33]

M.ウィレンスキーとC.ルボウは，アメリカの政府社会計画の発展への産業化のインパクトに関する研究において，特定のグループ（貧困者）に対しての限定的で，資産調査を伴うサービスとしての選別主義（residual）の概念と，産業社会のための社会福祉制度をつくり，全国民を対象とする制度的（institution）概念をとらえている。そして，アメリカの社会は徐々に選別主義概念から制度的概念へと移行していると述べている。また，かつて選別的支給と普遍的支給のモデルを構築した，イギリスのR.ティトマスによれば，イギリスとスカンジナビア諸国は制度化された社会福祉のアプローチを採用している。[34]

日本では選別主義から普遍主義への移行が社会福祉制度改革の基本的理念の一つになった。そして，社会福祉サービスの受給にかかわる資産調査の撤

---

[32] 京極高宣監『現代福祉学レキシコン〔第2版〕』雄山閣，1998年，133〜134頁。
[33] [32]に同じ。
[34] ミッジリィ, J 著, 京極高宣・萩原康生監訳『国際社会福祉論』中央法規出版，1999年，126頁。

廃により，国家福祉の対象拡大の当為性が論議される。

(2) 福祉ニードとサービス論

　社会福祉はもちろん，社会福祉政策の基礎概念である福祉のニードについて，三浦文夫は「社会福祉の保護なり援助を必要とする状態」とし，それは，また「何らかの理由によって，精神的・身体的・社会経済的に障害を受け，自力でその生活の維持・向上がはかれない状態」と定義する。このニードは，「家族あるいは市場メカニズム等では解決」できず，「社会福祉に対する国民の価値あるいは意識のあり方であるとか，当該社会福祉の質・量のあり方などの条件を経て，需要に転化するものと考えることができる」としている。[35]

　福祉ニーズへの接近方法は，政策的・制度的アプローチと実践的・方法的アプローチがあるといわれている。政策的・制度的アプローチとは個人の生活困難のうち，生活困難を生み出す「一般的・共通的」な事柄を中心に対応するものである。一方，個人の生活困難のうち，その個人に集約される問題を「具体的，個別的」に対応するアプローチとして，実践的・方法的アプローチがある。現在の福祉ニーズに対応していくためには，政策的・制度的アプローチと実践的・方法的アプローチの両者からの接近が必要である。[36]特に，高齢者福祉への対応のためには，両者のアプローチが必要である。

　サービスはニーズを充足させる手段である。したがって，多種多様なサービスが量的，質的に豊富に用意され，選択的に提供される必要がある。

　サービス供給の方法からの分類として，三浦文夫は，貨幣的ニードと非貨幣的ニードの類型を提示した。貨幣的ニードとは，「ニードの充足は主として金銭給付によって行われるというもの」であり，「経済的あるいは所得の側面から捉えられる貧困あるいは低所得ということになる」。これに対して，非貨幣的ニードは，「貨幣的に表示しえない生活上の諸障害にもとづいて現われる

---

[35] (32)に同じ，150頁。
[36] 岡本栄一・岡本民夫・高田真治編著『新版 社会福祉原論』ミネルヴァ書房，1992年，91〜95頁。

要援護性を意味し，そのニードの充足には，「現物または役務（人的）サービス等によらなければならないものである」と述べている。

ところが，産業化の論理による社会・経済の急激な変動と生活不安，そしてニードの高度化傾向に伴い，日本の社会福祉政策も経済的貧困という可視的貨幣的ニードとともに，非貨幣的ニードが増大し，これに対応していくようになってきた。

要するに，三浦文夫の「ニードとサービス論を中心にする社会福祉政策論」は，社会福祉政策に対する内在的な分析と評価，すなわち，社会福祉のニード把握とそれに伴うニード充足の方法と手段の選択に関する検討から資源の調達と配分，そして，組織と機関の管理運営等，社会福祉内容に対する具体的な検討と評価を重視している点が，その特徴であるといえる。

(3) 国家福祉の供給体制論

社会福祉の「供給体制論」は，「ニーズ論」を受けて，今日の社会福祉の焦点が，かつての対象としての社会問題から供給体制に移ったという誘導を内蔵している。砕片としてのニーズを充たすための体制こそ社会福祉の中核に座ることになる。しかも，供給体制が焦点になってくるには，ニーズに質の違いが現れ多様化したことから，国家責任による供給体制という従来のものでは不適切になってきたためという意味も含まれている。公私分担論の完成である。

社会福祉の供給組織の理念型は公共的福祉供給システムと非公共的福祉供給システムに大別され，さらに公共的福祉供給システムには国あるいは地方自治体等による福祉供給組織（行政型福祉供給組織）と，認可団体による福祉供給組織（認可型福祉供給組織）に分けることができる。これに対して，非公共的福祉供給システムとして，市場メカニズムに基づく市場型福祉供給組織と住民の参加による参加型福祉供給組織に分けることができる。これを

---

(37) (32)に同じ，150～151頁参照。
(38) 真田是『民間社会福祉論』かもがわ出版，1996年，43頁。

図示すると下記のようになる。もちろん，ここに示した福祉組織は理念型を示したものであるが，現実にはこの組織タイプはいろいろのバリエーションをもって現れてくる。[39]

```
                                      ┌ ①  行政型供給組織
  Ⅰ  公共的福祉供給システム  ┤
                                      └ ②  認可型供給組織

                                          ┌ ③  市場型供給組織
  Ⅱ  非公共的福祉供給システム  ┤
                                          └ ④  参加型供給組織
```

出典：三浦文夫『社会福祉政策研究』全国社会福祉協議会，1995年。

ところで，上記のような福祉の供給システムのパターンを，アメリカとイギリス，そして北欧特にスウェーデン等の各国について，次のように国際的に比較を行ってみる。

まずアメリカの場合，行政型，認可団体（非営利的民間団体）等に加えて，市場型の福祉供給組織の鼎立したパターン，イギリスは行政と認可団体（民間団体）型の均衡のとれたパターン，北欧特にスウェーデンは行政主導型ということになる。[40]

このように，欧米主要諸国の福祉供給システムのパターンは，国によって各々異なり各国独自的な福祉供給のシステムを有している。これは各国の福祉供給システムの優劣というよりは，むしろ，各国の社会福祉発展の歴史的背景と，社会福祉制度の支柱としての政治・経済・社会・文化的基盤の相違によるものであると思われる。

ところが，福祉の供給においては，民間企業により市場で供給する民間市場部門と家族，近隣，ボランティア，そして非営利組織（NPO）等のインフォーマル部門での供給に，相当な部分を委ねるべきだとの，R.ローズ等の「福祉ミックス（Welfare Mix）論」が注目される。

---

(39)　三浦文夫『社会福祉政策研究』全国社会福祉協議会，1995年，172～173頁。
(40)　(39)に同じ，176頁。

R.ローズの福祉ミックスの基本モデルを要約すれば，社会における福祉の全体量（TWS）は，家族による福祉提供（H）と民間市場で販売される福祉（M），それに加えて国家より提供される福祉（S）の算術的総和として，すなわち，TWS＝H＋S＋Mとしてとらえることができる。このモデルの特徴は，ある一つの部門（たとえば，S）の福祉が減少しても，他の部門（H，M）の福祉供給を増加させることによって，社会の全体としての福祉量は変化しないと考えるところにある。

福祉提供の手段，つまり福祉ミックスはアメリカ合衆国，ヨーロッパ，日本と国ごとに変化を示している。しかし，家庭内の全体的福祉を増加させ維持しようとする目標はみな同じなのである。

また，ノーマン・ジョンソンは，「福祉多元主義」「福祉ミックス」の二つの用語は互換的に用いられていることを指摘し，福祉多元主義の特徴として，①福祉供給全体において中心的位置を占めてきた国家の福祉供給の縮小とインフォーマル部門，ボランタリー部門，民間市場部門の福祉供給の増大をしている点に加えて，②福祉供給主体の「脱中央集権化」とサービス受益者・消費者の「参加」を推し進めようとする点をあげる。

(4) 国家福祉の財源調達論

上述したN.ギルバートとH.スペクトの社会福祉政策分析の四大次元において，誰に(対象)，いかなる給付（給付の形態）を，どのようにして提供（伝達戦略）するかなどは，社会福祉資源としての財源の充当にその基盤をおいている。それは社会福祉政策が人件費または物件費の支出と，これの充当のための資源調達から成り立つ財政を，その手段として伴うからである。

---

(41) 松井二郎『社会福祉理論の再検討』ミネルヴァ書房，1992年，156～157頁。
(42) 白鳥令・ローズ, R. 編著，木島賢・川口洋子訳『世界の福祉国家：課題と将来』新評論社，1990年，第1章参照。
(43) Johnson, N., *The Welfare State in Transition : Theory and Practice of Welfare Pluralism*, Wheatsheaf Books, 1987, pp.55～63, 松井二郎『社会福祉理論の再検討』ミネルヴァ書房，1992年，159頁から引用。

近年，現代的社会問題に効率的に対処するために，福祉ニーズの高度化と多様化に対応する社会福祉拡充の時代を迎え，新しい社会福祉政策の導入，サービス給付レベルの向上，そしてサービス適用対象の拡大等の諸要因により，全般的に国家福祉費用増大の傾向がある。このような今日の社会福祉政策推進に伴う国家福祉費用の増大と財政規模の拡大は，その財源調達がいかなる形態または方法と原則のもとで調達されるかが検討されるべき重要な課題である。

　社会福祉の財源は，国および地方自治体の責務として，社会福祉の経費として支出する公費と民間資金に大別される。

　公費とは，国や地方自治体の予算に計上されたものである。予算の歳入の大半は税金であるが，国債とか地方債という名前の借金も含まれている[44]。

　この公費のなかで，国が直接実施すべきこと（例：公的扶助，社会福祉費目の支出等）は，経費の全額を国が負担する。一方，地方自治体が施行する事業に対しては，国が経費の一部を負担し，または一定の比率を補助する。

　民間社会福祉事業の財源は，①国および地方公共団体の補助金および委託費，②共同募金その他の寄付金，③競輪等の公営競技の益金による補助金，④収益事業部門の収益，⑤助成法人からの助成，⑥社会福祉・医療事業団等からの借入金に大別できるが，現実の民間社会福祉施設の運営上大きな比重を占めているのは，地方公共団体からの委託費（措置費）である[45]。

　国家福祉の財源調達のための財政政策においては，社会福祉財政における公費負担の原則とともに租税財源を基本とする原則のもとに，「公平性と公正性」，そして「効率性」の基準が最も重要である。ひいては，安定的な福祉財源のためには，「安定性」が確保されるべきである。

　ところで，国家福祉の財源と密接なかかわりがある主要各国の社会政策関連支出の対GDP比率の現状を概観すると，1996年現在，スウェーデン34.8％，

---

[44]　坂田周一『社会福祉政策』有斐閣，2000年，174頁。
[45]　仲村優一・三浦文夫・阿部志郎編『社会福祉教室〔増補改訂版〕』有斐閣，1989年，96頁。

デンマーク33.6％，フィンランド32.1％，オランダ30.9％，フランス30.8％，ドイツ30.5％，イギリス27.7％の順であり，北欧諸国を含む福祉先進諸国の比率は30％を超えている[46]。

一方，「租税負担＋社会保障負担」の対国民所得比は，1993年現在，スウェーデン70.40％，フランス62.60％，ドイツ56.20％，イギリス46.20％，そしてアメリカ35.40％の順で，上記の社会政策関連支出の対GDP比と比例している[47]。

4　福祉国家の理論と現状

(1)　福祉国家の定義

福祉国家という用語が具体的な意味をもって人々の注目を受けることになったのは，1942年にイギリスでベヴァリッジ報告書（Beveridge Report）が発表された以後である。

福祉国家の定義は，論者の価値観やイデオロギー的立場により多様に定義されるが，一般的な定義を次のように提示する。

・H.ウィレンスキーの定義

福祉国家の本質は国家がすべての国民に，最小限の収入，栄養，健康，住宅，そして教育を保障することである。国家によるこのような福祉の提供は，慈善ではなくすべての国民に保障された政治的権利である[48]。

・R.ミシュラの定義

福祉国家とは国民の生活に関連される最小限の全国的基準（国民最低生活

---

[46]　健康保険組合連合会編『社会保障年鑑 2000年版』東洋経済新報社，2000年，216頁参照。
[47]　[46]に同じ，214頁参照。
[48]　ウィレンスキー, H. L.著，下平好博訳『福祉国家と平等——公共支出の構造的・イデオロギー的起源——』木鐸社，1984年，33頁。(Wilensky, H. L., *The Welfare State and Equality*, University of California Press, 1975, p.1.)

基準）を維持するために，国家の責任を制度化することである。特に，第二次世界大戦以後の福祉国家は，このような最小限の全国的基準を保障するために，完全雇用の実現，国民の基本的ニーズを充足させるための普遍的サービスの提供，そして貧困の解消と予防に政策の焦点を置く。[49]

　要するに，福祉国家とは一般的に完全雇用と社会保障政策により，すべての国民に対して困窮の原因が医療，老齢，失業およびそのほかのいかなる理由にせよ，最低限の生活保障を目的に，資本主義の弊害を除去すると同時に，社会主義も回避するための第三の政治経済体制を指向することであるといえる。

(2) 福祉国家の類型

　福祉国家の類型は次のような類型化の基準により，五つの種類に分類することができる。すなわち，第一に，社会福祉の支出による類型化，第二に，社会福祉プログラムの導入時期による類型化，第三に，福祉国家性格の概念的分析による類型化，第四に，福祉国家政策の決定要因の分析による類型化，そして，第五に，福祉国家プログラムの内容分析による類型化等である。[50]

　最も理想的な福祉国家類型化の方法は，各国家が持っている福祉プログラムの内容を分析して，その効果を分析し，類型化する方法である。すなわち，福祉プログラムの対象，資格，給付の水準，伝達の方法，再分配効果，財源調達の方法等を分析することである。[51]

　L.レインウォーターらは，社会福祉プログラムへの参加率，受給額の程度，社会福祉プログラムの所得再分配効果，貧困除去率等を考慮して，スウェーデン，イギリス，アメリカの特異性を類型化した。スウェーデン類型は社会福祉所得以前の所得の不平等が少なく，ほとんどすべての人が社会福祉の恵

---

(49) ミシュラー, R. 著，丸谷泠史ほか訳『福祉国家と資本主義——福祉国家再生への視点——』晃洋書房，1995年，38頁。(Mishra, R., *The Welfare State in Capitalist Society*, Harvester Wheatsheaf, 1990, p.34.)
(50) 金泰成・成炅隆『福祉国家論』ナナム，1993年，164～165頁。
(51) (50)に同じ，182頁。

沢を受けるため，貧困除去の効果は大きい。その反面において，アメリカ型は移転所得以前の所得の不平等がはなはだしい。したがって，貧困者は政府の社会福祉所得への依存度が高く，これらの階層に対する給付は相対的に高いが，やはり貧困な階級が多い類型である。イギリスはこれら両極の中間形態である[52]。

また，最近より多い国家を対象に，社会福祉プログラムの貧困除去率を比較した研究によると，スウェーデン，ノルウェー，ドイツのような国々での社会福祉プログラムの貧困除去率は高い反面，アメリカ，カナダ等では少なく現れている[53]。

福祉国家の類型化について，最も最近のそして最も体系的で論理的な研究は，G.エスピン-アンデルセンのものである。彼は個人の福祉が市場に依存しなくても成り立つことができる脱商品化（de-commo-dification）の程度と福祉国家の政策による，社会階層体制の形態を基準にして，三つの類型に分類した。すなわち，'自由主義的' 福祉国家（liberal welfare state），'組合主義的' 福祉国家（corporatist welfare state），そして '社会民主的' 福祉国家（social democratic welfare state）等である[54]。

G.エスピン-アンデルセンは諸福祉国家が持っているプログラムのなかで，国民年金，疾病保険，失業保険等三つのプログラムの脱商品化効果の程度により福祉国家を区分した。'自由主義的' 諸福祉国——アメリカ，カナダ，オーストラリア等——は，このようなプログラムの内容分析による分類によれば，脱産品化の効果は非常に少ない。その反面において，彼の分類による '社会民主的' 諸福祉国家——スウェーデン，ノルウェー，デンマーク等——は，脱商品化の効果が非常に大きい。'組合主義的（コーポラティズム的）' 諸福祉国家は，このような脱商品化の効果においてもその中間に位置する。このよう

---

[52] Rainwater, L., Rein, M. and Schwartz, J.E., *Income Packaging in Welfare State*, Clarendon Press, 1986.
[53] Smeeding, T.M., O'Higgins, M. and Rainwater, L., *Poverty, Inequality and Income Distribution in Comparative Perspective*, Urban Institute Press, 1986.
[54] [50]に同じ，177〜178頁。

な諸国家はドイツ,フランス,イタリア等である。

(3) 福祉国家の発展に関する理論

　福祉国家の発展形態は国家ごとに多様であるため,福祉国家の発展を一般化する理論には限界がある。それにもかかわらず,これまでの研究を総合して,福祉国家の発展を,①産業化理論,②独占資本理論,③社会民主主義理論,④利益集団政治理論,そして⑤国家中心的理論等,五つの諸理論に要約することができる。

・産業化理論

　福祉国家を産業化の産物とみなす産業化の理論によれば,福祉国家の発展は,「産業化→都市化→核家族化」という'産業化の論理'(logic of industrialization)に伴い,産業化のため発生する産業災害,大量失業等の問題,都市化による貧困,犯罪,住宅等の問題,そして核家族化による児童,老人,女性の社会参加に伴う諸問題等,社会福祉のニーズに国家が対応することになった。すなわち,社会福祉政策は'産業化の論理'により派生する社会問題を解決するために形成される。一方,産業化は経済成長をもたらし,国民所得の増大とともに,社会福祉に充当される財源を蓄積するのである。

　産業化理論の要諦は,相異なる政治理念と政治文化を持つ諸国家も,産業化のみ成し遂げれば,福祉国家に類似した社会福祉体系を持つことになることである。これを収斂理論(convergence theory)とも呼ぶ。

・独占資本理論

　独占資本理論は伝統的なマルクス主義にその理論的根拠を置き,高度に発展された資本主義社会の現象を分析して,福祉国家の発展を説明する。伝統的マルクス主義によれば,資本主義の属性は少数が生産手段を独占して,多数は自身の労働を売らなければならない生産関係が,基本的に搾取的である

---

(55) (50)に同じ,178〜179頁。
(56) (50)に同じ,127頁参照。
(57) (50)に同じ,130頁。

ため，資本主義社会では多数の福祉は保障できないとみなすのである。そして国家は支配階級である資本家の利益増加のために機能するゆえ，国家福祉の拡大は不可能なことであるとみるのである。

・社会民主主義理論

社会民主主義理論は独占資本理論のように，資本主義においての階級葛藤に焦点を合わせた。しかし，独占資本理論がこのような階級葛藤から，資本の一方的な利益追求との観点から説明したのとは別に，社会民主主義理論は労働の政治的勢力拡大の結果だと説明する。言い換えれば，福祉国家は労働階級を代弁する政治的集団の政治的勢力が大きくなるほど発展する。要するに，福祉国家は資本と労働の階級闘争における労働の勝利の戦利品とみなすのである。

・利益集団政治理論

利益集団は社会福祉制度の発展に多大な影響を及ぼす。現代社会においては，多様な利益集団が存在するが，ある特定の利益集団がすべての分野の政策決定に影響を及ぼす可能性は少ない。

利益集団政治理論 (interest group politics) は現代産業社会の多様な利益集団の政治的力に焦点を合わす。利益集団政治理論によれば，社会福祉の発展は多様な諸利益集団間の社会的資源の配分をめぐる競争が熾烈になり，したがって，このような諸集団の政治的な力が重要になり，政治家たちがこれらの要求を受け入れることからの結果であるとみなす。

・国家中心的理論

国家中心的理論は上述した四種の理論が，社会においての社会福祉の需要（産業化による需要，資本階級の需要，労働者階級の需要，そして諸利益集団の需要）にだけ焦点を合わせる，いわゆる'社会中心的'(society-centered)

---

[58] Mishra, R., "Marx and Welfare", *Sociological Review 23*, 1975.
[59] [50]に同じ，148頁。
[60] Pampel, F.C. and Williamson, J.B., *Age, Class, Politics and the Welfare State*, Cambridge University Press, 1989.

からはずれて，社会福祉を提供する供給者としての国家を強調することによって，福祉国家の発展に対する説明の幅を広げた。[61]

国家中心的理論は福祉国家の発展において，社会福祉政策の形成過程を重視する。そして，多くの社会福祉政策は，国家官僚機構を受け持っている改革的な政治家または専門官僚たちにより，国家発展の長期的眼目から，専門化された官僚機関の質から成り立つのである。[62]

第4節　国家福祉の展望

21世紀を迎え，グローバリゼーション時代の国家福祉を展望するにおいて，まず1970年代の後半から国家福祉がすすんでいる福祉国家が直面した'福祉国家の危機'と福祉国家の批判論としての'新自由主義'を論議する。そして，福祉国家を越えた国家福祉の社会のイメージとしての福祉社会について検討し，結論として，21世紀，グローバリゼーション時代の国家福祉から国際的社会問題の解決に向かう，国際福祉へのつながりについてふれることにする。

1　福祉国家の危機と新自由主義の台頭

1970年代の後半からみられた先進資本主義福祉国家の危機は，1973年の世界的規模でのオイルショックをきっかけに，経済鈍化または停滞とともに到来したのである。

R.ミシュラは西欧の産業国家としての諸福祉国家が，その存在を正当化させることができない条件の変化として，次のような五つの変化をとりあげている。①スタグフレーション（stagflation）の発生と高度経済成長の終焉，②完全雇用政策の行き詰まりと大量失業の始まり，③景気の後退が政府の財

---

[61]　(50)に同じ，161頁．
[62]　(50)に同じ，159頁．

政的収入の減少をもたらす福祉国家の財政危機，④ソーシャル・サービスに当てられる諸資源の減少の結果，多くの国々におけるソーシャル・サービスの削減，そして⑤混合経済を主軸とする福祉国家型社会システムに対する全般的な信認の低下等である。

　要するに，戦後労使協調とケインズ主義的投資政策を通じての経済成長によって発展した福祉国家も，1973年のオイルショックによる長期的な不況の局面に入ることになった。それは福祉国家の中核的制度としての社会保障制度の前提条件である完全雇用政策の失敗を意味する。そして経済成長によるパイ（pie）の増大がなければ，社会保障の費用支出のための原資も不足することになり，福祉国家は危機に直面することになる。

　新自由主義の主流によって代表されるM.フリードマンは，福祉国家体制のもとで進行しつつある個人と家族の自由への侵害，政府規模の拡大，政府の過重負担の増大，政府による福祉政策の失敗，財政危機を指摘し，福祉国家体制の失敗を糾弾するとともに，福祉国家体制の解体を主張するのである。

　新自由主義の特徴は，"自由市場"をキー観念として"自生的社会秩序"を擁護し，"究極の目標"としての個人の自由（経済的自由，市民的・政治的自由）を保障するという観点から政府の活動領域を厳格に制限することを志向することである。

2　福祉国家から福祉社会へ

　福祉社会とは何らかの意味で，福祉国家を越え前進している社会をイメージしているといえよう。

　W.ロブソンは福祉国家と福祉社会を区別した。福祉国家は議会が定め，政

---

(63)　Mishra, R., *The Welfare State in Crisis*, Wheatsheaf Books, 1984, p.xiii.
(64)　松井二郎『社会福祉理論の再検討』ミネルヴァ書房，1992年，129～130頁。
(65)　田端博邦「福祉国家の現在」東京大学社会科学研究所編『転換期の福祉国家　上巻』東京大学出版会，1988年，46～47頁。

府が実行するものであり,福祉社会は公衆の福祉にかかわる問題について人々が行い,感じ,そして考えるものである。貧者に対して物質的な保障を行う福祉国家は,もはや中産階級や若者にとって魅力的でなくなったので,すべての市民の生活の質と生活の喜びを積極的に追求する社会へと発展すべきだと指摘し,そういう社会を福祉社会と呼んだ。

福祉国家が国民の福祉に対する国家ないし政府の責任と義務を強調するのに対して,福祉社会は社会一般,すなわち国というアソシエーションだけでなく,全体社会ないし国民共同社会(national community)全体の主体性と責任を強調する。そこから地域社会の主体性重視の考え方,すなわち社会福祉サービス供給主体としての地域共同社会という考え方が出てくる。国の責任を軽視するのではなく,その基礎の上に,地方自治体,地域コミュニティ,地域福祉という言葉もこれに沿って生まれた言葉といってよいであろう。また家族機能の再認識ということも言われ出してきた。

福祉の供給は,国または地方自治体などの公的部門だけでなく,企業内福利厚生または市場で福祉を供給する民間市場部門,そして家族,近隣,ボランティア,非営利団体(NPO)などのインフォーマル部門などの三つの部門によりなされる,R.ローズの「福祉ミックス」が描く社会も,また福祉社会といえる。

丸尾直美によると,福祉国家という言葉は一国単位の概念であるが,福祉の向上と分配の平等化が少数の先進工業国のなかにおいてだけでなく,世界的規模で進むという意味で,G.ミュルダールは「福祉国家を越える」社会を展望したが,そういう社会は福祉社会と呼ばれるだろう。

---

(66) ロブソン,W. A. 著,辻清明・星野信也訳『福祉国家と福祉社会――幻想と現実――』東京大学出版会,1980年,序文。(Robson, W.A., *Welfare State and Welfare Society*, George Allen & Unwin Ltd., 1976, preface.)
(67) 京極高宣監『現代福祉学レキシコン〔第2版〕』雄山閣,1998年,41頁参照。
(68) 岡田藤太郎『福祉国家と福祉社会』相川書房,1991年,11頁。
(69) (67)に同じ,41頁。

3　グローバリゼーション時代を迎え，国家福祉から国際社会福祉へ

　21世紀を迎え，後期産業化社会と資本主義市場経済の発展を背景に，金・人・物・情報・サービス・人権等が，経済，政治，社会，文化の諸システムにかけて国境を越えグローバルな交流と相互依存が増大する国際統合のプロセスとしてのグローバリゼーションが，「情報技術革命（IT）」とともに急速に進展している。このようなグローバリゼーション時代の国際交流と相互依存においては，国家福祉も例外ではないのである。

　それは開発途上国における人口の激増と飢餓および絶対的貧困と'南北問題'，冷戦後増加されつつある異なる民族・人種・宗教間の地域紛争による国際難民と人権問題，グローバリゼーションによる労働力の国際移動に伴う外国人労働の問題，そして地球温暖化等による地球環境の悪化・破壊の問題等に対し，国家福祉の社会福祉政策では，その対応が困難になったからである。

　したがって，21世紀のグローバリゼーション時代において，上記のような国際的社会福祉の諸問題に効果的に対応するためには，国家福祉の本質的機能の遂行とともに，国家福祉の枠組みを越え，グローバルな福祉社会指向の'国際社会福祉'が要望されるのである。

　岡田徹によれば，「国際社会福祉とは，国境を超えた地球規模の社会福祉を実現するために，地球規模で生起する生存問題，生活問題，社会問題に対する社会福祉的取り組みとしての研究・教育・実践の総称である。」と定義されている。[70]

　このような国際社会福祉の効率的な実践のためには，主権国家のナショナリズムの克服とともに，国連の世界人権宣言および世界のすべての人々に生存・生活権を確保する国際社会福祉の理念に基づき，世界平和と安全保障のセンターとしての国際連合（UN）と，その専門機関としての国連食糧農業機関（FAO），国際労働機関（ILO），世界保健機関（WHO），そして国連難民

---

[70]　岡田徹「国際社会福祉の意義と課題」松本真一編著『現代社会福祉論』ミネルヴァ書房，1998年，287頁。

高等弁務官事務所(UNHCR),国連児童基金(UNICEF),国連人口基金(UNFPA)等の援助が要求される。ひいては,先進諸国の政府により供与される政府開発援助(ODA)と,民間国際福祉団体としての国際社会福祉協議会(ICSW)をはじめ,国際ソーシャルワーカー連盟(IFSW),国際社会事業団(ISS),国際アムネスティ(AI),国際赤十字(IRC),そして国際非政府団体(INGO)等の積極的な協力が要望される。

参考文献

松本眞一編著『現代社会福祉論』ミネルヴァ書房,1998年。
姜尚中ほか『グローバリゼーションを読む』情況出版,1999年。
氷溪金永燮教授定年記念論文集発刊委『偉大な社会に向って』法文社,2000年。
姜致遠『世界化と韓国社会の未来』白衣,2000年。
朴俊英『国際政治学』博英社,1998年。
野林健・大芝亮・納家政嗣ほか『国際政治経済学・入門』有斐閣,1996年。
仲村優一・三浦文夫・阿部志郎編『社会福祉教室〔増補改訂版〕』有斐閣,1989年。
三浦文夫『社会福祉政策研究』全国社会福祉協議会,1995年。
京極高宣監『現代福祉学レキシコン〔第2版〕』雄山閣,1998年。
岡本栄一・岡本民夫・高田真治編著『新版 社会福祉原論』ミネルヴァ書房,1992年。
真田是『民間社会福祉論』かもがわ出版,1996年。
金泰成・成炅隆『福祉国家論』ナナム,1993年。
東京大学社会科学研究所編『転換期の福祉国家 上巻』東京大学出版会,1988年。
坂田周一『社会福祉政策』有斐閣,2000年。
白鳥令・ローズ,R. 編著,木島賢・川口洋子訳『世界の福祉国家:課題と将来』新評論社,1990年。
松井二郎『社会福祉理論の再検討』ミネルヴァ書房,1992年。
岡田藤太郎『福祉国家と福祉社会』相川書房,1991年。
慎燮重『韓国社会福祉政策論』大学出版社,2001年。
毎日新聞社外信部編著『世界の紛争』東京書籍,1999年。
細谷千博監,滝田賢治・大芝亮編『国際政治経済資料集』有信堂高文社,1999年。
健康保険組合連合会編『社会保障年鑑 2000年版』東洋経済新報社,2000年。
Friedlander, W.A., *Introduction to Social Welfare*, Prentice-Hall, 1980.
Gilbert, N. and Specht, H., *Dimensions of Social Welfare Policy*, Prentice-Hall Inc.,

1986.

Hill, M. and Bramley, G., *Analysing Social Policy*, Basil Blackwell, 1986.

Marshall, T., *Social Policy in Twentieth Century*, Hunchinson, 1970.

Midgley, J., *Social Welfare in Global Context*, SAGE Publications, 1997.（京極高宣・萩原康生監訳『国際社会福祉論』中央法規出版，1999年。）

Mishra, R., *The Welfare State in Capitalist Society*, Harvester Wheatsheaf, 1990.

Mishra, R., *The Welfare State in Crisis*, Wheatsheaf Books, 1984.

Pampel, F.C. and Williamson, J.B., *Age, Class, Politics and the Welfare State*, Cambrige University Press, 1989.

Rainwater, L., Rein, M. and Schwartz, J.E., *Income Packaging in Welfare State*, Clarendon Press, 1986.

Robson, W.A., *Welfare State and Welfare Society*, George Alen & Unwin Ltd., 1976.

Rose, R. and Shiratori, R., *The Future of Welfare State : East and West*, Oxford University Press, 1987.

Smeeding, T.M., O'Higgins, M. and Rainwater, L., *Poverty, Inequality and Income Distribution in Comparative Perspective*, Urban Institute Press, 1986.

Titmuss, R., *Social Policy : An Introduction*, George Allen & Unwin Ltd., 1974.

Wilensky, H.L., *The Welfare State and Equality*, University of California Press, 1975.

第2章
国際社会福祉の意義と展望

第1節　国際社会福祉の定義

　今日，グローバリゼーションは，経済，政治，社会，文化など各分野において，急速に進展している。
　これに従って，社会福祉学界において国際社会福祉への関心がいっそう高まっている。しかし，グローバリゼーション時代の国際社会福祉とは何か？常に問いかけられてきた質問だが，いまだ十分には答えられていない。1990年代から，日本国内で国際社会福祉の概念について，活発な論争が行われてきたが，定説まで到達していない。ここで近年に国際社会福祉の定義を論述された所説を整理し，いくつかのキーワードを提起する。
　まず，国際社会福祉の対象範囲は，空間的な広がりが軸になるという考えから，一つの国民社会の範囲でなく，国境を越えた国際社会を対象とする。これは世界的空間を対象として追究する意味をもち，国際社会の福祉という考えである。一国あるいは狭く限定された地域や国の行為および関係を対象とするのではなく，国と国，または世界の地域と地域の間に関連する行為と関係が，国際社会福祉の対象範囲となる。
　第二に，社会福祉学的な視座から考えると，国際社会福祉の研究対象は，グローバリゼーションのなかで，個人，家庭，地域，社会における人々の福

祉に関連する社会問題，生活問題を主な課題とする。生活問題に関してほとんどの社会福祉のテキストは人間の生活ニーズもしくは欲求を充足するという概念に立脚して，所得保障，保健サービス，教育，住宅，ソーシャルワークという五つの分野を課題としてとりあげている。これは，社会福祉が直面する生活問題に対応するための課題である。言うまでもなく，国際社会福祉はこれらの課題を研究対象として取り組むべきである。しかし，国際社会の構造は複雑であり少子・高齢化問題や国際的な難民，貧困の撲滅，エイズ，労働移民，虐待など国際的な社会問題をその研究対象に含めるべきである。

　第三に，国際社会を舞台とする社会福祉の異なる形態，ニーズ，施策，組織，援助方法などを総合的に分析・解明することをめざすべきである。国際社会福祉活動においては，国家とともに企業，団体，NGO組織，個人など種々の主体が登場し，さまざまなレベルで交流と援助を行っている。この活動のなかで国家は重要な役割を果たし，横からみれば国家間の関係があり，また，国家と企業，NGO，個人の相互関係などもある。国が進める政策は，この種々の主体に影響を与え，また，これらの影響を受けるといった相互関係をもっている。したがって，学問としての国際社会福祉は政策科学の性格をもち，総体的なアプローチがきわめて重要である。

　第四に，実践的な科学であるという点で，国際社会福祉は，学問的，理論的研究よりも政策的，実践的な提起と活動がより優先する。今日，国連が提唱した「人間開発」プロジェクトは，国際社会福祉のアプローチとして，国家機関がNGOと協同して，衛生，保健，教育などさまざまな分野で援助活動を行っている。この国際規模の実践活動への援助方法の開発や実践活動に対する総合評価基準の設定などに国際社会福祉は積極的に貢献しなければならない。

　第五に，国際社会においてすべての人々に等しく自由，平等，人権を確保し，彼らの生活の質を向上させ，社会福祉の水準を高めることを目的とする。

　これらの問題が国際社会全体の状況のなかでそれぞれどのような関連をもっているか，どのような協力体制を必要とするか，どのような総合的な施

策をとおして解決を図るのか，どのような社会福祉援助活動が必要であるか。国際社会福祉はこうした課題に学問的に取り組まなければならない。つまり，国際社会福祉は，社会福祉学の視座で国際的な社会問題，人々の生活問題を，平等・人権の理念のもとに，科学的，客観的研究，分析を行うとともに，その解決に向けた実践的な活動を積極的に展開していく学問である。

　ところで，国際社会福祉の用語において，多くの異なる用語が使われている。たとえば，国際福祉，比較社会福祉，社会福祉ミックスなどの使い方である。国際福祉を主張した学者は，国際社会福祉が定義した範囲より広がり，国際環境問題や国際関係などをも含むべきと考えている。比較社会福祉といった用語は，方法論との関連を強調して，さまざまな国で行われた福祉活動の比較評価を重点に置いている。社会福祉ミックスは二つの国家間，あるいは少数国家間の福祉制度および福祉文化が混在しながら行うことを示していたことが多い。

　また，国際社会における，この定義に関する議論のなかに，市民労働権，世界資源の管理権およびサービス提供の義務などを定義に明記する必要があると主張している。その基本的な考えは，「地球規模の労働力の移動に従って，国境を越えた物質的，精神的な富が創造しつつある。それに伴う労働権利の保障，資源と富の再分配の基準および関連する福祉サービスの提供は，国際社会に共通する問題として現れてきた。これを国際社会福祉の枠組みに入れなければならない[1]」という。

　いずれにせよ，これらの議論は，国際社会福祉の理論を試しかつこれを生産的なものとし，さらに発展させるための源だといえよう。

---

(1) Baldwin, peter, *The Politics of Social Solidarity*, Cambridge University Press, Cambridge, 1996, pp.288-299.

第2節　国際社会福祉の目標と理念

1　国際社会福祉をとりまく国際環境

　グローバリゼーションの進展によって，国際社会福祉がおかれた国際環境は大きな変動をもたらした。

　第一に，東西冷戦の終了である。20世紀を貫いていた自由資本主義と社会主義の対峙は，1980年代後半から1990年代初頭にかけて，社会主義体制の崩壊によって，冷戦構造を基底とする戦後体制が終焉した。資本主義諸国の福祉政策を批判してきた社会主義諸国では，社会的な平等や公平の確保という理念のもとで，社会民主主義体制をとった北欧諸国の社会福祉に対する関心が急速に拡大してきた。

　第二に，IT革命の進展や通信，交通手段の飛躍的な発展などによって，人，物，金，情報が地球規模で移動し広がり，グローバリゼーションが進んでいる。世界のさまざまな場所に住む人々の接触を促進することによって，地球規模の統合が加速され，政治的，経済的な相互依存に加え，社会福祉の相互依存，文化と生活の相互依存は強まっている。人々の生活が国境を越えて相互に関連し合うにつれて，一国の環境破壊や貧困，差別などの問題は，その一国だけではなく，国際社会全体の協力が求められている。

　第三に，世界的な相互依存が各分野においてますます深まっていく過程で，国家の役割およびその影響力は弱くなる傾向がある。これまで，社会福祉は「制度」的な性格が強いということに関連して，社会福祉制度の対象者はその国の「国民」にほぼ限定されている。社会福祉の制度には，国の壁，国籍の壁が高く，厚く立ちはだかってきた。しかし，市場経済と民主主義が主導するグローバリゼーションのなかで，社会福祉のニーズ，社会福祉の市場および社会福祉サービスの提供が均一的になっていく。これは望ましい結果であろうと，望ましくない結果であろうと，これらのニーズや市場などに対し

て，共通な基準で対応する必要性が出てくる。それに従って，共通の国際社会福祉の施策，援助方法を考えなければならない。

　第四に，IT革命は知識の役割をさらに高め，個人やNPOの活動を活性化している。社会福祉における国際関係は伝統的な国家のほか，企業，個人，NGO，NPOというより自由で活力をもったセクターによって関係の再形成が行われている。さまざまなレベルの国際協力の強化と同時に，社会福祉の国際機関の独自性が求められている。

　第五には，アジアの発展である。グローバリゼーションを背景に，アジアは，経済成長と民主化という二つの車輪で走りだした。先進諸国がバブル経済の危機に陥っているときに韓国，台湾，シンガポールなどに加え，タイ，マレーシア，インドネシアなどのアセアン諸国が経済成長の波に乗り始めた。中国やベトナムといった社会主義諸国も改革政策に取り組み，国際システムやアジア太平洋協力の枠組みに対応する努力を積み重ねている。特に巨大な市場を抱えている中国は国際経済に積極的に扉を開き，中国のアジア全体で占める意義がきわめて大きくなっている。アジア地域においては，これまで存在していた封建制，貧富の格差，政治・軍事主導，民族対立，前近代的社会関係などの問題はまだ克服していないが，国際社会福祉のシステムのなかでアジアは重要視され，協力体制が求められている。

　こうした潮流を背景に，国際社会福祉はその目標の輪郭が明らかになってきたのである。

2　国際社会福祉の目標

　国際社会福祉の究極的な目標は，国境を越えたグローバル規模での人々の人権（生存権）を保障するとともに，生活の質，福祉を向上させることである。

　しかし，この国際社会福祉の目標を実現していく過程には，いくつかの難関を乗り越えなければならない。特に，今まで人々に認識された「国家」「国」

「国民」の概念をどうみるか,「グローバリゼーション社会」「市民」との関係をどう位置づけるか,という問題である。

グローバリゼーション社会,市民に対する認識は,自由主義者,民主主義者,保守主義者,社会主義者によって異なる。これらの相違には,科学的および政治的帰結の両方がありうる。そして,これまで主張してきた「自由」と「個人」に基づいた市民概念は,西洋政治思想の中心における価値観であると考えられる。一方,アジア地域においては,「社会」という概念を「世間」「人の世」として取られ,「個人」を「人」として認識してしまう。相対的に独立した個人およびこれらの個人が結びついてきた各種の社会団体の基礎の上にたてられた「市民社会」は,集団のなかで相互に依存し,くっついていて,一緒にいる人の「世間」「人の世」とは違う。

また,これまでの国家・政府が主導した社会福祉は国民を対象とし,所得の再分配の理念で行われてきた。国際社会福祉には,その対象が国民を超えた世界の人々を対象とし,国民所得の再分配の理念ではなく,国際資産の再分配に切り替える。福祉の供給は国家の政府だけではなく,市場やNPO団体や地域など多様なシステムで対応する。社会政策学者のニューバイ(Newby)は,「グローバリゼーション社会の市民の生活権利を保障するために,地球の資源及び資産をグローバル・レベルで運営する必要がある。それに伴い『市民』の民主的自治の能力及び福祉に対する義務が問われる[2]」。また,T.H.マーシャル[3]は,社会福祉において,市民権利,福祉権利の擁護およびその権利に対する責任と義務が重要であると主張し,それ以来,多くの社会政策学者が引き続いて強調してきた。

以上のように,目標を達成するには,政治的,社会的な市民社会意識の未熟性を乗り越えなければならないのである。

---

(2) (英)羅伯特・平克「全球化時代的社会福祉」『社会保障制度』2001年8期,(北京) 2001年刊行,4頁。
(3) T.H.Marshall(1893-1981) イギリスの社会政策者。マーシャルは初めて系統的に市民権の発展と福祉国家成立の関連を論じ,民主的福祉資本主義論の提唱者でも有名である。

3　国際社会福祉の理念

　第二次世界大戦を教訓に1945年10月に発足した国際連合は、世界人権宣言および人権規約など人権関係の各種宣言および条約のなかで、人権を擁護すること、全世界の平和を守ること、貧しい人々の生活条件を向上させ、飢えと病気と読み書きのできない状態を克服し、互いに権利と自由の尊重を働きかけることに協同で努力すること、各国の間に友好関係をつくりあげることなどを繰り返して強調してきた。近年、ノーマライゼーション、生活の質、市民権などの概念で表現された考え方は、国際社会福祉の新しい理念、目標、価値を意味しているといってよいであろう。

　国際社会福祉の理念を考えるとき、次のような視点を必要とする。

　その一は、生存権理念である。生存権の概念は社会福祉にとってより具体化された人権理念である。生存権理念は文字どおりの「最低限度の生活」を保障する意味と思われるが、実際にはもっと豊かな意味が示されている。現実の国際社会においては、貧富の格差が依然として大きい。人身売買および売春からの搾取、児童労働など人権侵害問題は、まだ根絶されていない。また、近年、国際社会に浮上してきている排外主義と関連する不寛容、文化、国籍、宗教、言語に基づく差別、および民族浄化をはじめとする人種的優越性あるいは政策による排外主義から生じる差別など、新たな形態の人権侵害が各地で頻発している。この人種主義、人種差別、排外主義、不寛容による新たな形態の搾取と人権侵害の防止および根絶とともに、「世界人権宣言」に基づく生存権理念の実現に向けて引き続き努力する必要がある。

　その二は、世界平和の追求である。人々の生命の安全、平和環境の保全は、人間の福祉にとって最も基本的な要素である。平和の追求は国際社会福祉の永遠のテーマであり、不朽の理念である。国際社会が相互依存関係を深化させるなか、国際社会福祉による開発援助はこうした世界全体の平和と繁栄に貢献するものである。

　平和国家としての日本にとって、世界の平和を維持し、国際社会の繁栄を

確保するため，その国力にふさわしい役割を果たすことは重要な使命である。日本では，憲法のなかに「平和のうちに生存する権利を有すること」を宣言し，基本的人権の尊重，個人の尊重と幸福の追求，法のもとでの平等など具体的な権利を保障することを定めている。この平和憲法によって決められた理念を世界に広げていくことは，日本国民の責任であり，また，世界平和への最大の貢献にもなる。

　その三は，連帯と共生の理念である。最近，グローバリゼーションが非常に貧しい者たちのことを無視しているという批判は強まっている。富の分配は平等でなくてはならない。しかし，現状はそうではない。多くの発展途上国においては，今なお，多数の人々が飢餓と貧困に苦しんでおり，国際社会は人道的見地からこれを看過することを許してはいけない。先進諸国が行う発展途上国への支援や地球規模の問題への取り組みなどの貢献に対して国際社会は高い評価を与えてきた。環境，人口，貧困等地球規模の問題は，先進国と開発途上地域が共同で取り組むべき全人類的な課題である。

　また，グローバリゼーションの進展によって，文化の多様性を収束する傾向がある。現実のグローバル化の現象とアメリカ化現象を混在する懸念があり，アメリカの政治，経済，ライフスタイル，風俗などが他国に強い影響を及ぼしている現実に対して，アメリカを頂点とする新たな階層秩序化への一歩であると警鐘を鳴らす意見がある。

　社会福祉領域において，先進工業国の福祉政策を無批判に採用するか，一方的に模倣する傾向が今も存在している。日本にとっては，「欧米に追いつけは，日本が政策目標とした合言葉で，社会福祉も例外ではない。欧米に目を注ぎ，研究も実践もたえず欧米を意識してきた。それ以外に選択肢がないのが戦後の状況でもあった。」[4]といった教訓がある。したがって国際社会福祉の理念においては，偏狭な原理主義や経験主義に陥るのではなく，お互いの文化やアイデンティティを尊重し，評価していくことが求められている。人間

---

(4)　阿部志郎・井岡勉編『社会福祉の国際比較』有斐閣，2000年，9頁。

の顔の見える社会福祉のグローバル化を推進するために，他文化との相互交流，伝統的ないし独自な福祉文化領域の再発見や保全が重要となる。

　しかし，より重要なことは，グローバリゼーションの進展のなかで，その過程をとおして，人々が共通の期待と価値観と目標をもって自分たちの生活をみるようになりつつあることである。これらの社会的な規範のなかで，生活水準，生活様式，福祉の権利，性の平等などが社会福祉の目標と理念に深く関係している。つまり，連帯と共生の理念に即して，他国の異文化を理解し，社会的公正にのっとることは，最も基本的な理念である。

　その四は，市民権理念である。かつて，古川孝順が「従来の社会福祉において軽視されがちであった自由権的・市民権的諸権利を如何に確保して，保障していくかということがこれからの社会福祉にとっての重要な課題である」[5]と指摘した。確かに，今後の国際社会福祉にとっても，市民権の実現は課題であり，理念でもある。市民権に関する論議は，歴史的な経緯がある。最初に市民権と国際社会福祉を結びつけて論じたのは，社会政策者のT.H.マーシャルである。マーシャルは，市民権が市民的，政治的，社会的の三つの権利から構成されていると主張している。彼の考えによると，市民的権利には，契約の自由，言論，出版，思想，信仰の自由，私有財産権を有する自由などがある。政治的権利には，選挙権，政治の関与権などがある。社会的権利には，生存権，教育権，労働権，より質のよい生活を追求する権利がある。彼はまた，市民権が無条件なものではなく，市民が義務を果たすことが必要であると強く強調している。今後，こうした国境を越える市民権に基づいた国際社会福祉理念が必要となるのであろう。

---

[5]　古川孝順編『社会福祉21世紀のパラダイム1　理論と政策』誠信書房，1998年，194頁。

第3節　国際社会福祉の歴史

1　国際社会福祉の実践活動の流れ

　第一次世界大戦後，1919年6月ベルサイユ条約のなかに国際社会福祉の視点で人権理念が提起された。この条約のなかに，世界の平和および協調のため，困苦，窮乏に陥る人たちに，失業の防止，労働条件の改善，労働者，婦人，児童の保護，高齢者および障害に対する給付などが改善を要する課題として明示された。同じ年，この条約の執行機関として，国際連盟が誕生した。第二次世界大戦の期間中，平和と民主主義勢力の増大を背景にして，生存権，生活保障の思想は国際的な規模で普及し，1945年に発足した国際連合で採択された「世界人権宣言」は，上述の理念をより深め，基本的人権（生存権の一つ）の確保が世界平和の維持と不可分の関係にあるとする認識に基づいている。宣言の第22条は，何人も社会の一員として社会保障を受ける権利を有し，且つ国家的努力および国際的協力を通じて，また，各国の組織および資源に応じて自己の尊厳と自己の人格の自由な発展に欠くことのできない経済的，社会的および文化的権利の実現に対する権利を有するというように，社会福祉を受ける権利を基本的人権の一つとして明確に規定した。

　その後，国連は「世界人権宣言の理想実現には，市民的・政治的諸権利が保障されるだけではなく，欠乏からの自由の獲得が必要であるとして，経済的，社会的及び文化的諸権利の保障をも視野に入れることとなった」[6]。1954年に国連人権委員会は「経済的，社会的及び文化的権利に関する国際規約」と「市民的及び政治的権利に関する規約」の草案を作成した。この規約草案は，さまざまな修正を経た後，1966年に国連総会で全会一致をもって採択された。

　また，国連は「女性に対する差別の撤廃に関する宣言」（1967年），「児童の

---

[6]　萩原康生「グローバリゼーションと国家福祉の変貌」『海外社会保障』No.134，2001年。

権利宣言」（1959年），「国内または国際的里親委託及び養子縁組を特に考慮した児童の保護及び福祉についての社会的法的な原則に関する宣言」を採択した。一連の国際条約で現れた国際基準によって，加盟国の福祉状況の国際規格化を推し進めている。

専門性をもった国際社会福祉活動は，19世紀から始まったという。最初の国際福祉組織は，戦争被害者を保護するために19世紀半ば，スイスで設立された赤十字社である。その後，赤十字社の人権を尊重する趣旨に賛同し，加盟する国が多くなり，大きな国際組織になった。赤十字社は，人道主義に基づき戦争被害者に対する治療，救済だけではなく，母子衛生や青少年教育など幅広い活動を行った。

専門職による組織的な国際交流は，ヨーロッパとアメリカの慈善事業家が国際会議で知識や経験について意見を交わした19世紀までさかのぼる。その交流は，1928年の国際社会福祉協議会（ICSW）の設立につながった。翌年，国際社会事業学校委員会（ICSSW）が設立され，後に国際社会事業学校連盟（IASSW）と改称した団体がある。また，1956年，専門職の利益を代弁する目的に基づく国際ソーシャルワーカー連盟（IFSW）などが，国連救済復興機関に相次いで設置された。

第二次世界大戦後，国際社会福祉活動は，国連を中心とする国際機関および政府機関，NGOにより行われることが多かった。1950年代以後，先進諸国の急速な経済成長につれて，発展途上国との経済的格差がますます拡大した。また，資本主義体制と社会主義体制の対立，植民地解放運動など，国際関係は複雑になり，社会の変動は激しくなっている。これに対応するため，国連は，国際社会福祉分野で多様なプロジェクトに取り組んできた。

1960年代まで，国際社会福祉の活動は，人権問題と発展途上国の人口問題への取り組みが主流であった。国連の提唱により，「世界難民年」（1959〜1960年），「国際人権年」（1968年），「人種差別と闘う国際年」（1971年）が世界諸国で実施された。そのねらいは，生存権・人権の保護，人種差別の撤廃を促進することにある。人々の人権意識を高めるため，国連は1995年1月1日を

起点とする向こう10年間を「国連人権教育のための十年」と宣言し，改めて各国政府に対して，人間の個性を十分に伸張させ，基本的人権および自由の尊重を強化する教育を方向づけるよう要請した。

国連はすでに1954年の時点ですべての国が「世界子どもの日」を創設し，これを世界規模の友愛，子どもたちの相互理解，および世界の子どもたちの福祉を促進する活動の日とすることを勧告したが，そのなかには各国政府が適当と考える日を「世界子どもの日」として制定するよう提言がなされている。その後，それに関連して国連によって「児童権利宣言」（1959年）および「児童権利条約」（1989年）が採択された。

また，国連によって定められた「国際児童年」（1979年），「国際婦人年」（1975年），「国際障害者年」（1981年）のテーマに呼応して，各国政府が障害者，女性，児童などを対象とした福祉政策を積極的に取り組もうと働きかけた結果，ノーマライゼーションの理念の普及が図られてきた。

貧困問題の解決のため，国連の専門機関および国際NGOが特に力を入れて進めていた「家のない人々のための国際居住年」（1987年），「国際識字年」（1990年），「貧困撲滅のための国際年」（1996年）は，老いも若きも，富める者も貧しい者も，そして男性も女性も，文字を読める権利，住居をもつ権利を保障すべきであると主張し，これによってあらゆる国々，特に発展途上国において，開発の最重要課題となった貧困の解消の必要性に対する認識が高められた。さらに，国連は2000年の国際デーについて「グローバル化と貧困撲滅」というテーマを定めている。

20世紀最後の国際年として「国際高齢者年」（1999年）は，国連の提唱により制定された。これは，高齢化の問題，高齢者の人権問題が世界的な課題となっていることが反映している。国際高齢者問題の提起は，1948年にアルゼンチンが提唱した「高齢者の権利宣言草案」が国連にとって採択されたことに始まり，同年に発布された「世界人権宣言」では高齢者の権利も議論されたのである。そして，1982年高齢者に関する世界会議がウィーンで開かれ，国際行動計画が採択され，高齢者の権利や高齢化についての議論が高まって

きた。

　以上の経緯を踏まえて、「国際高齢者年」の意義についてまとめてみれば、高齢者の人権が保障されるためにも、すべての人の人権が保障されることが前提とならなければならないということである。今までの国際年をふりかえってみると、民族問題、女性問題、児童問題、障害者問題など、差別され、ハンディキャップをもっている人たちの人権保障を積み重ねていくことによって、すべての人の人権保障を実現していく活動の歴史であったといえよう。

　国連は1997年11月20日、経済社会理事会の勧告に従い、2001年を「国際ボランティア年」と宣言した。ボランティア活動に対する認識を高め、これをより容易にし、ネットワーク化し、促進するために制定されたこの国際年は、ボランティアの成果と潜在力に対する認識を高め、より多くの個人の参加を奨励し、そのような活動に資源を振り分けることにつながるものと認識されてきた。この取り組みは、ボランティアに対する認識を高める一方、社会、経済、文化、人道、平和構築の分野における最優先課題に取り組む活動なのである。

　21世紀を迎えた「国際ボランティア年」の実施は、国際社会福祉活動の新たな時代を切り開くものと位置づけられる。それは、つまり、戦争の20世紀から、人々の福祉の世紀、平和の世紀としての21世紀への転換を意味している。

2　国際社会福祉研究の流れ

　国際社会のさまざまな問題や課題などを福祉の問題としてとらえ、その解決の手段、方法を研究し、実践に向かって取り組み始めたのは、第一次世界大戦後のことである。日本における国際社会福祉の研究は、20世紀初頭のイギリスやアメリカ、ドイツなどの資本主義諸国における社会福祉の歴史的な発展の経緯や実情についての紹介を主とする研究を、その端緒としている。

国際社会福祉領域における系統的な研究の幕開けは，1940年代初め頃という。特にL. メア（1944年）のイギリス植民地の社会福祉に関する研究は，歴史的に重要な意味をもっている。その他，国連など国際機関の報告書のなかに関連する研究成果がみられる。国際社会事業学校連盟といった団体も，この領域で長年にわたって積極的な研究活動を続けてきた。

　1960年代後半から，ヨーロッパ各国の政府が社会福祉政策において影響力を強めていくにつれて，諸国において社会福祉政策が経済，政治に及ぼす影響に関する比較研究が生まれた。これは一つの国を対象とした事例研究がほとんどであったが，それまでほとんど未知であった社会福祉の形成に関する情報を各国に提供することに大いに役立った。その代表的な研究成果としては，G. リムリンガー（1971年）のヨーロッパ，アメリカ，ロシアにおける国家福祉が産業化へ与えた影響に関する分析があげられる[7]。また，B. マディソン（1968年）の旧ソビエト連邦の福祉システムに関する研究も[8]，先駆的な研究として評価されている。

　今日，国際社会福祉の領域における研究は急速に進展しており，多くの優れた研究成果が出版されている。ヨーロッパ地域に限定された研究だけではなく，アジア諸国，南アフリカ共和国など，幅広くとりあげられている。社会福祉研究分野によく知られているJ. ミッジリィ教授は，地球規模の広い視野で社会福祉を見つめ，社会開発というアプローチの視点で新たな社会福祉原論の枠組みを提示した[9]。こうした研究活動のなかで，特に注目される現象は，国際社会福祉を研究テーマとしてとりあげている学者が社会福祉分野だけではなく，公共政策学，政治学，社会学，統計学，国際学などさまざまな分野から集まっていることである。多様な視点で行われる国際社会福祉研究は，新しい知識を広める大きな役割を果たし，高く評価すべきだが，その一

---

(7)　ミッジリィ, J. 著, 京極高宣・萩原康生監訳『国際社会福祉論』中央法規出版, 1999年, 14頁。(Midgley, J., *Social Welfare in Global Context*, SAGE Publications, 1997.)
(8)　(7)に同じ, 15頁。
(9)　(7)に同じ。

方，これらの研究者は，自分の専門分野や学問領域にこだわり，ソーシャルワーカーへの関心が低く，いわゆる実践家としての知識や経験が十分ではないという批判もある。今後，この領域において広い実践経験をもつ専門職との協力関係を構築していくことが期待される。そのことによって，国際レベルでの専門的な知識を高めることも可能となるであろう。

　国際社会福祉分野の研究においては，基本的に政府レベルの社会福祉政策に関心が払われてきた。国際社会福祉に関する文献資料は，ほとんど国レベルのものしか取り扱ってこなかった。20世紀を通じて国の役割がきわめて大きかったことの反映でもある。しかし，近年，非政府機関や宗教団体，ソーシャルワーカーなどの専門家たちが行う活動が進展するにつれて，関連する調査，研究活動も活発になってきた。

　政府を加えたこのような調査研究のさらなる展開は，国際社会全体の福祉を高めるとともに国際社会福祉がより広く理解されるようになるうえに大きな役割を果たすであろう。

　しかし，国際社会福祉研究の方法論については，いまだに確立されていないのが現実である。これまで，ヨーロッパ社会福祉の平均値を基準にして，研究が盛んになったが，そこに留まる限り，必ずしも妥当でないといった批判があった。近年，量的な評価に偏りがちな悪弊を脱し，生活構造，文化，歴史，宗教，価値観という質的側面が重視される傾向が現れてきている。

　グローバリゼーションの時代に，国民国家を前提とした社会保障，社会福祉体系をどのような方向につなげるのか，今後，国民国家の役割がNPOなどに移行するものだとすれば，市民社会システムのなかに共通する理念，普遍的社会福祉をどのように形成するのか，これらの課題を究明するための有効な手段が比較研究である。比較研究は異文化との相違性と相似性を明らかにするための批判，評価を伴い，自国の社会福祉の充実のみならず，国際福祉の発展へ大きく貢献する。1980年代以後，日本では比較研究が盛んになり，各国の社会福祉制度，政策の比較，ソーシャルワークの比較，福祉サービス提供の比較研究などに，注目すべき研究成果が続々と公表されてきた。日本

51

の学者に提起されたように「社会福祉の国際比較をタイトルにする研究，或いはとくにスタイルに示されなくても日本との比較を意図した外国研究は，国際比較研究委員会の調査によると欧米諸国だけでなく，わが国でも予想以上に多いことが明らかにされた。」

1990年代初めから，アジア各国の社会福祉の研究が台頭し始めてきたが，この背景としては，アジア諸国の目覚ましい経済発展に伴い，社会福祉のニーズが高まっていることなどが考えられる。また，日本国内においてアジア系外国人労働者が各分野に進出し，これに伴い彼らの生活や福祉厚生および人権問題が社会福祉問題として顕在化し，アジア諸国の福祉問題への関心も強く現れてきた。アジア社会福祉の全体に対する把握は，十分ではないが，アジア諸国をとおして，社会福祉の共通基盤がともかくも現存し，学び合う課題が多いということは認識されている。

アジア社会福祉研究の焦点は，各国の社会福祉制度の比較，欧米先進国にあまりみられない社会問題への対策研究および多様な文化をもつアジアにおける社会福祉の価値観に関する比較研究などが多かった。しかし，近年，アジア地域の経済的統合は急速に進められ，この傾向のなかに，アジア地域にとってどのような福祉のビジョンが必要であるか，どのように対等な協力体制を結成すべきかなど，戦略的・総合的な研究が重視されるようになった。

第4節　国際社会福祉の現状

現在の世界には，大別すると，先進国と発展途上国の二つの社会システムがあるといわれている。一般的な見方では，先進諸国は，保健，栄養，住宅など国民の基本的ニーズを満たし，国民が高い生活水準を享受している。寿命は，基本的ニーズ達成の一つの物差しとなる76歳の平均寿命を越え，質の

---

(10)　阿部志郎・井岡勉編『社会福祉の国際比較』有斐閣，2000年，69頁。

高い教育を受けるチャンスをもち，女性の社会参画にも基本的に障壁はなくなっている。これらの指標に対して，180以上ある世界の国と地域のなかで多数を占めている発展途上国は，いずれも低い状態に留まっている。現在，一日１米ドル以下の収入しかない絶対的貧困の状態にある人口は12億人を超え，教育を全く受けていない子どもは１億3000万人いるといわれている。この貧困人口の多数が発展途上国に生活している。アフリカでは，絶対的な貧困率の割合が高い。南アジア諸国の子どもたちは，栄養失調の発生率が高く，半数以上の子どもの体重が標準以下である。先進諸国の貧困は低い率しかないが，貧困問題が解決されたとはいえない。アメリカのような貧窮と裕福が同時に存在することは典型的な事例である。

　国際社会においては，それぞれの国の社会福祉事情は，その国，その地域の文化・経済・政治によって異なり，大きな相違がある。また，グローバリゼーションによって，先進国であれ，発展途上国であれ，それぞれの国や地域における社会福祉は，国際社会に展開される福祉の影響のもとにおかれている。そのため，国連では，社会福祉の役割を，貧困，人口，健康，教育，住宅，都市と農村の開発，雇用と職業訓練などにサービスを提供することまで含む広範囲にわたるものとする立場をとっている。この社会福祉の対象を広範囲の提起に規定する立場は，先進国ならびに発展途上国の社会福祉の実情を反映している。

1　先進国と発展途上国の社会福祉の違い

　先進国と発展途上国の社会福祉は，経済的な格差，文化の相違，政府の社会福祉に対する介入の程度の違いなどによって，かなりの差異が現れている。
　発展途上国のそれぞれの国における，生活問題や社会福祉の施策はかなり多岐にわたっている。発展途上国における社会福祉の視点は，社会福祉において重視してきた人権擁護理念に対する配慮が十分にはなされていない。貧苦の克服と生活改善という生活問題が，優先すべき課題である。これは，社

会福祉サービスの質や生活の質をよりいっそう向上させる先進諸国が直面している問題と大きく異なる。

多くの発展途上国が課題とする社会福祉は，人口の要素に影響を受けている。たとえば，人口の大国インドと中国は，急速な人口増加によってもたらされた貧困問題を共通して抱えている。この国では，人口の大多数は農山村地域に住んでおり，政府が提供する保健医療など福祉サービスはこのような人々にはほとんど届けられていない。乳幼児の死亡率が高く，児童の就学率が低く，女性への暴力が頻繁に発生するなど，いずれにせよ，この問題は経済的な要素と急速な人口増加に起因する。これは，先進諸国が悩んでいる出生率低下の問題とはきわだって対照的である。

国による福祉サービスの提供は，経済発展の状況に左右される。現状では，発展途上国の政府が行っている福祉サービスは義務教育と公的な医療保健に限られ，それ以外の福祉サービスに力を入れる経済的な余裕がない。ほかの福祉サービスにしても，実施していたとしても都市部に制限するか，一部の人に限られるかというのが実情である。先進諸国のようにさまざまな領域に公的な福祉サービスを提供し，人々の生活にかかわる生活問題を積極的に関与していく国の姿勢とは違っている。しかし，発展途上国は，文化的な要素を活用し，制度化されていない福祉サービスや貧しい人への援助を，家族，隣人，相互扶助精神で支えていくことに力を入れている。

また，発展途上国の間にも，地理的な要因，社会制度的な要因および文化的な要因などによって，政府の社会福祉への関与，福祉サービスの提供のあり方などにかなりの相違がある。

たとえば中国は，東西冷戦の構造が崩壊した世界的変動に従って市場経済のシステムを導入した。中国政府は，これまで働くことが国民の基本的な権利と義務であると位置づけ，計画経済体制のもとで国民に就職のチャンスを十分に与えてきた。社会主義的福祉には，資本主義諸国と違って，余剰労働の価値は資本家によって搾取されるのではなく，労働者に平等分配されると主張し，国は労働者の医療，住宅，公的年金を手厚く保護した。しかし，政

府が提供した福祉サービスは公的機関の職に就く者だけに限定され，膨大な農民層や自営業者は政府の社会福祉の恩恵から排除されていた。1980年代初頭から，市場経済に移行するにつれて，社会主義体制のもとで機能した社会福祉制度が機能不全に陥り，また，急激な社会体制転換のなかで生じた新たな福祉の問題や，社会主義体制の当初に隠されていた福祉問題などが一挙に露呈し始めた。

現在，中国の社会福祉は，先進諸国が悩んでいる高齢化率の上昇や高齢者に対する質の高い福祉サービスの提供，ソーシャルワークの問題があり，前近代的な児童労働や非識字率の高い問題などが同時並行的に存在している。資本主義諸国の社会福祉政策を批判してきた中国政府は，近年，欧米諸国の社会福祉政策を参考にし始め，社会主義的福祉の土壌に市場競争原理や民間経営，寄付などのシステムを導入し，ミックス福祉のモデルを模索しつつある。

以上の分析のように，世界の各地域，各国によって社会福祉の問題や方法，対象は実に多様であり，これらにかかわる認識，現状，課題について，先進国であれ，発展途上国であれ，ともに手を携えて積極的に取り組んでいく必要がある。また，グローバルな視点から福祉を考えれば，国際社会福祉の活動は，先進国を対象にするより，発展途上国を対象にするほうが直面する課題も大きく，より重要である。

2 国際社会福祉の援助活動の形態

国際社会福祉援助活動の形態は，大まかに分ければ，公的な国際機関による福祉活動と，NGO・NPOという非政府機関による福祉活動とがある。

(1) 公的な国際機関による社会福祉活動

今日，多くの国際団体が社会福祉の促進にかかわっている。従来の社会福祉は，国家の責務もしくは地域の責務といった性格が強かったが，現在，国

際組織は国際資源と国際的福祉問題を各国により注視するよう働きかけている。国連のような国際機関は第二次世界大戦以来，世界規模で人々の福祉の向上に大きな役割を果たしている。国連により行われた国際プログラムの主な活動は，ソーシャルワークの国際的な普及，世界規模の乳幼児死亡率の低下，公衆衛生の向上，各国の社会保障の採択，人権尊重，難民保護などである。1990年代には，社会福祉分野で人間開発のアプローチを積極的に推進し，活発なプロジェクトを組んで，国際社会福祉活動を推進する役割を担ってきた。

　国連システムのなかでの国際福祉組織の例としては，国連児童基金(UNICEF)，国連開発計画(UNDP)，世界保健機関（WHO），国際労働機関（ILO），国連難民高等弁務官事務所（UNHCR），国連人口基金（UNFPA）などをあげることができる。

(2)　国際NGO，NPOによる社会福祉活動

　公的な組織の活動以外に，実際の現場で国際NGO，NPOが行っている援助活動は，重要な意味をもっている。これらの活動は，政府間のいわゆる公的な援助では効率的に機能しなかった問題が多く浮上してきたことを批判しながら，活発に行われている。

　国際NGO，NPOの専門組織は，20世紀の後半に多く誕生した。その誕生の理由には，地球規模の人権侵害，差別，自然破壊などの問題にその国，その地域が対応するだけでは解決できないという時代背景がある。その意味において，国際NGO，NPOがこれから果たす役割は，地球規模で考え，各地域・国が互いに協力しながら連携した行動を起こすというアプローチが基本になってくる。その場合，国の政策との調整，あるいは国連との協力がおのずから必要になってくる。

　国際NGO，NPOの組織は，大別して三つの領域に分けられる。一つは，世界規模国際的な組織としての国際団体である。たとえば，国際社会福祉協議会(ICSW)，国際ソーシャルワーカー連盟(IASSW)などがある。二つめは，

国内および地域ブロックの社会福祉に関する国際専門家協会である。国連アジア太平洋障害者の十年行動計画の実施組織は，その具体例である。これは，専門家，障害者自身を代表するものを含む委員会が国内で組織され，世界行動計画を全国規模で推進していくとともにアジア地域ブロックの連携体制をつくっている。三つめは，国レベルの組織で，国内の活動を海外へ広げている団体である。たとえば，日本の民間ボランティア団体などによる東南アジア諸国に対する保健，医療，教育にかかわる援助活動がある。国際NGO，NPOの福祉活動は，政府の政策，あるいは専門家の研究実践の枠を超えて，人間，市民，消費者という立場から行うのが基本である。顔が見える国際社会福祉ともいわれている。

　現在，国際社会福祉の活動はほとんど国連や国際ボランタリー組織をとおして行っている。これらの組織は，主として加盟国の資金援助を基に運営されている。国際ボランタリー組織も，公的国際機関と同様にその活動は，自国の支持基盤が提供した活動資金によって支えられている。第二次世界大戦後，このような組織に加盟する国の数は急速に増加した。また今日，国連とその専門機関に加盟していることは，広く国際国家の一員であることの証明ともなっている。

3　国際社会福祉活動へのアプローチ

　国際社会福祉活動を促進するための主なアプローチは，人間開発である。「人間開発」という概念は，国連開発計画（UNDP）のなかで提起され，1992年にリオデジャネイロで開催された国連環境会議をはじめ，1994年のカイロでの国際人口開発会議および1995年のコペンハーゲンでの国連社会開発世界サミット等を通じて，国際的に幅広く受け入れられている。今日では，もはや定着した概念となりつつある。

　人間開発は，従来の所得のみを重視する経済成長偏重の学派主導の開発成果に対して，疑問が向けられるようになった後に誕生した理論である。これ

は，人間のあらゆる分野における選択機会の充足を目的とした考え方であり，特に，教育・保健・所得が重要な要素として位置づけられている。とりわけ人々の福祉を向上させるための手段として開発の意義を強調する点は，他の開発アプローチと異なる。

　社会福祉の学説としては，人間開発の役割は次のようにまとめられている。

　第一に，ニーズのある人を対象とすることでもなく，消費型サービスに偏ることでもない。人間開発は，社会的最終目標を達成するために経済発展を促進して，住民全体の福祉を高めることをめざしている。つまり，かつて利益を受けられなかった人々を経済のメインストリームへと導く社会的なプログラムを実施することによって，既存の貧困者に経済的援助を行う救済型，生活扶助型のアプローチを超越する。そのための社会的援助を強調している。

　第二に，社会的サービス・プログラムが積極的に経済発展に貢献することを認めるが，それだけではなく，住民の福祉の改善に貢献することを強調している。貧しい個人に焦点を当てるだけではなく，コミュニティ，地域，社会に関心を寄せていく。これによって，すべての人々を対象とした福祉の支援という普遍的な概念が現実のものとなる。

　第三に，人間開発のプロセスをとおして，多くの困難にもかかわらず，人々の福祉が実現されるという確信，さらには世界の社会福祉を促進していく信念が育っている。

　また，国連開発基金によって発刊された人間開発報告書のなかでは，開発援助の目的について一人でも多くの人々が人間の尊厳にふさわしい生活ができるように手助けすることであると明記し，さらに国の開発の度合いを測定する尺度として，一人当たりのGDP，平均寿命，就学率を基本要素として，これらを独自の数式に基づき人間開発指数として数値化しているが，歴史的にも人間開発という新たな考え方の普及，展開にこの報告書の果たした役割はきわめて大きい。

　人間開発によって，世界中の数十億の人々の生活になお残存する貧困や欠乏の緊急課題に効果的に対応する発展志向の型の視点が，国際的にも支持さ

れる望みがもてる。また，社会福祉に新しいアプローチの基礎を築き，そのなかで社会プログラムが消費的サービスではなく社会的投資に立ち，社会投資に焦点が当てられることについても，今後大いに期待されるところである。

第5節　国際社会福祉の展望

　グローバリゼーションの時代に，これまでは国民に限定されていた社会福祉システムがどのように方向づけられるのか，人々の生活の質がどのように向上されるのかなどの問題に関心が寄せられている。

　21世紀に向かって，国際社会福祉はいくつもの課題に直面している。

　近年，グローバリゼーションの進展によって集中した国際資本は，多くの国々の経済に破壊的な影響を与え，国民の生活を低下させたという批判が強まっている。一方，グローバリゼーションの過程に，人類は恩恵を受けることができるという楽観的な主張も高まっている。グローバリゼーションはかなり複雑な側面をもっていることが，人々に認識されている。こうした情勢のなかに，人々は社会福祉の視点で，グローバリゼーションの影響や特徴などを多方面，多角度に分析し，理解することが大切である。利己的な働きとして留めておくのではなく，挑戦する姿勢で国際社会福祉の発展に活用していくことである。

　かつて，社会福祉は，国を単位として，国民国家のもとで成立し基本的に一国内で完結してきた。今，多国籍企業の出現や人々が仕事を求めて複数の国の間に頻繁に移動するにつれて，雇用，医療，年金住宅などの問題は，個人問題だけではなく，企業にとっても重要な問題になってきている。これらの問題は，国際社会福祉と関連づけながら，国際的，効率的な資産分配のあり方，外国人労働者および家族の福祉の社会的位置づけ，企業の経済利益の保障などに関する具体策を講じなければならないのである。

　今，欧州連合（EU）の統合は最終段階に達し，北米自由貿易連合（NAFTA）

が,南米を含めたさらに広範囲の米州自由貿易連合への発展をめざし始めた。こうした急ピッチで進む欧米での地域連合の動きが,地域ブロックの間に社会福祉の連携が活発となる傾向として現れてきた。こうした背景にアジア諸国にもアジアが統合を急ぐ必要があるという危機意識をもたらし,アジアの社会福祉構造を築く作業は始まった。2001年10月,沖縄に日本社会福祉学会が主催した49回全国大会で「アジアの社会福祉と日本」をメイン・テーマにしたこと,また,2003年に長崎で開催予定の「アジア太平洋社会福祉教育・専門職会議」という会議も,この動きの一環とみられる。

しかし,アジア地域において,植民地の後遺症,多種な少数民族と文化・宗教,貧困,エスニシティをめぐる紛争,人権や民主主義のあり方など多種多様である。ソーシャルワークの学問分野においては,アジア諸国の対応策は,大きな格差がある。多くの国は,福祉人材の養成が遅れていて,専門職としての働きが貧弱である。こうした多文化社会の国際社会福祉は,新しい価値観およびそれに対する判断基準の設定が大きな課題となるだろう。アジア地域における国際社会福祉の進展のなかで,どのようにグローバリゼーションを人々の生活の質を向上するために活用していくのかが,世界に注目されている。

参考文献

仲村優一・一番ヶ瀬康子編『世界の社会福祉　3,4巻』旬報社,1999年。
ペストフ,V.A.著,藤田暁男ほか訳『福祉社会と市民民主主義』日本経済評論社,2000年。
埋橋孝文『現代福祉国家の国際比較』日本評論社,1997年。
国分良成・藤原帰一・林振江編『グローバル化した中国はどうなるか』新書館,2000年。
西川長夫ほか『アジアの多文化社会と国民国家』人文書院,1998年。
萩原康生編『アジアの社会福祉』中央法規出版,1995年。

第3章

国際社会福祉の課題
―――アジアにおける社会福祉の課題―――
(1)

　本章では国際社会福祉の課題を考察し，アジアの人々の生活基盤である環境の危機的情況を人口の視点から概説した後に，フィリピンに生きる人々の暮らしに焦点を当てて我々の課題をさらに探求する。

第1節　国際社会福祉の課題

1　福祉実現の道程の多様性

　我々人類が今日，「種」として直面している問題群を，最も重篤な形で背負っ

---

(1) 本章では，アジアという言葉に以下の概念を包摂する。
　1　地理学上のアジア
　2　非西洋としてのアジア
　　　酒井直樹「誰が『アジア人』なのか」『世界』683号，岩波書店，2001年。
　　　アジアという名前は，ヨーロッパ人が，ヨーロッパを東方の他者から区別し，地域的な統一体として立ち上げる手続きのなかで，ヨーロッパの自己表象・自己確定に必要な用語として生まれた。アジアはヨーロッパに侵略されるまで自己を意識することはなかった。アジアが西洋による植民地化によってアジアという自己意識に到達したという，現在も永続する一つの歴史的真理を看過してはならない。
　3　第三世界と同義のアジア

ているのが，アジア，アフリカ，南米など第三世界である。あらゆる側面で相互依存度を高め，一体化の進む世界において，もはや「開発途上国の課題」と「先進国の課題」といった区別は存在しない。すべてが「我々自身の課題」なのである。

しかし，これら人類が共有する課題を解決し，より多くの人々の福祉を実現するための「どの国にも適用できる秘訣など存在しない」。

---

(2) モリッシュ，M., 保科秀明訳『第三世界の開発問題〔増補改訂版〕』古今書院，2000年，4頁。

「第三世界という言葉は，冷戦構造下の1950年代，国際政治の西側ブロック（第一世界）にも東側ブロック（第二世界）にも属さない国々の総称として用いられたが，今日では，政治的性格ではなく経済上の低所得国（または低開発国，開発途上国など）を指すようになっている」。

（以下筆者解説）

これら第三世界に共通しているのは，列強によって「国境」で分断され，「国家」へのアイデンティティを強制され，自然と人間の生命を収奪された経験をもつこと，貧困からの脱却を阻む植民地の遺制が，今日も形を変えて再生産され続けていること，たとえば，土地や資源を占有する少数の富裕階層と，生産手段を持たない圧倒的多数の貧困階層がいて，その間の所得格差が大きいことなどである。「大都会の裕福な階層が住む地域は第三世界を代表するものとはいえず，先進国の植民地と表現したほうがよいかもしれない。なぜならば農村地域には顧みられることのない何億もの農民がいて，農業に頼りながら，ぎりぎりの生活を営んでいるからである」。

また，先進国がその内部に抱える第三世界（先住民族・少数民族などマイノリティの住む地域で，汚染物質廃棄や核実験の場に利用され，環境レイシズムなどが起こり，周辺化されている地域）もここに含まれる。

しかし，植民地統治については，倫理的に糾弾するだけでは足りず，複眼的な視点でとらえる必要がある。なぜならば，第三世界では，植民地の政治・経済・社会・文化が，人々の日常の細部にまで入り込んで自己内化され，やがて苛酷な支配に主体的に関与し，支配する側の価値さえ改変していくダイナミックな力を持ち得るという逆説的な構造が内包されているからである。

たとえば，かつて，奴隷商人たちは黒人奴隷の反乱防止のために，異なった言語を持つ部族同士を同船させて新大陸に運んだが，言語を奪われた黒人たちは数世紀をかけて，遠い祖国やカリブ海の豊かな自然を語る躍動的な混交言語「クレオール語」を生み出し，支配者の言語であるフランス語をより肥沃なものにしたのである。

(3) ヴェルフェルスト，T. 著，片岡幸彦訳『文化・開発・NGO——ルールなくして人も花も生きられない——』新評論，1993年，3頁。

従来の，「政治・経済・社会上で発展途上にある国々（developing countries）にとって，めざすべきモデルは先進国（developed countries）である」という構図は，まず第一に，経済・社会的側面において，主に先進国の物質主義と快楽主義による大量生産・大量消費・大量投棄の帰結として引き起こされた環境破壊と資源の枯渇を目前にして，論理的に破綻している。すべての国に今の先進国並みの消費生活水準を実現することは全く不可能だからである。

第二に，政治的側面において，他国の植民地化（＝植民地の非民主的経営・人権の蹂躙によって生み出された利益）を必須条件として自国の民主主義を実現させた多くの先進国の手法は，踏襲されてはならないからである。第三世界は，植民地主義や膨張主義に依拠せずに民主化を実現させる方法を創出しなければならない。

「近代化＝工業化＝経済成長＝先進国＝物質的豊かさ＝幸福（福祉の実現）」という図式や，先進国をモデルとした諸価値観（人間観・生活観・家族観・労働観・貧困観・幸福観・自然観等）は普遍性をもち得ない。

福祉実現の道は単一ではないのである。

2　制度（GOVERNANCE）の多様性[4]

たとえば，ある社会集団における共用財について考えてみよう。共用財とは，灌漑設備等のように，個々人では入手困難な設備・サービス・財等であるが，その社会集団にとって必要と思われるものを，その社会集団に帰属する人々が費用を負担し合い，また必要な作業を分担し合って入手または建設・維持・管理し，その便益を受けるものである。しかし，共用（財）の特性の必然として，費用を負担せずに便益を受ける者（ただ乗り）が出てくる。このただ乗りを防ぐために，受益者全員から費用を徴収し，作業の分担を命

---

[4] Masahiko Aoki著，瀧澤弘和・谷口和弘訳『Towards a Comparative Institutional Analysis比較制度分析に向けて』NTT出版，2001年，49〜62頁。経済学・組織科学・政治学・法学・社会学・認知科学における制度論的アプローチを統合しようとする画期的研究でシュンペーター賞を受賞したもの。制度に関する考察に必読の書である。

じる外生的な強制としてのGovernment＝政府の必要性が生じる。

　しかし，ただ乗りによる利益よりも，ただ乗りの結果，村八分とされて被る損失のほうが大きければ，人々は自発的に費用を負担し作業を分担するようになり，Governmentの強制に拠らない内生的Governance＝秩序が創出される。

　これら外生的な強制も，内生的な秩序も共にルール（制度）と考えられてきたが，実は「制度は外部から外生的に与えられるのではなく，ドメイン（ある領域＝筆者）の中で内生的に創出される」ものであり，「ドメインの内的な作用の仕方に関する際立った特徴を要約的に表現し，他者の行動選択ルールに関する不確実性を削減する役割を持つ」。また，制度は，環境変化や内部変化の一定の範囲内で持続性と頑健性を有し，ドメイン内の人々に共通の了解または共有された認識を与える。そして，「ドメインの技術的・エコロジー的環境によって一意的に決定される自然の秩序ではないのである。同じ技術的・エコロジー的環境のもとでも，制度が確立される仕方は複数ありうる」。

　つまり，制度とは，ある地域の人々の多種多様な相互作用のなかから生まれてくる暫定的な均衡状態の要約的表現＝governanceであり，GovernmentはGovernanceに支えられて初めて実効性をもつのである。

　政府が導入する社会福祉制度も，人々が自発的に創出した秩序（governance）に支えられて初めて実効性をもつ。同じ制度を導入しても，それを支える人々のgovernanceが異なれば，制度は異なった方法で確立され，または異なったあり方を示す。

---

(5) 『The Shorter Oxford Dictionary〔第3版〕』第1巻，816頁。governance 4-b wise self-command. またはリンカーンの "The government of the people, by the people, for the people".
(6) (4)に同じ，215頁。
(7) (4)に同じ，215頁。
(8) (4)に同じ，216頁。

3 価値の相対化とソーシャルワーカーのAUTOGNOSIS[9]
―― エミック（当事者の主観的論理）とエティック（文化的来訪者の客観的論理）の葛藤を越えて ――

　福祉国家における行政の先端の福祉専門職員は長い間，基本的に，制度によって決められたサービス基準に利用者が適応するかどうか，あるいはどのサービスが適しているかについての正確な判断を下すことのみを求められてきた。特に，わが国のように，社会福祉サービス利用者の圧倒的多数が同じ国の共通の文化的背景をもつと予想される「国民」であった場合，ソーシャルワーカーにとって，「自分自身はどのような文化や価値観をもった人間なのか」，また「その文化・価値の所産としての社会福祉援助技術（ソーシャルワーク）が相手にとって適切なものであるかどうか」を問い直す必要性は少なかったであろう。同質とみなされる社会においては，文化・価値やその所産としてのさまざまな制度・技術等は，「人々に暗黙の認識がある」との予断が働くからである。

　わが国では，グローバル化，多国籍化が進行しつつある現在でも，外国籍者数は人口の1.2％に過ぎず，たとえ窓口を訪れる外国籍者（移住者）の反応に違和感を覚え，相手の背景となる文化や価値観に関心をもち，学習することはあっても，基本的には，利用者がサービス基準に適応するかどうかの判断が主たる任務であり，自己の文化・価値までを問い直し，その社会福祉援助技術の選択の是非に苦慮する必然性には想い到らないだろう。

　また，NGOなど民間の支援活動においても，一部のセルフヘルプグループや当事者主体の団体を除いて，困難を抱えた外国籍者（移住者）はあくまでも対象として客体化され，被支援者として固定化され，場合によっては支援－被支援の共依存関係に取り込まれる。また，支援する側の非営利性（無給の

---

[9] 菅沼「文化的AUTOGNOSIS（自己分析）と価値の相対化―移民とのソーシャルワークから学ぶもの」『社会事業研究所年報』No.36, 日本社会事業大学・社会事業研究所, 2000年。
[10] 吉岡隆編『共依存――自己喪失の病――』中央法規出版, 2000年。

援助)とボランティア性は,その「善性」ゆえに,支援者が自己の文化・価値・援助技術を問い直し,分析し,相対化する動機をもちがたい。

どちらにおいても,援助者の意識には,「援助―被援助関係における立場の逆転の可能性」や「自己の文化・価値の分析,相対化の必然性」はあり得ないだろう。

しかし,世界を見渡せば,そこには多種多様な＜HELP-SEEKING―HELP-GIVING＞システムがあり,人が困難な状況に直面したときの支援の求め方,求めに応える支援のあり方は,文化によって大きく異なっている。ソーシャルワークを生んだ文化もあれば,それとは異なった＜help-seeking―help-giving＞システムを生んだ文化もあるのである。

お互いに全く異なった文化・価値をもった者同士が向き合い,問題解決のために真剣に協働する過程は,すなわち,無意識に,また自明の理として抱えてきた双方の論理や諸価値(普遍化の可能性を秘めたもの,全く相容れないもの,偏向の病理等)が否応なく現出し,いったんことごとく覆され,やがて新たなものとして再構築される過程でもある。

異文化と遭遇する場面では,そもそも「ソーシャルワーク」そのものが,無前提に共有できる概念ではないかもしれないというところから出発しなければならない。相手との相互関係のダイナミクスに身を置きながら,自らの価値について懐疑し,覆し,相対化し,その偏向を是正し,新たなものとして再構築する痛みを伴った文化的AUTOGNOSIS(自己分析)の過程を経ることなしに,相手を理解することは不可能である。

翻って考察すれば,国籍・エスニシティ・言語等,可視的に異文化であることが認識される人々とのソーシャルワーク過程だけにAUTOGNOSISが求められるのではない。国籍・エスニシティ・言語の同一性は予断と類型化を容易にし,かえって歴史・環境・経験・価値・潜在的可能性等によって異なる一人ひとりの独自性を不可視なものとしているかもしれないからである。[11]

---

[11] Sen, A., *Inequality Reexamined*, pp.39-53.

第3章 国際社会福祉の課題

ソーシャルワーカーの文化的AUTOGNOSISによる価値の相対化は，
① 海外での異文化をもつ人々とのソーシャルワーク
② 国内でのエスニック・マイノリティである移住者とのソーシャルワーク
③ 多元的社会における民族間の集団的緊張の緩和＝仲介的機能[12]
④ 民族的情念を超越した理性的共同体の構築[13]
⑤ ひいてはすべてのソーシャルワーク
において不可欠なものである。

　私たちは今，国境を越えた制度・実践技術の重要性の高まりと同時に，一国・一地域・一地方の制度・実践技術における多様性の進化というグローバルな二面的傾向を観察している。しかし，経済を中心に，予測不可能な社会変動に耐え，環境変化に対する革新的適応を可能にするのは，それら多様性にほかならない。私たちにはグローバルな制度配置や実践技術についての理想的モデルをア・プリオリに知ることはできないが，さまざまな環境変化に創造的に対応できるとすれば，それは多様性に起因する相互学習と革新的試み等に依るのである。[14]

　ソーシャルワークの価値が相対化され，第三世界を中心とした多様な＜help-seeking―help-giving＞システムと相互に作用し合い協働する経験を経て，創造的・革新的な援助の実践体系が構築されるところに初めて，社会福祉におけるグローバル化の積極的側面が見いだされるのではないだろうか[15]（図3－1参照）。

---

[12] オルポート，G.W.著，原谷達大・野村昭大訳『偏見の心理 上巻』培風館，1961年，4頁。
[13] マトヴェイェーヴィチ，P.著，土屋良二訳『旧東欧世界――祖国を失った一市民の告白――』未來社，2000年。
[14] (4)に同じ，429頁。
[15] Midgley, J., *Globalization and Social Welfare : Implications for international Social Work*, MS of the lecture to JAASS, 2001.

図3-1　Help-seeking―Help-givingシステムの相互作用

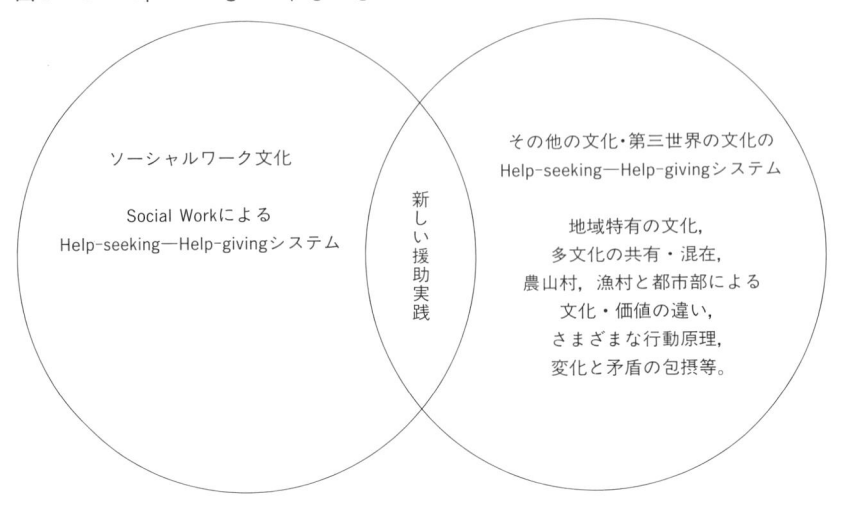

ソーシャルワーク文化

Social WorkによるHelp-seeking―Help-givingシステム

新しい援助実践

その他の文化・第三世界の文化のHelp-seeking―Help-givingシステム

地域特有の文化，
多文化の共有・混在，
農山村，漁村と都市部による
文化・価値の違い，
さまざまな行動原理，
変化と矛盾の包摂等。

4　「真の自由を拡大していくプロセス」としての開発

　国際社会福祉の課題は，「開発（development）とは，本来，人々が真の自由を獲得し，それを拡大していくプロセスである」ことへの深甚なる認識に基づき，途上国が先進国に近づくのを促すのではなく，先進国の人々に対して，自分たちに見えないところで行われ続けている「第三世界の人々の自由の剥奪と，限りある自然の収奪」に依存した発展の放棄を促していくことに始まる。

　アマーティア・センは自由の本質的役割として，飢餓・栄養失調・疾病・若年死等の窮乏状態から逃れるための基本的能力，つまり読み書きや計算，政治参加や検閲なき言論の享受等をあげ，さらにこれと不可分な自由の手段

---

(16)　「セン教授の経済哲学」『WEEKLY ECONOMIST』1999年3月23号，54～60頁。
　　　アマーティア・センの自由の概念に関しては，以下の文献を参照。
　　　セン，A. 著，石塚雅彦訳『自由と経済開発』日本経済新聞社，2000年。
　　　Sen, A., *Inequality Reexamined*, pp.31-38, pp.56-72.

的役割として以下の5項目をあげている。
① 経済的受益権＝すべての人々が消費・生産・交換等の目的に経済的資源を利用できる機会が与えられること。
② 政治的権利＝人々が，どの人にどのような基本理念で統治させるかを選ぶ機会，為政者側を批判し詳細に検証する責任，政治的意見の表明ならびに報道の自由，複数政党制の追求および民主主義に沿った政治的受益権（投票権・政治的対話や反対・批判の表明の機会等）が与えられること。
③ 社会的機会＝よりよい生活を求める個人の自由に役立つ社会対策であり，公衆衛生・清潔な飲料水の供給と下水道設備・基本的医療・健康保険・防貧的福祉等による飢餓・栄養失調・疾病・若年死の予防，読み書き・計算等基本的教育による政治・経済活動への参加権等が与えられること。
④ 透明性の保証＝人々は相互関係において，相手が提供できるものと自分が手に入れられるものに関し，「一定の信頼」という仮定のうえでかかわっており，そこでは公開性（中身が明確に把握できる状態で交渉できる自由）が求められる。汚職や無責任な金融，闇取り引きの被害から貧困層を保護する強力な手段となる。
⑤ 保護的安全＝いかに経済システムが良好に機能しても，諸権利から除外され，弱い立場に追い込まれる人々は存在し，その脆弱な生活基盤はさまざまな社会変動によって容易に崩壊し，困窮状態をさらに悪化させている。保護的安全とは，影響を受けた階層が，悲惨な飢餓状態に陥る事態を防ぐ社会的「ラスト・セーフティネット」を用意するための対策であり，失業手当金，収入補助制度，飢饉救済，困窮層を対象とした緊急雇用など臨時対応策を含む。

これらは以下の七つの自由に収斂されるだろう。

① 差別からの自由（ジェンダー，人種，民族，国籍，宗教による差別からの自由）
② 欠乏からの自由（人間らしい生活水準を享受する自由）
③ 人間としての潜在能力を開発し実現する自由
④ 恐怖からの自由（身体の安全に対する脅威，拷問，恣意的な逮捕，その他の暴力行為からの自由）
⑤ 不正および法の支配に対する侵害からの自由
⑥ 意思決定に参加する自由，思想および表現の自由，結社の自由
⑦ 搾取のない，まともな仕事に従事する自由

　重要なのは経済成長そのものではない。人的資源こそが成長の主要な原動力であり，成長の成果をいかに公平に分配し，人々の自由をいかに実現するかが重要である。

5　国際社会福祉の任務と要件

　国際社会福祉の任務とは，以上に述べた認識に立脚し，第三世界の「弱い立場に置かれている人々」が，支援の客体ではなく主体となって行う多種多様な模索や取り組み，すなわち
① 「生産資源・地域に立脚した公共組織・法律による保護」の利用の実現，[18]
　つまりは必要最低限の民主主義と人権，自立生活の実現
② それぞれの地域に固有の英知を生かし，女性の地位向上・子どもの教育
　等を通じた人口抑制策を柱にした持続可能な資源循環型社会の再構築
に福祉の側面から協力することである。

　協力の内容が具体的かつ実現可能なものとなるためには，地域に適応され

---

[17]　横田洋三・吾郷眞一・北谷勝秀ほか日本語版監『UNDP人間開発報告書2000　人権と人間開発（日本語版）』国際協力出版会，2000年。(UNDP, *Human Development Report 2000*, Oxford University Press.)

[18]　オーウェンズ, E. 著，鹿島正裕訳『開発と自由――発展途上国援助の政治学――』風行社，1991年，36頁。

る当該国の社会福祉および関連分野の法・諸制度と実践技術，参考となる各国の社会福祉および関連分野の法・諸制度と実践技術の習得が大前提となるが，それに加えて，「地域に固有の英知」を理解するための民俗学・文化人類学・人文地理学・環境社会学・歴史学等の学習，平和学その他関連分野の基本的知識，さらに，地域の当事者主体の社会福祉実践機関での活動経験が不可欠となるだろう。

また，第三世界の貧困の再生産に深く関与している，
① 多国籍企業を中心とした世界経済システム
② トリックル・ダウン（滴り落ち）方式，すなわち「少数の特権者をますます富ませることにより，大多数の貧困者に経済成長の恩恵を滴り落ちさせようとして，実際は貧富の差を更に拡大させ，特権階級を援助国に従属させ，自国の自立的発展を妨げる開発方式」[19]を温存させている第三世界の政治腐敗（政治の「低開発」）のメカニズム
③ 過重債務を負う貧困国のわずかな国家財源を，福祉や環境にではなく軍事に浪費せざるをえない状況に追い込んでいる世界軍事システム，および自国を戦場とし，自国民を死・心身の障害・世代を超えた憎悪等の犠牲者にしている第三世界の政治腐敗・政治不在のメカニズム
④ 環境・資源に関する短期的および長期的予測
等に関する基本的な知識も不可欠である。

グローバル化のなかで，人々の暮らしにかかわる諸現象は複雑に関連し合っており，特定領域に限定した分析は不毛である。その複雑性が最も明晰に把握されるのは，たとえば「開発」といった一般化のための理論によってではなく，個別の現状を実証的に検討することを通してである。「ローカル（地域）という特定の時空間のコンテクストを多角的に分析することを通してのみ，理路整然とした理論では捉え切れない錯綜性，矛盾，両義性，そして国際的連帯の可能性が立ち現れてくる」[20]。

---

[19] [18]に同じ，165頁。
[20] Morris, M., *Globalization and its Discontents*, Globalizing Australia, 1999.

以上の知識と経験を携えて，当事者の住む小さな地域共同体に身を置き，当事者または共同体住民の考えるwell-being（よりよい暮らし）の総合的実現を模索する過程およびその実証的検討の蓄積のなかに，国際社会福祉実践の端緒も開かれていくだろう。

第2節　「拡大する格差」を引き継ぐ未来世代

1　「北」の豊かさの再生産を支える「南」の貧困の再生産

　「現代世界における富と権力の分配の不均衡を生み出した直接の要因は，西暦1500年時点における各大陸間の技術や政治構造の格差にある」。やがて鉄製の武器を持った大国は遠征し，海を渡り，集権的政治組織を持たない村落社会を侵略し，石器や木器しか持たない部族を征服し，あるいは抵抗力のない先住民に病原菌を持ち込んで滅ぼし，物的・人的資源を収奪した。これ以後，今日に至るキリスト教西洋による膨張主義は世界規模化したのである。

　たとえば，スペインに侵略され，宗主国王子の名を，ある日突然「国名」として一方的に付与された島嶼東南アジアの一海域（フィリピン）では，侵略開始後の1591年当時，約75万人の人々が，島々の川筋や海岸沿いで8戸から100戸，20人から500人足らずの村落（バランガイ＝マレイ語で小舟の意味）を形成していた。バランガイには，原始的共同体から南部のイスラム教徒地域におけるアジア的封建制までさまざまな形態があったが，おおむね自給自足農業を営む原始的経済単位を形成しており，生産に余剰を求めず，土地に対する私有という概念ももっていなかったのである。

---

(21)　萩原康生『国際社会開発』明石書店，2001年，73頁。
(22)　ダイヤモンド，J. 著，倉骨彰訳『銃・病原菌・鉄　上──1万3000年にわたる人類史の謎──』草思社，2000年，20頁。ピューリッツァー賞／コスモス国際賞受賞作。
(23)　Constantino, R., *The Philippines : A Past Revisited*, Quezon City University of The Philippines, 1970. Vol I, Chap 1.

このように，西暦1500年時点ですでに生じていた大陸間格差の要因は，先史以来1万3000年の間に，各々の大陸や島ごとに，栽培可能な植物や家畜化が可能な動物があったか，文化の伝搬に適した地形であったかどうかといった環境の差異，生態学的な偶然に根差しており，人種間・民族間の生物学的差異に拠るものではない(24)。

　しかし，さまざまな民族のかかわり合いの結果である人類社会を形成したのは，征服と疫病と殺戮の歴史であった(25)。

　アジアは多様であるにもかかわらず，背負っている問題は共通しており，それは「民衆の自発性と富が，外国資本やそれと結んだ国内の支配階級によって奪われた結果生じた貧困である。植民地時代から今日まで，貧困は一貫して再生産され続け，貧富の格差の点でも，貧民層の量においても悪化している(26)」。

　例えば，この200年を振り返ってみた場合，「1820年の中国・インド・東南アジア・朝鮮・日本で構成されるアジアは，世界の総所得の58％を占めた。しかし，19世紀のヨーロッパの産業革命，20世紀の米国の工業化によって，1940年には西ヨーロッパと英国の四旧植民地（米国・カナダ・オーストラリア・ニュージーランド）が世界所得の56％を占め，アジアの割合は19％まで下落した(27)」のである。

　「我々自身の課題」は，第三世界の植民地主義の残滓の精算に手を貸すことではない。彼らの「貧困が再生産されていることは，即ち植民地主義が自らを再生産している(28)」という事実，それによって我々の豊かさの再生産が保証されている事実を，まずは知ることである。

---

(24)　(23)に同じ，35頁。
(25)　(23)に同じ，21頁。
(26)　鶴見良行『アジアはなぜ貧しいのか』朝日新聞社，1982年，273頁。
(27)　白石隆『海の帝国』中央公論新社，2000年，176頁。
(28)　Midgley, J, *Globalization and Social Welfare : Implications for international Social Work*, MS of the lecture to JAASS, 2001, p.274.

2　第三世界の政治の低開発と多国籍企業

　現代の「植民地」支配層は特定の国に仕えるのではなく，多国籍企業と結び，「はるかに洗練された階級的連帯を形成して，国境を超え，契約栽培・保税加工区・企業農園といった巧妙な手段を完成させている[29]」。

　ある国が借入金を増額して，外国からの受注が可能な製造体制を整えるとしよう。外資によって自国産業の育成を図る狙いである。一定時期まで受注は増大し景気は拡大する。しかし物価の上昇に伴い，労働者たちが公正な分配を要求するようになると，海外のバイヤーは注文先を「搾取されてもいいから経済の第一段階に是が非でも達しようとしている別の国に乗り換え，最初の国は借金を抱えたまま取り残される。その第一段階にしがみつかなければならない国々が，いわゆる第四世界を構成している。第四世界には，未だ貧困ライン以下の暮らしをしている10億人のうちの80％が住んでいる[30]」。

　多国籍企業にとって，第四世界の利用価値は，第三世界よりもさらに低廉な「児童を含む労働力」と貴重な天然資源にある。

　世界のより低廉な労働力と資源への「乗り換え」の連鎖および環境破壊の連鎖によって生み出された多国籍企業の生産量は，1970年代の初頭に，すでに国際的経済交換の手段としての国際貿易の量を凌いでおり，「すべての多国籍企業の外国での（もともとの国籍以外の国での）生産高を合算すると，国家間の貿易（いわゆる社会主義国を除く）で取り扱われる商品やサービスを合わせた数値より大きいのである[31]」。

　また，「第三世界で操業している多国籍企業の大半が，多くの国の国家経済をはるかに越える予算や収益を動かしているにもかかわらず，その企業の支配下に置かれた人々の生活に対する相応の責任を果たしていない[32]」。

---

(29)　(28)に同じ，275頁。
(30)　(22)に同じ，39頁。
(31)　(22)に同じ，40頁。
(32)　(22)に同じ，41頁。

「我々自身の課題」は，低廉な労働力と天然資源が消滅し，多国籍企業のフリーライド（ただ乗り）システムが破綻するのを待つことではない。

　まず，我々が，その潤沢さと低廉さを享受している多種多様の商品が，どのような人々によって，どのような労働条件下でつくられたものかへの想像力をもち，多国籍企業に対して，経済活動を行っている現地国の法律の遵守，さらには，株主たちの暮らす国の基準の現地への適用によって，第三世界の労働者とその家族の福祉および環境保全への企業責任を果たすことを，地域の当事者組織とともに求めていくことだろう。

3　次世代への敬意

　わが国の地下経済（脱税・売買春・麻薬売買・暴力団の非合法所得など）は，バブル期の1990年をピークに地上経済に連動して縮小しているが，中高生による少女売買春（援助交際）は少子化にもかかわらず増加し，1998年には年商570億円に達したと推定される。物質主義と快楽主義の代償としての精神の頽廃の一例がここにある。

　このような精神の頽廃は，単なる快楽から倒錯した快楽へ，単なる支配欲から奴隷的支配への変質を容易にする要因の一つでもあり，円（ドル・マルク・ポンド）の優位性を背景に，国境を越えて第三世界の「資源」「労働力」に続く経済的支配としての「子どもを中心とした性」の搾取へと拡大している。

　これは性的行為であるよりは，レイプ・虐待等の暴力犯罪であり，国際協力による犯人の厳罰と被害者の長期的ケアが求められる問題であるとともに，豊かな国の我々の人間の尊厳と次世代に対する敬意の有無を厳しく問われている問題でもある。

　敬意とはつまり，「すべての子どもの人間としての権利と，世界のすべての市民が自分の幸福を得るために他人を不必要に苦しめないという義務である。一足の靴の値段を安くするためなら，その靴を作った子どもたちの健康

や幸福や自由を損なっていいというはずがない。通りすがりの欲望を満たすためなら，10歳の売春人がいてもいいということにはならない」のである。

「文明の尺度は，工業化の進度でも，GNPや識字率でもなく，人々がどれほど自分以外の人間を思いやることが出来るかということである」という社会福祉の原点を垣間見ることができるだろう。

人類を受益者と受苦者に分断するシステムの克服は，「我々自身の課題」を自覚した一人ひとりの人間の意志のなかにのみ萌芽するのだ。

第3節　アジアの貧困と環境問題
――先進国のエネルギー消費量削減と途上国の人口抑制――

貧困問題と環境劣化の問題は，いずれも今日の経済システムに深く根ざしながら相互に関連し増幅し合っており，個別に解決できない。これに対して，社会学・生態学・経済学を統合した「生態社会経済学（econology）」が，持続可能なシステムの創出に取り組み始めており，その過程で国際社会福祉の果たす役割も小さくないと考えられる。

大気や水質の汚染，天然資源の大量消費の悪影響に苦しめられるのは，主に貧しい国の人々である。なぜならば，あらゆるものが商品化され，商取り引きが規制緩和されている現在，資源は貧しい国から豊かな国へ，汚染は豊かな国から貧しい国へと還流され，第三世界はグローバル化された経済の環境負荷を一手に引き受けているからである。この「環境アパルトヘイト」を克服し，人類と地球の生態系との持続可能なバランスを回復しつつ，半世紀後に予測される約90億人の生存に必要な最低限度の物質的ニーズを充たし，

---

(33)　(22)に同じ，48頁。
(34)　リーライト，P. 著，さくまゆみこ・くぼたのぞみ訳『子どもを喰う世界』晶文社，1995年，448頁。
(35)　ブラウン，L.R. 編著，エコ・フォーラム21世紀日本語版監『地球白書　ワールドウォッチ研究所〈2001―02〉』家の光協会，2001年，7頁。
(36)　*The World on the Edge's*, Vandana Shiva, Jonathan Cape, Ltd, London, 2000.

人間らしい暮らしを実現させていくためには、まず先進国における一人当たりのエネルギー消費量の削減と，途上国の人口抑制が焦眉の急である。特に，現在の60億人から90億人に世界人口を押し上げるのはアジアであり，今後の地球環境保全は，中国とインドを抱えたアジアの動向に決定的に左右されるといってよい。[37]

本節では，世界の3000人の科学者で構成されているIPCC(気候変動に関する政府間パネル)とワールドウォッチ研究所の報告をもとに，国際社会福祉が担う課題の一つである人口問題との関連で，貧困化と不可分のアジアの環境問題をとりあげる。

1　人口圧力
　　──地球は90億人を養うことができるのか──

世界の人口は，1950年から約半世紀の間に25億人から60億人に増加した。これは人類の祖先が直立して以来400万年間の人口増加よりも大きい。[38]1998年の国連予測〔中位〕[39]によれば，2025年には89億人になるが，増加する28億人はすべて，すでに人口が飽和状態に陥っている第三世界で生まれると予測される。[40]また，今後50年間では，人口抑制策の成果を得ている中国で2億3500万人の人口増加が予測されているのに対し，すでに深刻な水不足などに直面しているインドで5億4000万人の増加が予測され，社会システム全体の崩壊が危惧されている。[41]このように，前例のない人口の激増と個人の消費の増大によって，人類はすでに地球の人口扶養能力を超えてしまっている。

---

[37]　日本環境会議アジア環境白書編集委員会編『アジア環境白書 2000／01』東洋経済新報社，2000年。
[38]　ブラウン，L.R. 編著，枝廣淳子訳『環境ビッグバンへの知的戦略──マルサスを超えて──』家の光協会，1999年，13頁。
[39]　(38)に同じ，165頁。
[40]　(38)に同じ，114頁。
[41]　(38)に同じ，149頁。

表3－1　人口の多い国上位20か国—2000年／2050年比較

(単位100万人)

順位	国名	2000年	国名	2050年
1	中国	1,278	インド	1,529
2	インド	1,014	中国	1,478
3	アメリカ	278	アメリカ	349
4	インドネシア	212	パキスタン	345
5	ブラジル	170	インドネシア	312
6	パキスタン	156	ナイジェリア	244
7	ロシア	147	ブラジル	244
8	バングラデシュ	129	バングラデシュ	212
9	日本	127	エチオピア	169
10	ナイジェリア	112	コンゴ	160
11	メキシコ	99	メキシコ	147
12	ドイツ	82	フィリピン	131
13	ベトナム	80	ベトナム	127
14	フィリピン	76	ロシア	121
15	エジプト	68	イラン	115
16	イラン	68	エジプト	115
17	トルコ	67	日本	105
18	エチオピア	63	トルコ	101
19	タイ	61	タンザニア	81
20	フランス	59	タイ	74

(1) 飽食と飢餓の併存

　先進国のエネルギーの過剰消費は，環境への負荷において途上国の人口増加よりも大きいが，その改善は進んでいない。2001年3月，温室効果ガスの削減目標を定めた「京都議定書」からの離脱を表明した米国の一人当たりエネルギー消費量は，途上国の10倍から30倍であり，欧州諸国や日本も途上国

の数倍となっている。

　FAO（国連食糧農業機関）によれば，途上国を中心に8億人以上が栄養不足や飢餓に苦しんでいる一方，先進国では，サハラ以南アフリカの5倍の穀物を消費し，かつ大量の食糧を廃棄している。

　飢餓の原因は，人口増に対する食糧の絶対的な不足ではなく，不公平な配分にある。「先進国の飽食」と「途上国の飢餓」の併存という不条理が進行しているのである。

(2)　人口転換の3段階[42]

　＜第1段階＞前工業社会の段階で，多産多死であるために人口増加率はゼロかゼロに近く，安定している。
　＜第2段階＞近代化初期で，死亡率は低下するが出生率は依然高いため，人口増加率が平均年3％に達する。
　＜第3段階＞近代化に伴い，少産少死の低レベルでの均衡で人口が安定する。増加率が年0.4％以下になれば，安定した国とされる。

　現在，第2段階にあって人口増が続いている東アジアなど160の国々の多くは，これから半世紀の間に第3段階に入り，出生率の低下と経済・社会的進歩が相互に強化される。子ども数の減少は，家計のみならず，社会構造や財政構造においても，被扶養者層に対する負担が軽減され，その資金が貯蓄や投資に運用され，生産性向上や経済成長，所得の上昇につながり，その結果，さらに生活水準の向上と小家族への移行が進む。

　しかし，長期にわたって第2段階に留まっており，しかも人口が2倍・3倍になると予測されている国々では，子どもへの教育と若者への雇用創出，森林喪失・洪水の増加・土壌の侵食・帯水層の枯渇など，土地や水資源基盤のさらなる劣化への対処によって財政が破綻しており，国によっては，生活水準の悪化が出生率を高める「人口の罠」の悪循環によって，飢餓やマラリ

---

[42]　(38)に同じ，145〜154頁。

ア・結核・エイズなどの感染症に対処できず，死亡率の上昇が出生率を相殺し，第1段階に押し戻されるケースが出てきている。

インド，ミャンマー，アフガニスタン，パキスタン，ホンジュラス，イエメン，エジプト，ガーナ，スーダン，タンザニア，ナイジェリア，ハイチなどは第1段階に戻る可能性がある。[43]

(3) 国際社会福祉の課題
　　――女性の地位向上と子どもの教育による人口抑制――

化石燃料に依存した大量生産・大量消費・大量廃棄を続ければ，温暖化等の環境汚染，資源の枯渇，生態系の破壊によって人類は確実に滅亡に向かうであろう。国際社会福祉の課題は，

① まず，先進国が自らのエネルギー消費削減に取り組み，省資源や，再生可能な資源の持続的利用につながる技術開発と地球環境の保全に投資を集中し，環境産業によって経済成長を支える構造を構築し，途上国の環境回復，公害対策のために先端技術を移転するよう働きかけ，

② 主に先進国によって引き起こされた温暖化等の影響で発生した世界の自然災害や，多国籍企業や大国の軍事基地が第三世界で引き起こした公害などで苦しむ人々の医療・生活保障を実現させ，また，人口抑制にとって有力な方策である女性の地位向上および子どもの教育などの促進に向けた，当事者主体によるコミュニティ・ベースの取り組みに協力することである。コミュニティの自然環境，歴史，政治・経済，社会，文化・習慣の独自性を尊重しつつ，内外の関係政府・産業界・地方自治体・NGO・専門家・ボランティア等との連帯による体制づくりを進めていくことである。

---

(43) (38)に同じ，152頁。

2　人口増加と環境問題群[(44)]

(1)　人口増加と気候変動
・壊滅的被害を受けている第三世界の農民

　温室効果は二酸化炭素，フロンガス，ハロゲンガス，メタンガスその他の排出に起因し，気候変動とオゾン層破壊（フロンガス・ハロゲンガスによる）をもたらす。

　化石燃料から排出される炭素量は過去50年間で4倍になり，大気中の主要な温室効果ガスである二酸化炭素濃度が産業革命前よりも30％上昇したため，温室効果ガスの蓄積に起因する気候変動が進行している。

　経済のグローバル化は，エネルギー過剰消費型，輸出志向型の開発モデルを促進することで地球の気候変動をより激化させている。たとえば，地場以外で食糧を生産すると，空輸その他によって，地場生産の6～12倍の二酸化炭素を排出する。

　二酸化炭素の90％とフロンガスの大部分は先進工業国から排出されたものであるが，それによって壊滅的な被害を受けているのは，ほとんどの国が農業に依存している第三世界である。

　気候の不安定化によって強烈な熱波や干ばつ，破壊的な暴風雨や洪水，広範な森林火災が増加し，世界の食糧生産や生態系全般に悪影響を及ぼしている。熱帯の感染症が広まる地域の拡大も予測され，人口抑制が進まない地域では，自然災害，飢餓，感染症などによる多産多死の進行が危惧される。地球全体の炭素排出量が3分の2削減されないと，大気中の二酸化炭素濃度は2倍になり，今後，かつてない激越な気候変動の発生が予測される。

(2)　人口増加と穀物生産量
・先進国の肉食がもたらす低開発国の飢餓

---

(44)　もっぱら(38)に依拠する。

1950年から1984年まで，世界の穀物生産量の伸びは人口の増加を上回っていたが，1984年をピークに，一人当たりの生産量は342kgから1998年の312kgへと減少している。

　インドのように，一人当たりの穀物消費量が年200kg（1日400ｇ）では，穀物のまま摂取しなくてはならず，穀物を家畜の飼料にしてたんぱく質に転換する余地はない。一方，米国では一人当たり年900kgの穀物を，肉・卵・乳製品に転換して摂取している。将来，世界の穀物生産が20億ｔに達した場合，米国式の食事では22億人しか養えないが，インドのようなでんぷん食であれば100億人が養える。

・生産増の鈍化の原因

　1984年以後の生産増鈍化の原因として，新しい土地の不足，灌漑・肥料使用量の伸びの鈍化があげられる。

① 未開地の不足

　もはや新規に開拓する土地がなくなっている現在，穀物生産量の増加には，土地生産性の向上を図るしかないが，1950年から1990年の間に，前年比2.1％上昇し続けた単位面積当たりの生産量の伸びは，以後１％に減少している。

② 灌漑面積の減少

　一人当たりの灌漑面積は1950年から1978年までに29％増加したが，以後，人口増加に追いつかず４％減少している。

③ 追肥効果の減少

　増加率は1950年から1990年にかけての６％から最近の２％に鈍化している。肥料の追加が増収につながらなくなっているからである。

(3) 人口増加と淡水資源

・2025年には10億人が水不足の見込み

　1995年，世界銀行のセラゲルディン副総裁が「21世紀には水が原因の国際紛争が発生するおそれがある」と述べ，1997年，人口増加に対する水資源開

発と水処理の危機に関して討議する「世界水会議」が発足した。

　人口増加の結果，一人当たりの淡水供給量は1950年から2050年の間に73％減少し，4分の1になる。2025年には10億人が絶対的な水不足に直面する見込みである。また，河川の断流，地下水の低下など水資源の切迫した状況から，世界の灌漑用地が減少している。

① 断流

　　中国の黄河，アフリカのナイル川，米国のコロラド川で，海にたどりつけない断流がみられる。

② 地下水の低下

　　すべての大陸で低下している。世界の食糧生産地域で帯水層が枯渇しているのは，中国の穀物の約40％を生産している華北平原，インドの大部分，米国南部の大平原地帯である。その他の地域でも，地下水の低下は帯水層の枯渇を招きつつある。

③ 灌漑用地の減少

　　世界全体で，地下と河川から得る水の70％強が灌漑用水，20％が工業用水，10％が都市用水である。欧州農業のほとんどが天水型（降雨への依存）なのに対して，アジアの農業の85％が灌漑用水に依存している。

　　世界の一人当たりの灌漑用地は，1978年をピークに1996年には4％減少しており，用地拡大が見込まれない場合，半世紀後には33％減少する。

・灌漑用水の工業用水への転用

　1000ｔの水を利用した場合，農業部門では，たとえば200ドルの小麦1ｔしか生産できないのに対し，工業部門では平均1万4000ドルの産出高となり，70倍の収入が得られる。水不足に見舞われた貧しい国では，結果的に，灌漑用水を都市・住宅用水，工業用水に転用し，穀物を輸入することによって水不足を補うことになる。

　人口の急増と水不足に苦しむ北アフリカと中東は，1990年代に入って急速に世界の穀物輸入市場に大きなシェアを占めるようになったが，もし，1997年の輸入食糧をこの地域で生産するとしたら，ナイル川の流す1年分の水量

が必要である。

世界の灌漑農業の中心国である中国とインドでも，灌漑用水の非農業用途への転用や，帯水層の枯渇で，今後，灌漑用地の増加は見込まれない。

(4) 人口増加と耕地
・耕地増加率の7倍に迫る人口増加率

1万年間続いた耕地の拡大は20世紀半ばまで続いたが，以後，人口増加率が132％で，穀物収穫面積の増加率19％の7倍に達し，一人当たり面積は0.24haから0.12haに半減，今世紀中に0.08haに減少する見込みである。

世界で最も人口が増加しているパキスタン・ナイジェリア・エチオピアでも，この半世紀で，一人当たり穀物収穫面積が38～56％減少しており，次の半世紀でさらに55～63％減少する見込みであり，合計7億5000万人を抱えるこの3国で，一人当たり収穫面積は1950年代の3分の1になる。

一人当たり収穫面積が小さくなると生産性を上げられず，大量の食糧を輸入に依存するようになる。韓国・台湾・マレーシア・日本では穀物需要の70％，スリランカ・中東・北アフリカでは3分の1をすでに輸入に頼っている。食糧事情のきわめて厳しい北朝鮮では輸入が穀物需要の20％であり，飢餓に瀕している。今後，「食糧自給限度」といわれている一人当たり穀物収穫面積600～700haを下回る国々の増加によって，世界の穀物市場の需給関係は逼迫する。

・人口増加による耕作地の劣化

人口密度の上昇で優良耕地が不足すると，貧しい農民は丘陵地や熱帯雨林を耕起せざるをえない。木材供給においても未開地の森林破壊が進んでいる。

(5) 人口増加と廃棄物
・都市環境の課題

人口が安定している先進国でも，埋め立て地や河川への廃棄物の量は増大を続けている。今後，高い経済成長と人口増加が同時に起こる多くの途上国

では，特に都市部で，処分の必要なゴミや下水，産業廃棄物，環境汚染の急増が予測される。

現在，途上国では毎年8億2400万tの都市ゴミが出ているが，今後50年の予測では，人口増加だけで14億t，先進国並みに所得が上昇すれば34億tに膨れ上がる。豊かになればプラスチック，金属，紙などの割合が増え，容積も増加する。

有機廃棄物からの酸や有毒廃棄物からの毒物は，埋め立て地から滲出して地下水源を汚染し，腐敗した有機物からは温室効果ガスのメタンが発生し，ゴミを焼却すればがんを誘発するダイオキシンを排出する。

WHO(世界保健機関)によれば，世界の人口の半分は下水道設備の不足で，標準的なトイレが使えない。また，途上国の人口の半分は飲料水の供給や下水設備の不備に起因する疾病に苦しんでおり，そのうち下痢では，毎年220万人の子どもが死亡していると推定される。下水設備が最も不足しているのは農村部であるが，緊迫した必要性に迫られているのは，病原菌や有毒物質で汚染された水が大量の人の病気を誘発する危険性が高い都市部である。

途上国の都市では，1994年に，すでに5億人以上の住民の下水設備が不足しており，今後50年で増加する30億人の都市住民の下水設備の現実的可能性は低い。

(6) 人口増加と感染症

・都市の過密・未開地の生態系破壊

歴史的に，人口過密は感染症拡大の温床であった。人口増加は，人間を感染媒体化し，また，個体の弱化によって感染しやすい人を増加させる。人口100万人以上の都市の人口割合は，この100年間で5％から40％に急増し，昔の感染症の復活や新たな感染症の定着・拡大の温床となっている。

・世界の主要感染症の実態

途上国では行政予算もサービスも不足しており，清潔な水・下水設備・住宅など公衆衛生基盤が未整備のため，水を媒介とするコレラやその他の下痢

表3-2　世界の主要感染症の実態（1997年）

疾病	死亡者 （100万人）	世界の傾向
急性呼吸器系疾患	3.7	主に肺炎で，5歳未満児の主要な死因である。毎年4億人が新たに感染する。都市の大気汚染，貧しい住宅事情，栄養不良が感染リスクを高める。
結核	2.9	約20億人が結核菌保菌者と推定される。抗生物質への耐性やエイズにより勢いを回復し，特にアジアとサハラ以南アフリカで急速に蔓延している。
下痢疾患	2.5	毎年約40億人が新たに罹患している。下水設備の不備と汚染された水が主因である。世界中の子どもの主な死因であり，アジアでは5歳未満児の死因の25%を占める。
マラリア	2.1	抗マラリア薬と蚊を退治する殺虫剤に対する耐性が高まり，世界中で勢いを取り戻した。蚊の個体数によって蔓延度が左右されるが，蚊は密集した都市環境を好む。
エイズ	2.3	世界中で4000万人が感染している。アフリカには成人人口の25%が感染している国が多くある。アジアとラテンアメリカで急速に広がっている。

出典：*The World on the Edge's*, Vandana Shiva, Jonathan Cape, Ltd, London, 2000, p.70.

疾患が，全感染症の90%を占め，国によっては死亡者の40%を占めている。また，先進国でも途上国でも，結核・下痢疾患・エイズなどの感染症の発病率は，都市部ではスラムで非常に高い。スラムは疾病や媒介動物が好む環境であり，都市全体を感染発生の危険にさらし，疾病をより危険な菌株にしてしまう可能性もある。森林伐採・動物の飼育・ダム建設など人口増加に伴う開発が，疾病を媒介する生物に有利な状況をつくる。

・HIV／エイズ——貧困による蔓延の加速——

　アフリカ奥地の過剰な開発によって，突然変異した霊長類ウイルスが人間に感染し，急激に拡大したとされる。血液・精液・母乳など体液の交換で感染し，1980年以来，世界で1200万人以上が死亡し，現在，4000万人が感染し

ている。アフリカでは家族感染が多く，その7割が集中するサハラ以南のアフリカでは，人口減少に拍車がかかっている。

① 母子感染

　母子感染1300万人の95％はアフリカに集中しているが，タイでも2001年には8万6000人に増加する見込みである。

② セックスワーカー（生きるために売春を職業とする人）の感染

　アジアでは，セックスワーカーの感染率が高く，カンボジア40％，ミャンマー25％，タイ19％となっている。

　特に，カンボジアでは人口の2.3％が感染しており，警官・軍人の6％，妊娠女性の3～5％が感染しており，人口比ではアジア・太平洋地域で最大の増加である。

③ 移住者による感染

　エイズの拡散は，貧困国から豊かな国への人々の移住によっても加速されている。特にタイは深刻で，総人口6000万人の内，合法・非合法の移住者は100万人を超え，その多くがミャンマー，カンボジアからである。移住者の感染率は，地域によって6.4％に達しているが，言葉の壁，知識の不足などから，コンドーム使用などの啓蒙活動が困難である。

　マレーシアでは，急増する移住者のエイズ感染防止策として，移住者に強制的な抗体検査を実施している。

④ 重感染

　エイズ感染者は免疫力の低下から，結核菌感染の発病率が数十倍に高まる（重感染）。

　これらに対し，2001年6月の国連エイズ総会に向けた包括的なエイズ対策が提案された。それは，

・五つの目標：①エイズ予防，②母子感染の防止，③誰もが投薬・治療を受けられる環境整備，④効果的エイズ治療薬・ワクチンの開発，⑤エイズ孤児の保護を設定し，先進各国政府の拠出を，従来のエイズ対策費10億ドルから100億ドルまで増額する

・各国政府・企業・各種財団の協力で「グローバル基金」を創設し，途上国やHIV感染者を支援するNGOの要請に応じて迅速な資金提供を可能にする

というものである。

3　まとめ

　過去半世紀の間，一貫して年3％の人口増を経験してきた国々の政府は，いわば「人口疲労」で余力を失い，温暖化による環境劣化やエイズなどの新たな脅威に対して無力である。

　国際社会福祉の役割は，一方で先進国の人々に環境に有害な生活様式の改善を訴えるとともに問題への覚醒と財政的・人的支援を求め，次に地域を拠点に，人口抑制策にきわめて有効な女性の生産手段の確保・自立と地位向上のための教育・職業訓練，子どもの保護・安定した環境・教育，エイズ対策としての投薬・性教育・患者および家族の生産手段の確保等をめざして，当事者・地域住民・NGO・行政・国際機関，また，わが国のポリオ撲滅などに貢献した地域福祉・地域保健医療などの経験と実績等，利用可能な最善・最新の諸サービスを連携させ，積極的に支援を実践していくことである。

第4節　生き抜くために働くフィリピンの人々

　本節では，これまで述べてきた世界の政治・経済・軍事システムや環境悪化によって甚大な犠牲を強いられ，生産手段を奪われ，貧困におとしめられながらも，生き抜くために懸命に働くフィリピンの人々に焦点を当て，国際社会福祉の課題を探求する。

第3章　国際社会福祉の課題

1　貧困と女性問題（ジェンダーの視点から）

　「世界の数億の女性たちは，経済発展の貢献者であるにも拘わらず富の公正な配分に与(あずか)れないでいる。第三世界の農村において，都市のインフォーマルセクター（筆者注：途上国で，未だ十分に組織化されていない露店などの経済活動部門）において，工業・サービス部門において，女性は重要な働き手であるにも拘わらず，男性よりも安い賃金と低い地位に甘んじ，剝奪と依存の状態に置かれ続けている[45]」。

(1)　労働の定義の再検討

　長い間，第三世界に関するディスクールは，西洋近代のバイヤスに基づくものが多かった。ことに書き手が植民地支配下の白人男性である場合，非西洋の女性は人種とジェンダーによる二重の従属的集団として描かれた。「このような偏見の中で最も普遍的なのは，労働の定義である[46]」。

　労働には，一般的に，①食糧・住居・衣服等，人間の基本的生活ニーズを充たすための生産的，つまり交換のための労働と，②生産的労働の基盤である再生産的（出産のみならず，人間を物理的・精神的に再生させ，社会構造に順応させるための）労働，つまり消費と当面の必要を満たすための労働の二種類があり，どちらも，等しく人間の「生存と再生過程にとって不可欠な一部である[47]」。

　ジェンダーによる一般的類型化によれば，生産労働は男性の仕事，再生産労働（家事労働）は女性の仕事であり，貧富の尺度などに用いられるGNP（国民総生産）をはじめとする各種調査統計の数値に反映するのは，賃金が支払われる生産的労働のみである。しかし，たとえば，フィリピンのような国で

---

[45]　Midgley, J., *Social Development : The developmental Perspective in Social Welfare*, Sega Publications, London, 1995, p.5.
[46]　エヴィオータ, E.V. 著，佐竹眞明・稲垣紀代訳『ジェンダーの政治経済学——フィリピンにおける女性と性的分業——』明石書店，2000年，12頁。
[47]　(46)に同じ，22頁。

は，実際，仕事（特に女性の仕事）は，さまざまな生活上の役割を問わず，支払われる労働と支払われない労働が混ざり合っている。したがって，こうした点を考慮しない調査方法は，労働の多様性や労働慣習の複雑さを見えにくくしてしまう。

(2) アジアの「セックス・ジェンダー制度」の歴史的展開

女性と男性はその文化固有の様式でお互いの関係を構築する。それを「セックス・ジェンダー制度」という。男女がどのようにして女性・男性になるかを定義し，性差によって固有の役割や任務を割り振り，性および生殖行動の社会的規範を定め，性別による社会関係のもち方や社会領域を決める「セックス・ジェンダー制度」に決定的な影響を与えているのは，①初期の社会におけるジェンダー編成，②国家の成立，③近代資本主義の発生の三つの要素である。先進工業国では，これらが長期過程で展開したが，第三世界では，多くの場合，植民地化の経験と，世界の政治経済システムへの従属の過程で急速に展開した。植民地支配下に築かれた政治・経済・社会のシステムにとって，国家間および国内の階級間の不平等な関係は必要不可欠なものであった。この宿痾(しゅくあ)ともいうべき不平等な関係，社会の二極分解の状況がジェンダー区分を生み，それを激化させてきたが，グローバル化の進行がそれをさらに悪化させている。

① 初期の人間社会

生産的労働と再生産的労働が未分化の食料収集時代には，ジェンダー役割が柔軟性を保っていたが，定住農耕への移行，規則的な収穫による余剰生産，生産資源の私有化などによって階級制度が成立すると，財産・私有地の維持および正確な継承に必要な妻としての女性は夫にとって生産・所有の道具となった。

② 同時に起こった国家の成立と植民地化

---

(48) (46)に同じ，18頁。
(49) (46)に同じ，22頁。

国家は人々を支配者と従属者に分断し，イデオロギーと生活の両面で階級制を維持し，ジェンダーが差別を規定する重要なカテゴリーになり，女性はますます男性に従属し，諸権利を制限された。「体系的な男性優位社会秩序の発展にとって，国家の成立は極めて重要な歴史的岐路であった」[50]。植民者勢力は政治支配を確立するために，すでに勃興していた先住者の特権階級と血縁共同体システムを利用した。女性は，子孫継承の役割を負った上層階級においても，その他の階級においても自律性を失っていった。血縁基盤の政治組織は宇宙自然の法則と宗教制度によって正当化されており，階層のなかった社会で，女性は儀式の中心的役割を果たしてきたが，侵略者の宗教（男性絶対神を掲げるキリスト教）の強制の前に力を失った。

③　資本主義の影響

　フィリピンにおいても，宗主国の資本の蓄積と資本の拡大過程が不均衡であったため，放出された労働力が安定的に吸収されず，膨大な余剰人口（産業予備軍）を生み出した。また，「資本の拡大が非常に制限されていたため，直接生産者から生産手段を奪うことが，必ずしも，彼等を賃金労働者として雇用することに繋がらなかった[51]」。

　「賃金」のみでは食べて行けない貧困化した大衆（農業における小作人や農業労働者，都市などでの前資本主義的生産の従事者）と資本家との階級関係は，賃金とは無関係に資本が利益を引き出す関係，つまり「極端に安価ないし無償の労働及び，際立った性的分業を再生産する関係の中で作りだされ[52]」ていった。

　また，宗主国も，植民地の遺制を踏襲した支配層も，強権的秩序によって資本蓄積に有利な制度を維持したが，それは男性支配的であり，男性に有利な法制度，家庭と仕事場の急激な分離による女性の家庭への隷属化（domestication），賃金雇用からの女性の排除，女性への賃金差別や職種

---

[50] (46)に同じ，25頁。
[51] (46)に同じ，46頁。
[52] (46)に同じ，47頁。

の集中・職域レベルの集中，女性の性的サービスの有給職業化等によって女性を抑圧していった。

　このような社会構造の帰結として，農民の周辺化，土地を奪われた農村人口の都市への流入と都市のスラム化，児童労働，産業としての売買春，労働力の大規模な国際移動等が起きたのである。

(3) フィリピンにおける女性労働──現在の状況
・インフォーマル・セクター
① 零細（subsistence＝生計維持）商業

　商品の製造・流通・販売・消費の全行程が資本家による利益回収の回路に組み込まれており，その形態は所有者兼販売者・賃労働・被雇用の従属的商売等，さまざまであるが，資本の蓄積はほとんど不可能である。小売り人や行商人の多くは，スラムやスクオッターに住む。トンドスラムでは40％の女性（大多数が既婚者）が行商人である。[53]サリサリストア，雑貨店，露店等を含む。

② 家政婦労働

　ホテルの客室清掃や料理人など，賃金がよければ男性も従事する分野であるが，その数は限られており，多くは労働時間が無制限で，法定最低賃金は適用されず，労災保険もなく，雇用資格も契約書も不要である。賃金労働のなかでも最低賃金であり，従事者の教育レベルも最も低く，最貧困地域の出身者がほとんどである。

③ リサイクリング産業

　びん洗い・ごみ拾い・プラスチックや紙のリサイクル労働等で，工業過程に組み込まれており，資本蓄積に貢献している。

④ 内職

　特に衣料産業のような労働集約型産業では，世界的な分業に組み込まれ

---

[53] (46)に同じ，252頁。

第3章 国際社会福祉の課題

ている。

・性産業——人体に対するグローバル化された暴力と収奪の装置

　東南アジアのGDPの14％は性産業，しかもその内のかなりの部分は児童売春によるものである。今や売買春は，単にある地域の貧困や性風俗の問題ではなく，国境を越えて組織された巨大「産業」である。

　それは周囲に斡旋業者，旅行業者，警察，役人などの権益集団を抱え，さらに外貨獲得のための観光振興政策によって拡大を促されている「産業」であり，抵抗できない人体に対するグローバル化された暴力と収奪の装置である。

　近代化と経済開発によって生産手段を奪われた貧しい農村家庭は，都市スラムでの底辺労働・売春・出稼ぎ以外に生き延びる選択肢をもたない。唯一の収入が，売春による娘からの送金であるような農村家庭が増加しており，送金総額が政府の開発プログラムの予算を大きく上回る国もある。また，国によっては，売春による年間所得が国内総生産の1割を超えているのである。

① 軍人へのサービス——売買春と米軍基地

　i　性産業発展の歴史的背景

　　16世紀のスペインによる植民地化以前に売買春の記録はない。女性は男性と比較的平等で自立しており，性の自由を享受し，結婚・離婚を自分で選択し，あるいは「ババイラン＝精神的指導者であり，治療者と文化伝達者を兼ねた存在＝土着の司祭」として重要な社会的役割を担っていた。しかし，侵略者の宗教であったカトリシズムは，女性を，一方で厳格な処女崇拝や道徳律によって統制し，他方で，スペイン人によるレイプの被害者に恥辱の烙印を押して分断した。この烙印によって人生の

---

(54) リム，L.L. 編著，津田守・さくまゆみこ他訳『セックス「産業」——東南アジアにおける売買春の背景——』日本労働研究機構，1999年，9頁。
(55) 福永安祥『中国と東南アジアの社会学』勁草書房，1993年，158頁。
(56) Renato Constantino, Chapter 7.
(57) Miguel Bernad, S. J., *The Christianization of the Philippines ; Problems and Perspectives,* published by the Filipiniana Book Guild, 1972. Chapter 1.

選択肢を奪われた「罪深い女性たち」を対象に，家族を離れ単身のスペイン兵や修道士による買春が行われるようになった。

1899年のアメリカ統治により，まずは兵隊の駐屯，次に基地の出現によって売買春は増加した。基地に隣接するオロンガポは小さな漁村から大歓楽街となり，1964年からベトナム休戦の1973年まで，1日平均9000人の軍人が訪れた。1900年の二大歓楽街（オロンガポとアンヘレス）における売春宿の数は約2200軒，売春婦1万7000人（未登録者はその2倍）であった。

ii 売春婦の背景

たとえば，オロンガポの売春婦の大半は，東ビサヤおよびビコール地方の小作農家，小規模漁業，季節労働者の家庭の出身である。斡旋業者は12〜14歳の少女の親に4ドル（1970年代）支払い，歌と踊りを教え，売春婦に仕立てる。

iii 市当局・地元事業体の搾取システム

労働法では，売春は正規の賃金労働であり，許可証を取り，税金および保険料を支払わなければならない。しかし，雇用者が保険金を支払わないため，女性たちは社会保障手当，出産・疾病休暇とその手当の請求ができない。また，「売春はアメリカが多額な資金を出す社会衛生局に管理されており，衛生局は，売春婦が客をとる前に，性病に罹患していないことを証明する。女性たちの米軍へのサービスによって得られる余剰収入のほとんどは，市当局や地元事業体に吸い取られている。

② セックス観光

政府から優先権を与えられた観光産業は，1970年代後半に国家最大の外

---

(58) Graciano Lopez Jaena, *Rediscovery——Essays on Philippine Life and Culture*, edited by Cynthia, N. L., Teresita, G. M., 1981. No.8.
(59) (58)に同じ，142頁。
(60) (58)に同じ，145頁。
(61) (46)に同じ，265頁。
(62) (46)に同じ，266頁。

貨獲得産業となったが、マニラを中心とした観光の内容は男性観光客への性的サービスであった。売買春はホテル産業（ほとんどが国際的ホテルチェーンで、世界銀行の融資を利用した政府出資のものや政府所有のもの）をも支えた。

マニラの売春婦は基地の売春婦と異なり、都市部出身でやや高学歴であり、1973年のマッサージパーラー従業員の場合、多くが元教員や看護婦で（教員、看護婦がいかに低賃金であるかを示している）、世帯主であった。1970年代の顧客は、29％が日本人、以下オーストラリア人、アメリカ人、ヨーロッパ人であった。1989年に日本で働くフィリピン人女性の93％が性産業に従事していた。[63]

③ メールオーダーブライド（通信販売花嫁）

購買する側の男性はフィリピン女性に従属性を期待し、女性側は外国人男性の経済力を期待している。1987年、一業者だけでも1万2000人の米国人との結婚をまとめている。

・出稼ぎ労働

土地の集中化と細分化という極端に矛盾した資本主義制度の過程を通じて、農村の独身女性たちにとって、土地の相続や農園の雇用労働から排除されたこと、また家庭内労働が無給であり、近隣の賃労働は安く不規則であったこと等が出稼ぎを促したと考えられる。

出稼ぎ女性たちの多くが家事使用人・零細商人等サービス産業に就き、熟練技術職で高収入の仕事に就く男性出稼ぎ労働者と対照的である。

・労働力の輸出

第一次産業の非生産性と困窮、第二次産業の未発達（余剰労働を十分に吸収できない経済状況），労働力輸入国との不平等な政治・経済関係等によって、海外への出稼ぎは促進される。1960～1970年代は、主要な移住先は米国であり、職業は医療科学分野の専門職であった。「80年代に海外に定住したフィリ

---

[63] [46]に同じ、269頁。

ピン人の25％は専門職・技術職であり（国内の全人口に占める専門職・技術職の割合は5％），頭脳・技術流出と呼ばれた。82年の調査では，船員以外に，25万人(女性18％)が契約雇用され，中東・ヨーロッパ・アフリカ・アジアに渡った。男性では製造・運輸（船員）・通信分野の労働が40％を占めていた」[64]。

1980年半ば以降，出稼ぎの半数が女性となり，芸能・エンタティナー(売春を含む)・家事労働者・客室係・奉公人等サービス業分野で，主に日本・東南アジア・中東・ヨーロッパに渡るようになった。ヨーロッパに渡る女性の多くが大学卒で教員・看護婦などであり，本来の職業による収入の6倍を手にする。サービス業では本国の20倍になる。

一部の女性にとっては，従属と抑圧から解放され，海外で高賃金を稼ぎ，家族を養うことが生き甲斐になるだろう。資源を一切投入せずに国家予算の20％前後に当たる外貨をもたらす海外出稼ぎは政府によっても奨励されている。

しかし，海外出稼ぎは，国内の発展に寄与するはずの頭脳・技術・労働力の流出，農地や河川等の環境悪化の放置と荒廃，出稼ぎ者の本国家族の崩壊や家族遺棄，出稼ぎ者本人の心身のストレス（不安・不適応・健康被害・労災・暴力被害・性的虐待等によって引き起こされる恐怖と恥辱，心身の障害，精神錯乱や殺人，出稼ぎ先での孤独感によるアルコール・薬物依存や異性関係・同棲と現地家族の構築），呼び寄せられた本国家族の心身のストレス，出稼ぎ先で生まれた子どもの問題（無国籍やアイデンティティの混乱・多忙な親による放置・教育機会の喪失・頻繁な転居や親の離婚／再婚等不安定な生活によるストレスや未来展望の喪失等）を生むことを忘れてはならない。

・民族的・文化的マイノリティの女性たち

人口の16％を占める少数民族は，主に狩猟や採集，焼畑農業，野菜・果実栽培，自給漁業，交易，工芸品の生産や賃金労働に従事してきたが，近年，急速な資本の進出（土地の囲い込み＝内外の資本家・国家・マジョリティで

---

[64] (46)に同じ，279頁。

あるキリスト教徒が少数民族の土地および生産手段を収奪すること）と生態系の破壊に対して，自治と自決権を回復するために立ち上がった。

資本家の森林伐採，鉱山・原油・水力発電開発は，森林破壊と土壌の侵食をもたらし，女性たちによる森からの燃料・食料の採取は不可能になり，家族は生産手段を奪われ，囲い込まれ，移住を強制され，同時にスペイン侵略以前から守られてきた伝統的文化・慣習と生活様式や共同体の機能も消滅させられたのである。

少数民族女性は，階級・民族等による周辺化に加え，稲作など従来の農林業を維持しようとして，賃金労働によって開発に加わる男性と対立し，また，少数民族の宗教（イスラム教等）におけるジェンダー差別によって周辺化されている。[65]

2 貧困と児童労働（なぜ子どもたちは働くのか）

(1) 子どもが働く理由

世界的資本主義ネットワーク（巨大な多国籍企業等の集合体およびそこから利益を得る階層・機構・集団）は，すべての国からの余剰蓄積を求める。資本蓄積過程において，世界各国は，いかにそのネットワークの拡大に貢献したかによって階層づけられる。国際労働分業において，低所得国は資源供給者として，また，より多くの余剰を得るための安価で従順な労働力の大量供給の必要を満たすものと位置づけられている。低所得国の貧困階級は，国内的にも，国際的にも必要不可欠の下層階級である。[67] 貧困は，資本主義における社会構成体の世界的関連の一つの結果といえる。[68]

---

[65] [46]に同じ，289頁。
[66] バレスカス，M.R.P. 著，河口和也ほか訳『フィリピンの子どもたちはなぜ働くのか』明石書店，1991年，7頁。
[67] ガルブレイス，J.K. 著，中村達也訳『満足の文化』新潮社，43～56頁。
[68] [66]に同じ，8頁。

貧困層の子どもたちは,一方で従順・安価な労働力として世界の生産様式に組み込まれ(図3-2),一方で地域社会や家族からは,親への服従者であると同時に自立した稼ぎ手としての経済的貢献と老後の保障を期待されている。

　また,潤沢な児童労働力の供給は,多子を評価する親の価値観に支えられている。この価値観は「自らの生存,更に家族の生存のための手段すら管理

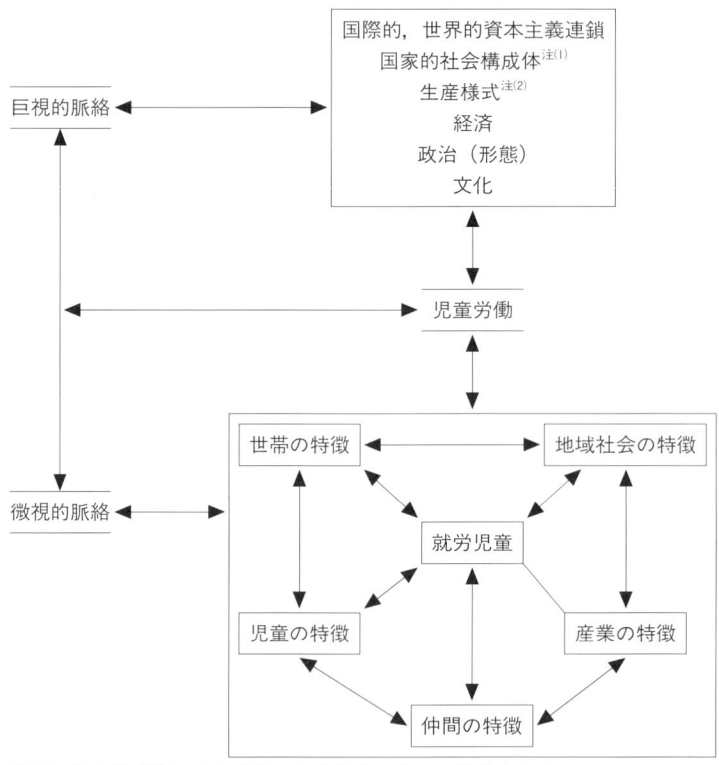

図3-2　児童労働理解のための理論的枠組み

```
                        ┌─────────────────────┐
                        │ 国際的,世界的資本主義連鎖 │
                        │   国家的社会構成体 注(1) │
    巨視的脈絡 ←────→    │     生産様式 注(2)    │
                        │        経済          │
                        │      政治(形態)       │
                        │        文化          │
                        └─────────────────────┘
                                  ↕
        ←──────────────────→  児童労働
                                  ↕
                        ┌─────────────────────────────┐
                        │  世帯の特徴 ←→ 地域社会の特徴  │
    微視的脈絡 ←────→    │      ↘   ↙    ↘   ↙       │
                        │       就労児童               │
                        │      ↗   ↖    ↗   ↖       │
                        │  児童の特徴      産業の特徴   │
                        │       ↘       ↙             │
                        │        仲間の特徴            │
                        └─────────────────────────────┘
```

注(1)　社会構成体はさまざまな生産様式によって構成される。
注(2)　生産様式とは,物質的な生産力の発展段階に伴った社会関係の呼称である。
出典:バレスカス,M.R.P. 著,河口和也ほか訳『フィリピンの子どもたちはなぜ働くのか』明石書店,1991年,7頁。

できない現実世界にあって，権威と管理を主張したいという強い欲求に対する親の無意識の反応[69]，または肉体という生産手段しか持ち得ない人々の，生存のための唯一の手段なのだ。

1980年／1985年の就労児童人口統計では，5歳児までが含まれている（表3－3）。

表3－3　年齢層別就労児童人口推定数

1980，1985

年	年齢層 (歳)	児童総人口 (1000人)	比率の見積り（1000人）	
			完全就業 22%*	完全就業及び 不完全就業 45%**
a 1980	5〜9	6,605	1,453	2,972
	10〜14	5,950	1,309	2,678
	5〜14	12,555	2,762	5,650
b 1985	5〜9	7,100	1,562	3,195
	10〜14	6,314	1,389	2,841
	5〜14	13,414	2,951	6,036

資料：＊Child and Youth Research Center Report
　　　＊＊非政府機関による見積もり
　　　a　National Census and Statistics Office (NCSO), Population Studiies Division
　　　b　National Economic Development Authority (NEDA) － NCSO Population Projections by Province, City and Municipality：1980－2000.
出典：バレスカス，M.R.P. 著，河口和也ほか訳『フィリピンの子どもたちはなぜ働くのか』明石書店，1991年，18頁。

(2) 働く子どもの生活世界（都市スラム）

子どもの社会化（人間社会の一員とする過程）は，家族・親類縁者・遊び仲間・地域・学校等，さまざまな環境で行われ，その社会に受け入れられるような「人間」につくり上げられていく。何の財も持たない家庭に生まれた

---

(69) (66)に同じ，12頁。

子どもは，幼児期から，唯一の利用可能な資源である自分の労働力と自分自身を，経済的安定や生存の維持に用いる訓練を受ける。親やその先代の多くが貧農出身であり，代々貧困から脱却できなかった厳しい現実を直視して，死ぬまでこの現実を生きようとする。このような子どもたちは，自分と家族がその日を生き抜くためにできることをすべてやろうとする。仕事ができるようになると，まず，家庭のインフォーマルな労働に加わる。やがて働きに出るが，現金や物品で報酬を受けても受けなくても，家族が生きていくために努力し協力することが重要だと考えている。「生き延びるために働き，貧困に耐えるための規範を学び，内面化する」[70]。

このような子どもたちにとって，労働と遊びは一体化している。同じ境遇で働く仲間と，仕事をしながら遊び，遊びながら仕事をする。

・インフォーマルセクター

インフォーマルセクターは，フォーマルセクターの余剰蓄積という利益のためにつくられ，持続させられている部門であり，製品の分配に従事する労働力を提供し，原料の集荷のための人材を提供している。「セクターの二重性は，とくに都市部での余剰蓄積を促進するために，フォーマルな資本主義システムによって利用される目隠し」[71]である。

この部門で働く子どもたちは四つのタイプに分けられる。

・商品の流通にかかわり，販売・取り引きをする（新聞・タバコ・花・宝くじ・キャンディ・ベルト・櫛・十字架・漫画・飲み物・バナナ棒・ピーナッツ・ビスケット・その他の販売）

・商品のリサイクルにかかわるゴミ拾いと販売（ぼろ布・ビニール袋・紙・金属・再利用できるあらゆるもの）

・サービスを提供する（洗車・靴磨き・荷役・家事労働・売春・売春の斡旋等）

・生産する（キャンディや食料品・雑貨等）

---

[70] (66)に同じ，27頁。
[71] (66)に同じ，32頁。

第3章　国際社会福祉の課題

① タバコ売りの少女フィリパ[72]

　午前中は学校に行き，午後2時から8時までタバコを売り，帰宅して家事労働をする。フィリップモリス，マールボロなどを30ペソで仕入れ，40～50ペソを稼ぎ，純益の10ペソを母親に渡す。そこから2ペソをご褒美

図3-3　タバコ産業ネットワーク

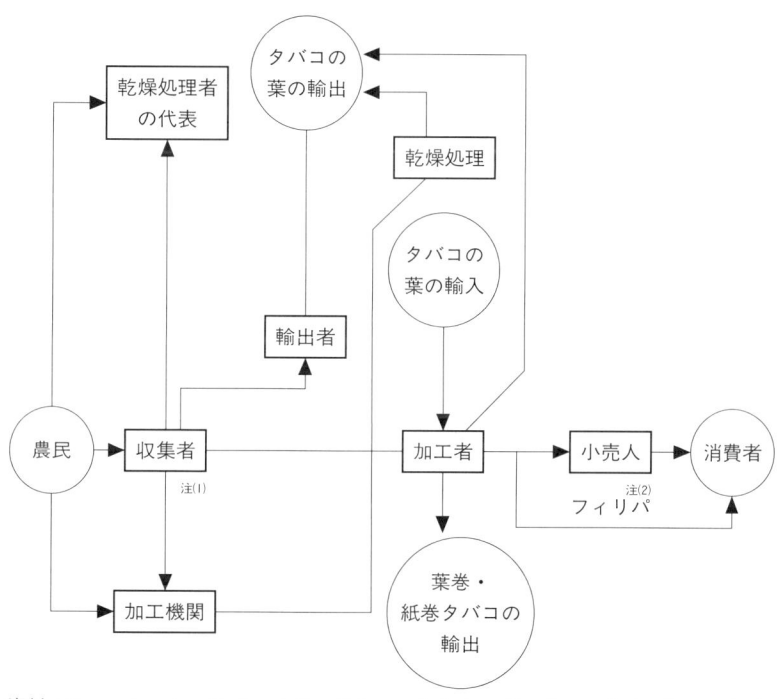

資料：Comprehensive Study of the Tobacco Industry, Development Academy of the Philippines, 1979.
注(1)　収集者：卸売人，輸出者の代表，貿易の中心
注(2)　フィリパはこの中に含まれているが，正式な参加者としてではなく，インフォーマルな参加者としてである。
出典：バレスカス, M.R.P. 著，河口和也ほか訳『フィリピンの子どもたちはなぜ働くのか』明石書店，1991年，59頁。

[72] (66)に同じ，51～61頁。

にもらい，バナナ棒やサツマイモのおやつを買う。フィリパも巨大なタバコ産業に組み込まれている（図3－3）。

② くず拾いの少年ボット

不法占領したスラムに住むボットは小学4年生修了以後，経済的理由で学校に行っていない。

父は65歳で配管工等の労働者，母は42歳の洗濯婦で3度結婚し，子どもを8人産んだが，現在行方不明である。ボットはその内の5人の兄弟姉妹とともに働いている。週に3日以上，鉄くず・びん・ボール箱・紙等，リサイクル原料として売れるものを拾い集め，1日10ペソ稼ぎ，ほかの時間

図3－4　廃品回収業者の関係図

出典：バレスカス，M.R.P. 著，河口和也ほか訳『フィリピンの子どもたちはなぜ働くのか』明石書店，1991年，143頁。

は家事労働に追われる。栄養不良で結核の初期症状の疑いがある。

　ボットも廃品回収産業の巨大な世界システムに組み込まれている（図3－4）。ボットの日収は10ペソ，ボットを含む11人のくず拾いから買い取りをする零細廃品回収業者ビラックの日収は100〜200ペソ，ビラックから買い取りをする大手廃品業者ギントの日収は700ペソ，ギントから買い取りをする資源別の専門買い取り業者の日収は3300ペソであり，ボットの330倍である。その先にある多国籍企業にどのくらいの純益があるかは想像できない。

第5節　世界の子どもたちの苦しみ

　世界の何百万人もの子どもたちが，家族の不安定な生計を支えるために，また，自らの生存を維持するために，教育機会・適切な保健サービス・安心感や幸福感とは全く無縁なところで搾取されながら働いている。これは，未来の数世代にわたって貧困と剥奪が持ち越されていくことを意味してしまうのである[73]。

　世界で毎日3万500人の子どもが予防可能な病気で死亡，5歳から15歳の子ども2億5000万人が苛酷な労働に従事，過去10年間で200万人以上が戦死している。

1　児童奴隷売買

　貧しい場所から少しでも豊かな場所へ，子どもが国境を越えて取り引きされる密輸ルートは世界に張り巡らされている。それ以上に多いのが国内で売買される子どもの数である。

---

[73] Midgley, J., *Social Development ; The Developmental Perspective In Social Welfare*, SAGE Publications, 1999.

・西アフリカ

　年間20万人の子どもが国境を越えて売買されている。その多くが，地域の「先進国」であるコートジボワールにたどり着き，無賃金で，行商・農場労働・売春などに酷使される。

　女の子の場合，養育費を賄えない親が手放し，親戚に仲介されて売られるケースが多い。給料が親戚に支払われる代わりに，親戚は女の子の成人式費用（子どもの３か月分の労働に見合う程度）を立て替えることになっている。

　人権保護団体「BICE」によれば，コートジボワールの都市アビジャンだけで約３万人の子どもが家政婦として働いており，その１割が外国から売られてきた子どもたちである。ある13歳の女の子は，親戚の女性にガーナから連れて来られ，魚の行商に就いたが，無給で，学校にも行かせてもらえず，雇用主から性的虐待を受け，見かねた近所の人によって救出されている。夜の街角に立つ少女たちの一人，15歳の女の子は，親から何の説明もなくアビジャンの親類に預けられたが，親類が行方不明になり，12歳のときから，病気を恐れて注射を打ちながら売春をしている。

　ブアケはカカオ農場に売られる子どもの中継地であり，４月にはブルキナファソからの25人の子どもが保護されている。４月に西アフリカベニンで「奴隷船」が摘発された。５〜24歳の子どもや青年43人が乗っていた。国連児童基金（ユニセフ）等の調べでは，親が子ども一人につき約1600〜3200円でガボンに「奴隷」として売っていた。[74]

　ユニセフはこのような児童の取り引きや売春を「現代の奴隷」と批判している。

　国連「子どもの権利条約」や「最悪の形態の児童労働即時廃止条約」等が採決されたものの，児童の「利用」は止まらない。

　背景には「輸出国」の圧倒的貧困がある。世界銀行によると，途上国の約12億人が１日１ドル（約122円）以下で暮らし，年間約1000万人が貧しさのため

---

[74] 「売買される西アフリカの子ら」2001年５月21日付『朝日新聞』。

25歳未満で死んでいる。国際労働機関(ILO)によれば，世界の14歳以下の子ども約2億5000万人が労働に従事している。貧困の解決が奴隷取り引きを抑止する有力な処方箋である[75]。

・アジア

アジア，特にインドは世界最多の児童労働者を抱えている。臓器ビジネスも大きな問題である。

2 子ども兵士

世界の約30の紛争地には18歳未満の「子ども兵士」が約30万人いる。徴兵や誘拐後，戦闘や軍隊内の性的奴隷に使われている。

国連人権委員会では，2000年4月，18歳未満の少年を対象に，①国軍による徴兵，②民兵など非正規軍による兵士の採用，③紛争など敵対行為への参加などを禁じる新条約案を採択している[76]。

ユニセフでは子どもの徴兵拒否を呼びかけている。

3 物乞い，路上生活

・ジャカルタ

経済危機下の1998年，人口2億人のうち3000万人が失業しているインドネシアで，食糧不足と物価高騰から物乞いが急増し，特にジャカルタ市では子どもの物乞いが9000人に及んだため，当局では家族のない子どもに限って，収容施設に保護することを決定した[77]。

・ウランバートル

社会主義国だったモンゴルは，1990年の民主化，市場経済化で激変した。

---

[75] 2000年5月9日付『朝日新聞』。
[76] 2000年1月2日付『東京新聞』。
[77] 1998年11月10日付『東京新聞』。

失業と物価の高騰（80倍）で食べられなくなった約1500人の子どもたちは家を出，地下の温水管に暖を求め，マンホール暮らしを始めた。

4 識字問題

・アジア

　アジア全体の識字（読み書き計算能力）率は平均60％を超えるとされ，たとえばパキスタンは，公式発表では最下位のアフガニスタンに次いで低い45％，女性は20％である。しかし実態はその半分にも満たず，学校からドロップアウトする子どもは6割に上っている。国家予算の6割を軍事費が占め，その上，多額の債務返済に苦しむ政府に教育制度を改善する余裕はない。

5 未就籍児

(1) 日本で増加している多国籍の未就籍児

　経済のグローバル化による「南北格差」の拡大は国際労働力移動の主要因であるが，わが国でも1970年代後半より，仕事を求めて来日するアジアの人々が急増した。しかし，外国籍者の単純労働は認められておらず，専門技術をもたない彼らの多くが，入国管理法上の「資格外就労・超過滞在」者，法定受託事務として自治体が担当する外国人登録法上の「在留資格未登録」者となった。彼らが日本で出産した子どもも自動的に「超過滞在」・「在留資格未登録」者となり，さらに，①法的手続きに関する情報が不足している，②役所から入管への通報を恐れる，③出産費用未払い等の理由で病院が出産証明書を出さない等の理由から自治体および大使館に出生届を提出せず，結果的に子どもを「未就籍＝母国または当該国の国籍に就いていない」の不利な立場に追い遣るケースが増加した。子どもを，国家および自治体による保護や公衆衛生・教育等基本的人権における無権利状態のまま放置してはならないが，その性質上，実態の把握は困難である。

(2) 中国の黒孩児(ヘイハイズ)

「一人っ子政策」が徹底しなかった農村部では，第一子が女子だった場合，出生届を出さないまま「処分」されてしまう例が公に把握されただけで2000万件に及んだ。「処分」の内容は，密かに育てる，養子に出す，遠方に遺棄する，売る，間引くなどさまざまであったが，この背景には，都市と農村，沿海部と内陸部の間に横たわる，多面的かつ構造的な格差がある。

おわりに

格差の拡大する世界で，第三世界の抱える貧困と環境破壊・資源の収奪に基づくさまざまな問題，特に女性問題，児童問題の長期的解決は，一方で国家間，さらに地球規模での不平等の解決抜きには考えられない。しかし，たとえばフィリピンの場合，まず国内で，輸出代替産業ではない地場産業・中小製造業の健全育成，山林・農地の適切な再分配による農地改革[78]，近海・河川・湖沼等の入漁権や入会権の公平な再分配[79]，誘致企業の環境や社会への企業責任遂行，教育機会へのアクセス，意欲をもったさまざまな階層の人々に対する起業支援による中間層の育成等に取り組むことによって，貧困層の就労機会を増やすことは不可能ではないだろう。たとえば，外国資本と国家政策によって収奪され，捨てられた土地と丘陵と森林を，それまで当地で雇用されてきた伐採労働者と，不法占拠して営農してきた土地なし農民と，国際NGO・現地NGOが協力して分配するよう訴え，実現したケース等，新しい動きが出ている[80]。

---

[78] 佐竹眞明『フィリピンの地場産業ともう一つの発展論——鍛冶屋と魚醬——』明石書店，1998年。
[79] 梅原弘光『フィリピンの農村——その構造と変動——』古今書院，1992年。
[80] 永野善子・葉山アツコ・関良基『フィリピンの環境とコミュニティ——砂糖生産と伐採の現場から——』明石書店，2000年。

アマーティア・センの述べるように，人々に備えられている潜在的可能性に信頼し[81]，予断や軽率なカテゴリーの付与を避け，与えられた情報ではなく，人々の肉声を傾聴しよう。第三世界の「スラムとみなされてきた居住環境劣悪な貧困層集住地区を，先進工業国の中で『発見された』スラム像と同様に語ることは妥当なのだろうか。外部者から見た『スラム的状況』とは，彼らの土地に根ざした(vernacular)生活様式或いは生存戦略として理解されるべきなのではないか？」[82]。

　スラムの人々の生活様式や暮らしぶりをすべて「貧困の文化」で説明できるのか？

　社会福祉は，困難を抱えた当事者について，あまりにもイノセントに代弁（あるいは言語化）してこなかっただろうか？

　21世紀を，当事者が自らについて語り，立ち上がり，選択し，行動するための自由を保証された世紀，「当事者の世紀」にしたい。

---

[81] A. セン著，鈴村興太郎・須賀晃一訳『不平等の経済学』東洋経済新報社，2000年，第4章　勤労度・必要度・不平等度。(Amartya Sen, *On Economic Inequality,* Oxford University Press, 1973. Chapter 4.)
　A. セン著，池本幸生・野上裕生・佐藤仁訳『不平等の再検討』岩波書店，1999年。(Amartya Sen, "Inequality Reexamined", Russell Sage Foundation, New York Clarendon Press, Oxford, 1992, pp.39-42.)

[82] 藤巻正巳編『生活世界としての「スラム」——外部者の言説・住民の肉声——』古今書院，2001年。

第4章
国際福祉システムの形成とその視点

第1節　国際福祉の提案

　人，物，金，情報，犯罪，暴力，疾病，麻薬，環境汚染などが国境を越えてボーダーレス化しつつあるグローバル化の時代において，それまでの国際福祉における閉鎖性，集権性，特殊性などの制約のもとでは，もはや，増えつつある国際的な弱者を救いだす方法はない。

　本章では，まず，従来の国際福祉の問題点を克服して，よりグローバルな視野から国際福祉の実現を可能ならしめる国際福祉のシステム形成について考察し，次に，そのような理念型と現実とはどれほどかけ離れているかを明らかにするために，在日永住外国人の福祉問題を探ってみることにする。

　従来の国際福祉は，主に，国家間による国家主体の福祉活動に制約されていたので，国境を越えて増えつつある国際的弱者を救いだすには無力であった。それは，国際福祉がいまだに国民国家の制約点から脱皮できていないゆえである。

　福祉国家における福祉は自国民の福祉を維持するための国家福祉にすぎないことがわかる。かつてのスウェーデンの経済学者でノーベル賞受賞者であるG.ミュルダールは，福祉国家の国家主義的かつ非国際的な制約点を克服すると同時に，南北問題を緩和して，より広い次元の「民主化と機会均等を国

際化」し,「民主的な福祉世界への道」を開いて,国際福祉の実現をめざすために力を尽くしたが,思いどおりにいかず,それへの夢と希望を次の世代に託した。

新たな次元における国際福祉の場から生まれる福祉世界という具体的な用語を初めて使った人はほかならぬG.ミュルダールである。

ミュルダールの言葉を借りると,第一次世界大戦が勃発する前までには「世界情勢は現在よりいっそう緊密に結合していた世界社会が存在していた」。だが,そのような緊密した世界関係は,二度の世界大戦,1930年代の大不況,長引いた冷戦状態,国際法の弱体化などのような原因によって崩壊し,国際危機状態を呼び起こしたとミュルダールは指摘している。

ところが,共産主義体制の崩壊に伴う自由化の波と国境を越えて形成されつつあるネットワーク化の現象は,グローバルな国際社会福祉化の実現を促しているところである。

第2節　国際福祉システム

本節では,今到来しつつある,また来たるべき将来の福祉世界の実現を考察するために必要な国際福祉のシステム形成を,G.ミュルダールの考え方を踏まえながら自然法の自然権思想に焦点を合わせて進めていくことにする。

---

(1) ミュルダール, G. 著, 北川一雄監訳『福祉国家を越えて』ダイヤモンド社, 1970年, 2頁。
(2) (1)に同じ, 285頁。
(3) (1)に同じ, 183頁。
(4) システムとは,複数の要素が相互連関し,全体の構造を維持している体系のことを意味している。その特徴は,まず,全体は部分の総和以上のものであり,次に,生物有機体にみられる自己組織(自律作用)によって,自動制御・自己成長をめざしている点である。
(5) 自然権思想とは,すべての人間は生まれながら自由・平等であるという思想で,本章では,自由を自由権に,平等を社会権に合わせて考察してみる。

第4章　国際福祉システムの形成とその視点

　本節では，国際福祉システムを図4－1のように経済・政治・社会システムにそれぞれ焦点を合わせ，この三つのシステムを土台にして文化システムを総体的にとらえることにしたい。

　国際福祉の各システムは，表4－1が示すように，経済システムは福祉国家の市場経済中心的な効率性原理から人間の生存・生活を中心とする公平性原理への転換を，また，政治システムは福祉国家の国民国家中心的な国家的原理から国際福祉を支える世界的原理への転換を，さらに，社会システムは福祉国家の中心的な社会権原理からグローバルな地球市民を支える自然権原理への転換をそれぞれめざしていくシステムのことを意味している。

　三つのシステムを総体的に支える文化システムは，近代以降の西欧の文化優越論による対立的原理から弱者と共存可能な相対的で多様な共生的原理への転換をめざしている。以上の三つの次元から国際福祉システムの原理をそ

図4－1　国際福祉システムの構造

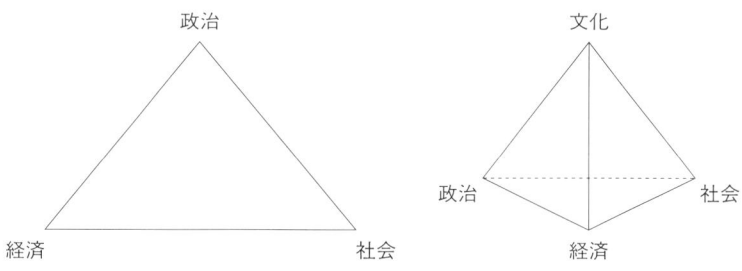

表4－1　各時代の社会福祉原理の比較

各システム＼各時代	（19世紀）自由放任主義原理	（20世紀）福祉国家の原理	（21世紀）国際福祉の原理
経済システム	効率性原理	混合性原理	公平性原理
政治システム	市民的原理	国家的原理	世界的原理
社会システム	自由権原理	社会権原理	自然権原理
文化システム	闘争的原理	対立的原理	共生的原理

111

れぞれ検討して，それをベースに文化的次元を総括してみることにする。

1　国際福祉システムの特徴

　国際福祉システムは，次の三つの特徴から設定されている。
　第一に，人間の価値・行為のみを中心とする閉鎖システムではなく，人間を含む自然環境を視野に入れた開放システム（open system）に設定したい。
　第二に，均衡と葛藤をともにはかる動態システム（dynamic system）に設定したい。
　第三に，「じゃんけん」原理による自己組織システム（self organizing system）に設定したい。
　まず，「じゃんけん」原理と各システムとの関係をみてみよう。
　図4－2が示しているように，経済システムを「ちょき」に，政治システムを「ぐう」に，社会システムを「ぱあ」にそれぞれ定めておきたい。経済システムを「ちょき」にたとえたのは，市場経済の効率化がまるで「ちょき」のように人間社会に浸透して，物神性を限りなく生み出しながら，人間性と自然を破壊し続けているからである。政治システムを「ぐう」にたとえたの

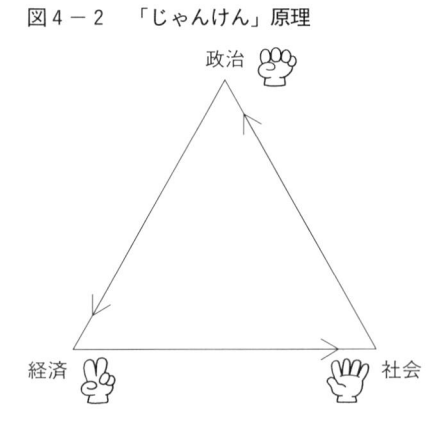

図4－2　「じゃんけん」原理

第4章　国際福祉システムの形成とその視点

は，国家権力がまるで「ぐう」のようにその威力を発揮しているからである。社会システムを「ぱあ」にたとえたのは，情報社会での情報化がまるで「ぱあ」のように広く浸透しているからである。

「じゃんけん」原理を導入したのは，それぞれのシステムの機能を自動的に制御するためである。たとえば，強すぎて国際福祉の実現を阻止している経済システム（ちょき）の効率性を抑制できるのは政治システム（ぐう）であり，また，その政治システム（ぐう）の国家権力を抑制できるのは社会システム（ぱあ）である。さらに，社会システム（ぱあ）の自国民中心の社会権を抑制できるのは経済システム（ちょき）である。以上のような「じゃんけん」原理によって三つのシステムが自動的に制御できるようになった。

文化システムは，この三つのシステムが相互に作用してあらわれる総体的な生活様式のことを意味している。

2　国際福祉の経済システム

過去・現在・未来は断絶されているのではなく，常に連なっているのである。過去の反省が現在に，また，現在の課題が未来にそれぞれ反映されていく。ならば，未来志向の国際福祉を構築するためには，過去への反省と現在への課題が必要不可欠となるに違いない。その意味において，国際福祉の各システムを考察する際，過去（19世紀の自由放任主義体制）と現在（20世紀の福祉国家）の福祉原理をそれぞれ比較して，その延長線で未来志向（21世紀の国際福祉）の福祉原理を考えていく必要性がある。

自由放任主義体制における経済システムは自由市場経済システムであった。そこでは主に，市場経済における自助努力によって，自由権が保障され，それに欠けていた貧困層だけが「残余的」[6]・「選別的」[7]な救貧法の対象となった。自由権とは，自助努力によって自分の能力を自由に発揮する権利のことで，後に自由放任主義体制の効率性原理（経済原理）[8]となったが，それで貧富の格差による貧困問題を解決することはできなかった。

113

それに比べて，福祉国家における経済体制は市場経済と計画経済とを混合した混合経済体制である。福祉国家は，自由市場経済から効率性を求め，また，計画経済の「制度的」・「普遍的」な社会保障制度から公平性原理を補っている。自助努力を重視する効率性原理と平等性をはかる公平性原理とを併用している福祉国家の経済原理は，たしかに効率性原理を重視するものの，いちおう効率性原理と公平性原理の両者を混合した混合性原理を用いて，それに適応している。

　このように，福祉国家においては，弱者を救済するために，公平性原理に基づく普遍的・制度的な福祉政策を提供して，弱者にも普通の人々と平等な生存権・平等権を保障した。これをT.H.マーシャルは社会権といっている。

　しかし，福祉国家は依然として，国内における自国民だけの福祉向上と社会権保障を優先するという国家福祉の制約点を克服することができないゆえ，国境を越えて増えつつある世界的弱者への救済にはそれほど関心を払おうとしないのが現状である。しかしながら，グローバル化によって，以前よりもっと身近になってくる国際的弱者をこれ以上放置することはできないだろう。彼らにも公平性原理に伴う社会権を拡大適用して，より平等に対応するしかないだろう。

---

(6)　H. L. ウィレンスキー・C. N. ルボー著，四方寿雄監訳『産業社会と社会福祉（上）』岩崎学術出版社，1971年，143〜145頁。(Wilensky, H. L. and Lebeaux, C. N., *Industrial Society and Social Welfare,* Free Press, 1965, pp.138-140.)
(7)　Titmuss, R. M., *Commitment to Welfare,* George Allen & Unwin, 1968, pp.113-123.
(8)　効率性原理とは，自助努力によって個人の能力を最大限発揮しようとする経済原理であり，この効率性原理によって自由権が成り立つこととなる。
(9)　(6)に同じ，138〜140頁。
(10)　(7)に同じ，113〜123頁。
(11)　公平性原理とは，いきすぎた効率性原理によって生ずる弱者の貧困問題を解決するために国家が実施している福祉政策原理であり，この公平性原理によって社会権が成り立つこととなる。

それは，公平性原理が誰に対しても平等な待遇が可能である反面，効率性原理は利己的動機による価値・行為を支えているゆえ，弱者の救済には適切ではないという歴史的教訓が示しているゆえである。歴史的教訓とは，自由放任主義体制が効率性原理を重視したあまり，貧困問題の解決に失敗したという点である。

　利己的動機 → 自己保存優先 → 市場経済 → 効率性原理 → 自由放任体制
　国民的動機 → 自国中心福祉 → 混合経済 → 混合性原理 → 福祉国家体制
　利他的動機 → 他者保存配慮 → 社会経済 → 公平性原理 → 国際福祉体制

国際福祉の実現に必要な経済システムの経済原理を公平性原理に求めることにする。もともと経済システムは，弱者救済に必要な公平性原理よりも目の前の利益を優先する効率性原理を重視する傾向がみられる。

　最近，このような傾向をさらに強めている背後には，次のような社会・経済的な現象がある。つまり，二度にわたる石油危機，長引く不況，福祉財政破綻，大きい政府への批判などがそれである。それにより，国家介入の公的福祉を支えている公平性原理がますます弱体化されて，福祉見直し論，福祉多元主義，福祉ミックス論，新自由主義の登場などの見解と議論が続出しはじめ，以前の効率性原理の流れが一気に復活されつつある。

　そのかかわりで，最近は福祉部門に民間企業の積極的な参入がみられ，公的福祉が市場福祉（民間福祉）に変わりつつあるところである。

　しかし，効率性原理では，国際紛争や南北問題または環境問題などの非福祉問題を解決することは難しいので，それを解決して，より望ましい国際福祉を実現するためには公平性原理を導入せざるをえないのである。公平性原理を導入・強化していくための初歩的段階として，効率性原理に基づく市場経済だけに依存するのではなく，物々交換からサービス交換に至るまでの市民主体の自由な社会経済（貨幣以外の資源でニーズ充足を可能にする経済）の形成を提案したい。次に，それを全世界の地球規模に拡大して，誰もがそこでそれぞれのニーズを充足できるような経済システムをつくりあげたい。

国際福祉の実現に必要な公平性原理を強化し，効率性原理を抑制するために，「じゃんけん」原理により，政治システム（ぐう）で，経済システム（ちょき）を押さえる必要性がある。これに匹敵する前例として，かつての自由放任主義体制における自由市場経済の効率性原理が強すぎて，貧困問題の解決が不可能になったとき，フェビアニズムに基づいた政治システムの発動（国家介入の社会保障）によって，それを制御することができた。

3　国際福祉の政治システム

　自由放任主義体制の政治システムは，市民階級の権益を優先する市民的原理を重視したが，福祉国家の政治システムは，国民国家の統合と自国民の福祉向上をめざす国家主義的原理（以下，「国家的原理」と略す）を求めている。

　市民的原理とは，自由放任主義体制における近代市民が自由な経済活動（自助努力に伴う能力の発揮と業績の積み重ね）と法の前の形式的な平等で，自分たちの新しい地位と役割を確保した自由権重視の考え方である。

　また，国家的原理とは，国民国家に基づいた国家主義ないし民族主義的な路線のもとで，国家を人間社会のなかで第一義的にとらえ，その権威と意思を重視しようとする考え方である。

　従来の国際関係は，もともと国民国家同士で結ばれていた，すなわち，国民国家間の土台の上にできあがった連合関係にすぎなかったゆえ，国民国家の制約点を克服することができなかった。この点は，「国際連合とその機関は国民国家の集約的組織であり，グローバルな組織ではない」[12]と明確に指摘しているマーティン・オルブロウの主張どおりである。

　福祉国家の国家的原理は，国民国家を維持するために，自国民中心の福祉向上と国民統合をめざす国家福祉の体制整備に余念がなかった。しかし，冷戦が崩壊する前までには，東西両陣営の軍事的緊張感によって，国家福祉の

---

[12]　オルブロウ, M. 著，会田彰・佐藤康行訳『グローバル時代の歴史社会論』日本経済評論社，2000年，281頁．

国民統合機能はその効力を発揮してきたが，その後の冷戦の崩壊と人，物，情報などのボーダーレス化が進むなかで，時間的・空間的な縮約化，文化的普遍化・多元化によるグローバルな文化が形成し始めると，人々は，特定の国家を越えた，より広い意味における世界市民のアイデンティティを認識し，「国家と国民の両方の理念を切り離して，近代という時代からグローバルな時代への転換」を求めて，国家的原理に伴う自国民中心の国家福祉の制約点から脱皮をはかっているところである。

地球市民レベルにおけるこのような意識的な転換は，長い間，抑圧されてきたナショナリズムからの解放というイデオロギー変化の進展に伴っているものであると考えられる。このような意識的かつ文化的な変化から生み出された現象として，最近，国際社会におけるNGOの活発な活動をあげることができる。

そのようなかかわりで，私は，国際福祉の政治システムを，福祉国家の国家的原理の代わりに，地球市民の連帯による世界的原理のほうに求めることにする。

国際福祉の世界的原理とは，地球上の人々は皆自由・平等であるという地球市民の意識から生まれてくる連帯感のことであり，また，地球市民が危機に直面したとき，お互いに協力して助け合うメンバー・シップのことである。

　　近代国家　→　市民社会　→　市民階級　→　市民的原理　→　自由放任体制
　　国民国家　→　国民社会　→　国家主義　→　国家的原理　→　福祉国家体制
　　世界国家　→　地球社会　→　地球市民　→　世界的原理　→　国際福祉体制

国民国家がマックス・ウェーバーの指摘どおりの権力機構であるのに比べて，福祉世界を支える世界国家は，国家権力を中心とした国民性や領土性とは無縁で，よりグローバルな地球市民の人権保障，生存・生命の安全保障，最低限の生活保障，環境保護，紛争からの安全措置を求める，ゆるやかで民

---

(13) (12)に同じ，277頁。

主的な市民組織のこととして，その基盤づくりが着々と進められているところである。

リチャード・フォークはこのような現象を「下からのグローバリゼーション」[14]と呼んでいる。このような下からのグローバルな地球市民組織によって世界国家が形成され，また，世界国家によって国際福祉が実現されると想定しておきたい。

それでは，国際福祉を実現するために，私たち地球市民は何をなすべきであろうか。

第一に，NGOを含む自発的・共生的な世界市民の福祉活動の展開を促す。

第二に，グローバルなワールド・ミニマム原理を設定，実現する。

第三に，強い効率性原理を抑制して，弱い公平性原理の機能を強化する。

ワールド・ミニマムを実現するために，文化的な普遍性・特殊性を認めながらゆるやかな許容度のもとで，地球規模レベルにおける貧困，差別，暴力，疾病，環境，不潔，無知，麻薬の8大悪（8 Giants Evils）の撲滅に挑戦したい。

貧困には最低限度の生活を，差別には平等的な待遇を，暴力には厳格な処罰を，疾病には治療と予防を，環境には保護と予防を，不潔には住宅を，無知には教育を，麻薬にはその根絶をはかり，それぞれの保障をめざすことにする。差別とは，人種，民族，国籍，性別，信仰などによる差別のことを意味し，暴力とは，民族紛争やテロ行為によって生ずる集団的虐殺から家庭内の暴力までを意味する。また，基本的なワールド・ミニマム以外に交流・交換，余暇，自己実現，文化活動への保障をも提案したい。

国際福祉システムの「じゃんけん」原理により，政治システム（ぐう）は，経済システム（ちょき）を抑制することはできるが，逆に，社会システム（ぱあ）には抑制されることとなる。

---

[14] Falk, R., *Explorations at the Edge of Time : the prospects for World Order*, Philadelpia : Temple University Press, 1992, p.49.

4　国際福祉の社会システム

　自由放任主義体制における社会システムは，主に，市民階級の経済的自由を中心とした自由権原理（近代市民の市民権）によって支えられてきた。それに比べて，福祉国家における社会システムは，働ける者の自由権保障と同時に，弱者の生存権保障によって支えられているのである。この生存権保障によって社会権原理が成り立っているのである。

　福祉国家は，社会権原理によって，弱者を含む成員のメンバー・シップの形成と連帯感の維持が可能となり，公正・公平さがはかられ，社会正義が保たれてきた。

　しかし，福祉国家の社会権原理は，一国中心の国民社会における自国民の社会権獲得に限られ，他国民の社会権獲得までには及ばなかった。福祉国家におけるこのような国家福祉の制約点を克服するために，国際福祉の社会システムを広義の自然権原理から求めることにしたい。広義の自然権原理とは，人間を含むすべての自然は自由・平等であり，共存共生すべきであるという意味である。それまで，福祉国家の基本的理念として知られていた西欧思想の自然権は人間優越意識と自己・自国民中心の自由権と弱者の社会権維持によって支えられてきた。

　西欧思想の根幹をなしているヘブライズムの根底には，常に，人間は，人間以外の他の自然より優れているという人間優越意識が根強く流れている。その根拠は，旧約聖書の創世記にみられる。それによると，人間は，神の理性を授かって創造されたゆえ，他の自然を欲しいままに支配してよいといっている。

　神は言った。「我々にかたどり（make in our image），我々に似せて，人を造ろう。そして海の魚，空の鳥，家畜，地の獣，地を這うすべてを支配させよ。」[15]このような自信にみちあふれた定言が「神の創造物に対する威圧的で横暴な態度を西洋人にもたらした。」[16]

　創世記の創造説による人間優越意識の影響と近代の工業化に伴う物質的な

資源調達のために，人間は思うがままに自然を破壊・乱用して，人類は環境破壊による生存の危機状態に直面しているところである。国際福祉と直接かかわる人類の生存の危機問題を克服するために，人間は，他の自然と共存共生できる新たな自然権を求めなければならない。

それを求めるために，本章では，善し悪しの「善」の価値より，正しいか正しくないかという「正」の価値を優先していくことにする。

「善」(the good) の価値が，主に，個人における個人的価値判断の基準になるのに比べて，「正」(the right) の価値は，主として，社会成員の社会的価値基準につながることがわかる。その意味において，「善」の価値が自分や自国民さえよければそれでよいという利己的な価値基準になりやすい反面，「正」の価値は，皆に公平で公正でなければならないという「自利利他」的な価値基準につながる傾向が強いのである。国際関係における摩擦や衝突，または紛争や戦争のほとんどのケースは，この「善」と「正」の価値衝突から表面化してあらわれてきた結果であることがわかる。

善志向価値 → 功利主義 → 市民社会 → 自由権原理 → 自由放任体制
自国民中心 → 国家主義 → 国民社会 → 社会権原理 → 福祉国家体制
正志向価値 → 社会正義 → 地球社会 → 自然権原理 → 国際福祉体制

自分さえよければ，または自国民だけよければそれでよいという「善」の価値では，国際正義の実現は不可能になる。二度にわたる世界大戦，冷戦時代，たゆまない民族紛争の背後には，「善」の価値が強く潜まれていることがわかる。今日の国際関係がいまだにホッブズ状態から解放できていないのは，「善」の価値を優先しているゆえである。その意味で，世界福祉の実現のために，「善」より「正」の価値を重視していくことにする。

---

(15) American Bible Society, *THE HOLY BIBLE*, King James Version, 1611, Genesis, The Creation, 1-26, p.1.
(16) ポリット, J. 編，芹沢高志監訳『地球を救え』岩波書店，1991年，8頁。
(17) 「自利利他」とは，自分にも他者にもともに利得になるという仏教用語。

J.ロールズは,『正義論』で,正義の二原理を導出する際,快楽・効用(効率)の最大化が「善」であるという古典的な功利主義的要素を排除するために,「善」より「正」の価値を優先的に取り扱った。ロールズは,「快楽が唯一の「善」であり,また,最大の善を生み出す制度や法令は正である」としている古典的功利主義の考えでは,公正・公平性を重視する「正」の価値を正しく扱うことは難しいと考えたゆえ,「善」の価値より「正」の価値を優先して,正義の二原理を導きだした。

　本章では,「正」の価値に基づいて,自然権概念を再構築し,そこから自由・平等化をはかるように進めていきたい。自由とは,拘束されない状態で,平等とは,等しい待遇のことをそれぞれ意味している。ただし,「他人に損害をおよぼさないかぎり」においての個人的自由を認めたJ.S.ミルの指摘が示唆しているように,自分の自由・平等を実現するために他者の自由・平等を阻害してはならないことを喚起しておきたい。

　このような新たな自然権より,南北問題,環境問題,民族紛争などを含む8大悪(8 Giants Evils)の問題解決に取り組みながら,国際福祉の実現に伴う世界正義の根拠たるものをたどってみることにする。

　国際福祉システムの「じゃんけん」原理に伴い,社会システム(ぱあ)は,政治システム(ぐう)を抑制することができるが,それとは逆に,経済システム(ちょき)には抑制されることとなる。

---

(18) 功利主義とは,ベンサムを代表とする古典的功利主義者は,功利を全体の効率・効用・快楽・幸福の最大化(最大多数の最大幸福),つまり,効用総和の増大を求めたあまり,「善」を欲求充足や快楽追究の手段としてとらえ,「正」とは独立に考えた。その結果,能力の優劣に伴う分配の格差によって,集団・個人の不平等問題や貧困問題が生み出された。経済システムにおける効率性原理には依然として功利主義的要素が強く残っているのである。
(19) ロールズ, J. 著, 矢島鈞次訳『正義論』紀伊國屋書店, 1979年, 18頁。(Rawls, J., *A Theory of Justice*, Cambridge: The Belknap Press of Harvard University Press, 1971, p.25.)
(20) (19)に同じ, 18頁。
(21) ミル, J.S. 著, 塩尻公明・木村健康訳『自由論』岩波書店, 1971年, 29頁。

5 国際福祉の文化システム

　文化とは，後天的・社会的・歴史的に形成された生活様式の総体的体系である。

　グローバル化は，政治，経済，社会部門における普遍化現象を生み出しながら，新しい普遍的な世界文化を創造しつつあるところである。

　ここでの普遍的ないし普遍化とは，近代の国民国家による均質化・同質化した全く同じ文化を意味するのではなく，それぞれの個別的な文化の上に築きあげた普遍的文化という意味での普遍的ないし普遍化のことである。また，個別的ないし特殊化とは，個人のアイデンティティを中心とした文化の個人的側面と集団・国家による文化の個別性・特殊性を意味している。

　自由放任主義体制での文化的特徴ないし文化的原理は，西欧文化の優越性・個別性・特殊性を道具に，経済的には海外の市場開拓を行い，また，政治・軍事的には海外侵略による領土分割・植民地統治を強行してきた点である。さらに，両者を土台にして，近代化・西欧化を進めてきた点も見逃せない特徴である。

　それに比べて，福祉国家における文化的特徴は，国家主義がよりいっそう強化され，国内的には自国民の福祉維持・向上をもとに国民統合をめざしながら，国外的には自国のナショナリズムの背景に排他的で対立的な文化を標榜している点である。このような福祉国家における国家福祉の制約的な文化は依然として色濃く残っているところである。

　しかし，グローバル化は，国民国家に根強く定着してきた文化の個別性・特殊性，特に国民性（ナショナル・キャラクター）を徐々に溶解させ，国民国家の存在感をかなり弱めてきた。その反面，普遍的で多元的・多様的な世界文化創造の可能性を示唆してくれるところがみえ始めてきた。

　そのなかで，経済的側面においては，多国籍企業，国際交易，労働者の国際的な移動などをとおして，いち早く，普遍的な経済文化が地球レベルに普及されつつあり，また，民族紛争や南北問題，環境問題などをとおして，地

球レベルの政治・社会問題を解決するために世界的規模による多くのNGOとNPOのメンバーがそれぞれの地域ごとに参加して活躍を続けている。それは，国際福祉実現に大きく貢献している明るい活性材である。

　福祉文化とは，より安全・安定した，より快適な生活様式のことを意味し，また，国際福祉文化とは，世界の人々が有している福祉文化のことを意味している。

　国際福祉文化といっても，それぞれの地域の個別的な文化を全く無視した世界的な同質文化ではなく，それぞれの地域的な個別性を認めたうえで，新たに創造された普遍的で多元的な福祉文化のことを意味している。

　　文化優越論 → 闘争文化 → 同質文化 → 闘争的原理 → 自由放任体制
　　文化相対論 → 対立文化 → 共通文化 → 対立的原理 → 福祉国家体制
　　文化融合論 → 融合文化 → 普遍文化 → 共生的原理 → 国際福祉体制

　しかし，ある地域の伝統的・個別的・特殊的な文化を認めようとしても，それが人々の心身を傷つけるような非福祉的な文化であるならば，そのような悪習に基づいた文化は即刻廃止すべきであることを強調すると同時に，また，それを廃止するための運動を積極的に支援すべきである。たとえば，「アフリカなどでは，いまだに女性の性器切除を行う文化が残っている」[22]。それをなくそうとして活動しているNGOのキャンペーンをユニセフが積極的に支援して，その運動は大きく前進し，1998年にはまずセネガルがこの悪習に満ちた伝統文化を禁止することに成功した。このような紆余曲折の過程を経て，国際福祉文化が地球的な規模で徐々に普及されつつあるところである。

　福祉文化を含む文化一般が，目に見えない抽象的な存在であるゆえ，具体的な政治・経済・社会部門に比べて，軽視される傾向が強いけれども，両者は常に相互関連しているゆえ，見えないからといって，文化を軽視するものではない。文化的な存在・機能なしに政治・経済・社会部門が順調に機能す

---

[22] ユニセフ編『1999年　ユニセフ年次報告』，5頁。

ることはまずありえないのである。それも特に,今日のような激動期で混乱期においては,より望ましくて,新しい国際福祉への文化創造が切実に要求されているところである。

そのために必要なことは,まず,個人のアイデンティティを中心とした個人の内面的動機づけが共存共生たる国際福祉文化創造に積極的に参加することであり,次に,国際福祉文化創造の与え手がその受け手に摩擦・対立を避けてそれを変容・融合していけるように,相手側の文化を理解することである。そのために,国際福祉文化創造の基準をアメリカン・スタンダードによる同質文化の創造に頼らず,それぞれの地域の個別性・特殊性を理解し,それを生かそうとする観点から,多元的で普遍的な文化を創造することが大きな課題である。最後に,8大悪(8 Giants Evils)を撲滅していくために必要とされるそれぞれの対応策に結びついた国際福祉文化創造に全力を尽くしていかなければならない点を強調したい。

6　システムの制御機能

それでは,現実の福祉国家原理からあるべき国際福祉原理への移行を実現するための具体的な方法は何であろうか。

それを考察するために,再び「じゃんけん」原理に戻って,それを各システムの制御機能に適用・考察しながら,最後に,その土台の上に,国際福祉文化システムを総括してみることにする。

「じゃんけん」原理では,経済システムを「ちょき」に,政治システムを「ぐう」に,社会システムを「ぱあ」にそれぞれ設定しておいた。

第一に,経済システムから考えてみると,福祉国家の効率性原理から国際福祉の公平性原理への移行を実現するためには,政治システムが経済システムに介入して行きすぎた効率性原理を政策的に抑制することによって,政治的制御機能を果たすことができるのである。

それを可能にするために,経済システムを「ちょき」に,また,それに勝

第4章　国際福祉システムの形成とその視点

てる政治システムを「ぐう」に設定することにした。

　たとえば，政治システムの政策的な制御機能の強化によって，市場経済で通用する貨幣を持っていない貧しい人々がそれ以外の資源（特殊な技術やサービスなど）で，それぞれのニーズを「社会経済」をとおして充足することは可能になると考えられる。「社会経済」とは，市場経済における貨幣以外の資源でそれぞれのニーズを充足することができる交換経済の意味である。

　また，物質的ニーズ充足に偏って退廃してしまった人間性を回復するために，心理的・精神的ニーズ充足を充実化する際，経済システムに政治システムが介入して，その制御機能を果たすことも十分可能である。

　たとえば，生活の質（QOL）を高めるために福祉計画を実施するのはこの例に当たり，また，最近，増えつつある虐待・いじめ・暴力・不登校・少年非行，ドメスティック・バイオレンスなどの非福祉的で反福祉的な問題を解決するために福祉政策を実施するのもこの例に当たると考えられる。

　それだけでなく，先進福祉国家の場合は，物質的な豊かさの陰で，犬，猫のようなペットまでもが高価な食べ物で肥満症にかかって動けないのが多いのに比べて，開発途上国の貧しい子どもたちは食べ物がなく，毎日，餓えて死んでいく子どもがたくさんいるのが現状である。

　ユニセフの報告によると，世界で，「毎日3万2000人の子どもが栄養不良や呼吸器感染症，マラリアなど，予防できる原因で命を奪われ，毎日1600人以上の15歳未満の子どもがHIVに感染し」[23]，また，「毎日8500人の子どもや若者がHIVに感染し，毎日2500人の女性がエイズで死んでおり」[24]，さらに，「開発途上国の1億3000万人もの子どもが学校にいけないでいる。その約3分の2が女の子である。また，約5000万人もの子どもと女性が武力紛争や暴力，搾取の犠牲になっている」[25]と報告している。

　このような地球レベルにおける貧困問題と不平等を積極的に解決するため

---

[23]　[22]に同じ，3頁。
[24]　ユニセフ編『2000年　世界子供白書』30頁。
[25]　[22]に同じ，3頁。

に，国連を含む先進福祉国家が世界的な規模で新たな貧困撲滅政策を実施することはもちろん，NGOとNPOの活動を強化・進展させることも政治システムが経済システムに介入して，その制御機能を果たすこととなる。

　第二に，政治システムからみると，福祉国家の国家原理から国際福祉の国際原理への移行を実現するためには，社会システムが政治システムに介入し，過剰な国家権力を制御することによって，社会的制御機能を果たせるのである。また，それを可能にするために政治システムを「ぐう」に，また，それに勝てる社会システムを「ぱあ」に設定することにした。

　たとえば，地球温暖化問題を緩和するために，二酸化炭素の排出量を減量しようとしてまとめられた「京都議定書」への批准を反対しているアメリカ政府に対して，NGOメンバーを含む国際的市民団体が，アメリカ政府に圧力をかけ，それに批准させることは，社会システムが政治システムに介入して，その制御機能を果たし得るよい機会であり，また，よい例に当たると考えられる。

　また，国内の非福祉的で反福祉的な問題が官僚主義的・権威主義的な影響でその改革が妨げられ，国際的な問題としてとりあげられるとき，NPOのメンバーを含む世界的規模のNGOメンバーが協力して，当該問題を解決ないし緩和することも，社会システムが政治システムに介入してその制御機能を果たしているよい例に当たるのである。

　たとえば，かつての日本の精神病者の強制入院と暴力的処罰（イギリスの30倍）が世界的な話題となったとき，世界のNGOメンバーが日本政府に抗議し，改善策を求め，かなりよい結果をもたらしたことは，社会システムが政治システムに介入して，その制御機能を果たした適切な例に当たると考えられる。

　第三に，社会システムからみると，福祉国家の一国中心主義による自国民だけの社会権原理から国際福祉に伴う広義の自然権原理（人間以外の他の自然まで視野に入れた自然権）への移行を実現するためには，経済システムが社会システムに介入し，一国中心主義的な社会権原理を克服することによっ

て，経済的制御機能を果たすことができるのである。

　それを可能ならしめるために，社会システムを「ぱあ」に，また，それに勝てる経済システムを「ちょき」に設定することにした。

　たとえば，国内で生産性が合わない製品を海外で生産し，現地住民の生活を保障することは多国籍企業を通して現に可能になっており，また，３Ｋなどの労働現場に外国人労働者が多く参入して，生活問題を解決していることは，経済システムが社会システムに介入して，すでに，その制御機能を果たしている証であることがよくわかる。しかし，経済システムが依然として効率性原理を重視しすぎるとその逆機能が生じてくるに違いない。

　また，自然生態系（エコロジー）のバランスを無視して，人間優先的なニーズ充足で破壊されてしまった自然環境を保護するために行われているエコ・ファンドの設定も，人間を含む他の自然と共存共生をはかる自然権保障の一環であると考えられる。

　最後に，各システムにおける制御機能の結果としてあらわれる生活様式の結晶物を国際福祉文化であると定義しておきたい。

　ここで，国際福祉文化の基準になるのはアメリカン・スタンダードではなく，経済システムの公平性原理，政治システムの国際的原理，社会システムの自然権原理がそれになるのである。また，８大悪の撲滅に伴うワールド・ミニマムの保障をもその基準を支えることになると考えられる。

　しかしながら，このような基準のもとで，さらに，文化的な衝突が起こる場合には，それぞれの地域的な個別性と特殊性をはかりながら，多元的で普遍的な福祉文化を配慮すべきである。多元的で普遍的な福祉文化とは，人々の心身に傷をつけないような文化を意味し，また，福祉と平和を維持・発展することができるような文化を意味している。それと同時に，それは，人間と人間以外の他の自然と共存共生できるような文化のことをも意味している。

第3節　永住外国人の福祉問題

1　在日コリアンの歴史的背景

　本節では，現在，日本国内に住んでいる永住外国人のなかで，約8割以上を占めている在日コリアン（約60万人以上）への福祉問題と彼らのアイデンティティについて考察してみることにする。

　在日外国人には，植民地統治などによる歴史的な背景をもって，戦前から日本に居住しているオールド・カマー（以下，「永住外国人」という）と，戦後国際政治外交，国際交流，技術研修，留学，労働力移動などによって，新しく日本に入国して生活しているニュー・カマーがいる。

　在日コリアンのなかで，特に永住コリアンの1世は，太平洋戦争がピークに達したとき，日本政府が絶対的に不足した人的資源を補うため，当時日本の植民地統治下におかれていたコリアより徴兵，徴用，募集，強制連行などでコリアンの若い青年たちを大量に日本へ動員して，各地の激しい戦線や各種の軍事・産業施設（戦場，軍需工場，炭鉱，港湾，飛行場，鉄道敷設，道路工事，ダム建設など）の軍人，軍属，作業員として働かされた人々である。

　永住コリアンの1世は，戦時中の激しい戦況に耐えて，戦時非常体制に大きく貢献し，また，終戦後の経済復興期には貴重な労働力を提供して，日本の経済復興・成長の一翼を担ってきた人々である。

　それにもかかわらず，日本政府は，1981年，難民条約を批准（批准した内容は内外人平等化の原則）して，国籍条項を無効化する前までは永住外国人たちに社会保障の適用を認めなかった。

2　無年金高齢者

　周知のように，日本国憲法第25条の規定によると，「すべての国民は健康で文化的な最低限度の生活を営む権利を有する」というナショナル・ミニマムによる生存権保障の規定が明示されている。

　しかし，「すべての国民」という定義は，日本国籍を有するすべての日本人ということであって，それを有しない在日コリアン，台湾人，中国人のような永住外国人は生存権の保障から排除するということを意味しているのである。西欧諸国の憲法上における生存権規定が「国民」という定義の代わりに，広い意味における「何人」として表現しているのに比べて，日本の憲法は，「国民」として断定している。

　この規定をみてもわかるように，日本社会はまだ国民社会から市民社会への移行が完成されている社会であるとはいえないだろう。

　この国籍問題で，多くの永住外国人たちは1981年の難民条約が批准されるまで，社会保障制度の対象にならなかった。ただし，生活保護法だけは例外であった。この難民条約の批准によって，やっと国籍条項が実質的な効力を失い，永住外国人たちにも社会保障権が与えられ，その対象になれた。

　しかし，難民条約を批准した背景には厳しい国際的な圧力の影響が存在していた。言い換えると，それは，日本政府が自発的かつ自律的な立場から難民条約を批准したのではなく，厳しい先進国の圧力から逃れることができず，やむをえずそれを批准したということである。

　ここで問題になるのは，日本政府が自ら永住外国人の社会保障を認めたのではなく，難民条約に批准した結果，「その条約に規定した社会保障の内外人平等によって国籍条項をはずさざるを得なかった[26]」という指摘どおり，初めから永住外国人に対する生存権を保障するとか社会保障制度を適用するために国籍条項をはずしたのではなく，先進福祉国家を中心とした厳しい国際的

---

[26]　日高六郎監『国際化時代の人権問題』明石書店，1996年，35頁。

な圧力によって批准された難民条約の結果から現れた，結果的な措置にすぎなかったという点である。

とにかく難民条約による国籍条項の実質的な効力喪失によって，永住外国人への社会保障制度が正式に受け入れられるようになった。

しかし，国籍条項の実質的な効力喪失と前後して，制度的な谷間におかれていた多くの永住外国人は社会保障制度の対象から排除されてしまった。たとえば，国民年金の場合，永住外国人のなかで，「在日コリアンの無年金高齢者は全国で6万人も存在している」と知られている。

それに比べて，日本人の場合は，国民年金制度に加入しなかった無年金者を救済するために，経過措置とカラ期間措置まで適用して，無年金者を救済し，皆保険制度の特典を与えた。

その結果，彼ら無年金高齢者の生活は，「まず物質的な側面においては，貧しくて家族の援助を受けなければならない状態におかれており，次に，精神的な側面においては，不安定な老後生活に対する不安感でいらだっている状態におかれている」ことがわかる。

3 金鉉釣訴訟

金鉉釣(キムヒョンジョ)氏は，1910（明治43）年8月，済州道に生まれ，19歳のとき渡日した在日の永住コリアンである。住所は，東京都荒川区で，1960（昭和35）年，50歳のとき，荒川区の国民年金課の勧誘員に勧められ，国民年金に加入し，満期の60歳まで11年間（正味130か月分）の保険料を納め，1976（昭和51）年，65歳の年金受給年に達した（原則として，国民年金は25年間保険料を払わなければならないが，当時，支払期間未達の高齢者を救済するために経過措置が取られていた）ので，彼は区役所の年金課の窓口に行き，年金受給の申請を求めた。

---

(27) 李仁之「無年金高齢者」『応用社会学研究』No.41，立教大学社会学部，1999年，72頁。
(28) (27)に同じ，72頁。

第 4 章　国際福祉システムの形成とその視点

　ところが，窓口からは外国人は受け入れられないといわれた。当時，1976年10月29日の「東洋経済日報」の記事を抜粋すれば，次のようになる。荒川区の年金課いわく，「あなたは外国人だから年金は払えない。今回の場合は適用できない外国人に国民年金を適用してしまった，いわば『誤適用』のケースとして保険料は返します。当人にとっては，まさに青天のへきれきであった(29)」。

　それで，荒川区役所はことを済ませようとしたが，本人は承認せず，東京都の国民年金課に報告するに至った。1976年12月23日，東京都の国民年金課より返事がきた。それによると，「(ア)東京都知事は，金鉉釣の国民年金は，『誤適用』であるから1960年（昭和35）に取得した『被保険者資格』を取りけす。(イ)納付済保険料は，すべて返済する(30)」という行政処分に当たる返事を受けた。

　「役所としては，16年前に被保険者として取扱い保険料を徴収しておきながら，年金を支払う段になって，被保険者資格を取り消したわけである。保険料として金鉉釣が支払った総額は3万3千100円であった。これに対して，役所の方針は利子も物価の上昇率も加味しないとしていた(31)」。

　このような東京都の行政処分に対して，金鉉釣氏は不服を申し立て，1977（昭和52）年2月に，東京都社会保険審査官に「審査請求」を申し立てたが棄却された。

　ひきつづいて，1977年6月に，東京都社会保障審査会に「再審査請求」をしたが，それもまた，棄却されてしまった。

　この棄却処分に対して，金鉉釣氏は我慢できず，1977年7月20日に，ついに東京都知事と社会保険庁長官を相手どって東京地裁に訴訟を提起した。それまで，金鉉釣氏の訴えに対して共感をもって支援してきた「在日韓国・朝鮮人の年金を求める会」（以下，「求める会」と略す）は，誠意をもって彼を

---

(29)　『東洋経済日報』1976年10月29日。
(30)　古岡増雄『在日外国人と社会保障』社会評論社，1995年，72～73頁。
(31)　(30)に同じ，73頁。

支援した。

　また，それを機に，「求める会」はさらに結束を固め全国に支援と連帯を呼びかけることにした。もちろん，「求める会」は日本人を中心とするボランティア組織としての市民団体であった。

　東京地裁に訴訟した金鉉釣氏の裁判結果が1982（昭和57）年9月22日に，原告の訴えを棄却する判断が下された。それに屈せず原告は，1982年9月28日に，東京高裁に控訴して，1983年10月20日，ついに，金鉉釣氏控訴勝訴判決が下され，1983年12月27日から年金が支給されるようになった。

　金鉉釣訴訟は，永住外国人のなかで生じた社会保障訴訟の代表的な例として注目され，支援団体のメンバーたちを含む多くの人々の関心を呼び起こした外国人の生存権保障の運動であった。11年間，国民年金の保険料を払いながら，外国籍を理由にして老齢年金の支払いを拒否する日本政府の措置に対して，永住外国人はもちろん，多くの日本人は関心をもって支援を惜しまなかった。

　「在日外国人の国民年金の『誤適用』は，それまでかなりの数にのぼっているが，そのほとんどが泣き寝入りに終わっている状況で，金鉉釣氏の裁判は在日外国人の日本最初の国民年金裁判であり，その勝敗はとくに在日コリアン・在日中国人の間で注目を受けている。一方，国際的な人権裁判としてその重要性が注目されることにもなる」という指摘どおり，この裁判は外国人の人権裁判ないし生存権保障の裁判として重要な意義をもつようになった。

　たしかに，金鉉釣氏が国民年金に加入したときは日本国籍をもっていた日本人ではなかったけれども，荒川区の国民年金課の勧誘員から「母国に帰らないなら加入した方が得」，「これからはみんな入らなければならない」と勧められて加入したものであった。それも，11年間も保険料を拠出し，年金受給まで16年間も経てから被保険者の資格を取り消して，年金の受給権を剥奪

---

(32)　(30)に同じ，74頁。
(33)　(30)に同じ，70頁。

することは許されるべきことではない。

「国民年金法」を厳密に調べてみても，いったんその受給権が発生した後に，それが違法だと決めつけ，さらに，16年間もさかのぼって被保険者資格を剥奪するという規定は見当たらないのである。これは，まさに弱者いじめであり，また弱者に対する差別であるに違いない。弱者に対する差別の撤廃こそが社会福祉の最大の課題になると考えられる。それは，国内に限定するものではなく，世界福祉全般にわたって，今後の大きな課題であるに違いない。

4 市民権としての参政権

歴史的な背景をもっている在日コリアン・台湾人・中国人（永住外国人）は，自分たちの自由選択によって国籍を選んだわけではなく，サンフランシスコ講和条約によって，一方的に日本国籍を奪われてしまったのである。

周知のように，永住外国人は，戦中においては激しい戦場と厳しい産業現場などで日本人に負けないくらい働かされ，また戦後においては戦後の経済復興に積極的に参加したことをみてもわかるように，彼らは戦中・戦後をとおして日本の軍事・産業部門に欠かせない存在であった。そのようなつらい体験のもとに，知らず知らずのうちに歳月が流れ，彼らは2世，3世，4世を輩出しながら日本の生活文化に定着してきた。

しかし，永住外国人は，同じ生活土俵で日本人とともに生活しながら，日本人ではないという国籍条項に引っかかって，いまだに自分たちの発言権と意思決定を生かすことのできる政治権（政治的権利＝自由な政治活動，具体的には投票権と参政権，公務員になる権利など）さえもっていないのが現状である。

永住外国人に対するこのような不平等な待遇は，市民権の保障という観点からみても反福祉的な措置であることがうかがえる。ここでの市民権とは，イギリスのT.H.マーシャルの市民権（citizenship＝コミュニティの成員は平

等な権利と義務を有すること）を意味している。マーシャルは「市民権（citizenship）をさらに，市民権（civil rights），政治権（political rights），社会権（social rights）にそれぞれ分けて展開し，市民権（citizenship）の発達過程から社会福祉の発達過程をとらえた。市民権（civil rights）が18世紀に，政治権（political rights）が19世紀に，社会権（social rights）が20世紀にそれぞれ達成されるようになった」とマーシャルは述べている。

　社会権が福祉国家の形成以降に達成されたのに比べて，政治権は19世紀の末期までにほとんど達成されていた。イギリスにおける政治権獲得の順序をたどってみると，まず貴族階級から始まって，市民階級，労働階級，最後に女性に至るようになったことがわかる。

　イギリスに比べて日本の場合は，最も弱い永住外国人に政治権より社会権が先に保障され，皮肉なことに政治権がいまだに保障されていないのである。これは，まさに日本政府が抱えている大きな矛盾点の一つである。

　永住外国人への社会権が日本政府の自発的な措置から保障されたのではなく，難民条約の批准という外部からの圧力によって保障されたが，今後，彼らに対する政治権の保障だけは，何らかの外部的要因からではなく，ぜひとも日本政府の自発的で自主的な判断によって与えられることを期待している。

　永住外国人が日本の社会で日本人と同じ生活土俵でともに生活しながら政治権を強く主張する背後には，経済的な義務として課税義務はまったく日本人と同様に果たしている点がうかがえる。要するに，勤勉・誠実に働き，税金は一生懸命に支払っても，政治権は与えないという政治的な方針を日本政府は戦後より今までずっと貫いていることがわかる。

　永住外国人は，このような差別のもとで，日本に帰化すれば政治権の獲得はもちろん，社会的な地位・役割も日本人と同じように変わると判断して，帰化に必要な手続きをとって帰化を願っても，それにはさまざまな制約が

---

(34) Marshall, T.H., *Citizenship and Social Class*, Cambridge University, 1949, pp. 10–11, p.92.

あって誰もがすぐ日本人にはなれないという認識が広く浸透していることがわかった。この点も、永住外国人が抱えている大きな問題点の一つである。

日本政府は、今後、永住外国人が帰化を願望するときには、いつでも、どこでも、誰でも簡単に帰化できるようなチャンネルを設けるのはもちろん、また単一民族と単一文化を誇る旧態依然とした文化政策を捨てて、よりグローバルで融和的な文化のもとで、永住外国人の文化と共存共生できるような文化的多元性を包容すべきである。それと同時に、永住外国人に政治権の保障を検討して、その実現に移すべきではないだろうか。

それでは、日本以外の他の国においては、永住外国人に対して政治権を認めているかどうかの点について検討してみることにしよう。

スウェーデン、デンマーク、ノルウェー、オランダ、アイルランドなどの国においては、在留外国人にも選挙権を与えているといわれている。これらの諸国においては、選挙権を含む政治権の保障だけではなく、それ以前に、生活に直接かかわるさまざまな分野にわたって、外国人の生存権・社会権を保障していることがわかる。特に、「スウェーデンでは、在留外国人に対して最大限に自国民と平等な待遇を保障している。住宅、教育、社会保障はもちろん、外国人児童の母国語習得の機会保障、民族差別の監視と救済制度の確立、民族団体への公庫補助まで行っている」[35]と知られている。

5 アイデンティティとエスニシティ

日本は、戦前・戦中のエスニシティの残影がいまだに色濃く残っていて、単一民族と単一文化を誇りとして自慢している人々が多い国柄であることは間違いない。かつての総理大臣中曽根康弘氏は、日本は、アメリカと違って単一民族で単一文化を誇っているゆえ、国民のコンセンサスが得られやすくて統治もしやすいと発言して、アメリカから強く批判され（日本でもアイヌ

---

[35] 在日朝鮮人権利擁護委員会編『在日朝鮮人人権白書』朝鮮青年社、1996年、186頁。

民族や永住外国人が存在して必ずしも唯一民族と唯一文化であるとはいえないというアメリカ側からの批判），中曽根康弘氏はアメリカに謝罪せざるをえなかったほどである。

このように，「日本社会は"異質な"存在に対する許容度が極めて低い社会である。日本社会のマジョリティ・グループからみて"異質な"存在は，排除・抑圧・差別の対象とされ続けてきた。前近代の身分制を引き続く形で，被差別民の人たちが今日もなお差別され続けている[36]」のである。

日本社会のなかで，マイノリティ・グループとして知られている永住外国人としての在日コリアン・台湾人・中国人も当然このような"異質的な"存在としてみなされ，日本社会から排除・抑圧・差別の対象になっており，そのような厳しい状況が彼らの生存・生活を脅かしているのが現状である。

それに比べて，永住外国人の意識とエスニシティはどうであろうか。

ここではまず，永住コリアンの2世と3世の意識調査の結果からみると，彼らのほとんどが，「これからも，日本で生きたいと願っている[37]」とはっきり自分たちの意識をあらわしている。それだけではなく，「日本の文化のなかに溶け込んでいる在日コリアンの若者のなかには，自分は日本人であると思い込んでいる人々も多くいる[38]」ようである。

彼らの意識の動向だけではなく，彼らの教育水準と文化変容能力は日本人にも負けない程度のレベルに達しているのである。その点からみても，彼らが差別を受けることなく，日本社会に参加して，日本人と同様に活躍するのが普通で，正常の道なのに，にもかかわらず，多くの日本人はいまだに永住外国人に対する偏見と差別意識をもって差別的に待遇しているのが現状である。「在日コリアンの教育程度はほとんど日本人の平均と変わらず，彼らはその言語能力を学歴資本にも変換することに成功している。その点からすれば，

---

[36] 福岡安則「在日韓国・朝鮮若者世代のアイデンティティの多様化」梶田孝道編『国際社会学』名古屋大学出版会，1992年，334頁。
[37] 在日大韓民国居留民団編『在日韓国人の意識調査』1986年。
[38] 李仁之「無年金高齢者」『応用社会学研究』No.41，立教大学社会学部，1999年，80頁。

彼らの民族性は象徴的エスニシティにきわめて近い」し，明示的エスニシティではないのである。

しかし，日本社会は，象徴的エスニシティという日本社会にきわめて同化しやすい彼らの文化的な特徴を考慮せず，依然として意識的差別と制度的差別の壁を崩そうとしていないのが現状である。差別のなかでも，最も我慢できない差別が生存・生活に直結する就職差別である。在日外国人に対する就職差別は，経済的不況の現在だけではなく，経済の高度成長期にも変わることはなかった。当時の就職差別に対する実例を在日コリアンの2世から聞いてみることにしよう。

「当時，中卒者は"黄金の玉子"であるといわれる程，各会社が競って自分の会社への入社を勧めた。就職を希望していた私も当然自分が勤めたいところに勤められると思っていた。クラスの3分の2は進学で，残りが就職希望者であった。しかし，日本人の同級生はナショナル，シャープ，花王石鹸などの大企業に就職が決まったのに，自分には結局，何の連絡もなかった。……学校教育で人間は皆平等であると教わったのはいったい何であったのだろうか。嘘ばかり教えて。そのときの怒りは今でも忘れられない。」

このような差別現象の責任は，もちろん，日本社会全体にあるのはいうまでもないが，しかしながら，まず，学校側の就職担当教師の就職者配当機能を問わなければならないのである。それは，誰よりもまず就職担当教師みずからが永住外国人に対する差別意識や偏見ないし先入観を捨てるべきであると考えられる。

このような差別的な状況下におかれている在日コリアンのほとんどは，小規模の自営業を継ぐか，または同じ民族系列の零細工場に勤めるか，そうでなければサービス産業に就くかに決まっているようである。

ひきつづき，金香都子氏の話を聞いてみるとその全貌がだいたいわかるよ

---

(39) 宮島喬「エスニシティと文化」宮島喬編『文化と社会学』有信堂，1995年，127頁。
(40) 金香都子「在日2世の『身世打鈴』」ほるもん文化編集委員会『ほるもん文化 2——はたらく在日朝鮮人』新幹社，1991年，116頁。

うな気がする。「よく考えてみると兄も姉も働いているが，2，3人ないし5，6人が働いている小さな工場に勤めていた。在日コリアンの出身で大企業に勤めている人は自分がわかる限り誰一人もいなかった。」[41]

　グローバル化の現象は，たしかに全世界の自由・平等・民主化を促している傾向をみせている。今後，日本社会のなかで長い間，日本人とともに生活を営んできた永住外国人のようなマイノリティ・グループが，本当に日本人と同じような自由・平等な生活を送るためには，「日本社会自体が違いを認めたうえで互いを尊重し，ともに生きていくことが望ましいとする感性が支配的な社会に変わらなければならない。」[42]

6　自生的・共生的な福祉活動

　永住コリアンの1世と2世たちの多くは，長い間日本で生活を送り齢をとるにつれて高齢者になっており，老後生活をより快適で気楽に送るために，自分たちに最も適切な環境づくりが整っている福祉施設への入所を希望していることがわかる。

　このニーズに応えて，永住コリアンの次世代とNPOのメンバーが協力して自生的で共生的な観点から各種の福祉施設を建設し，それを自治的に管理・運営するようになってきた。たとえば，川崎市川崎区桜本町に所在する「ふれあい館」，大阪府堺市桧尾に所在する「セットンの家」と「故郷の家」，また京都市南区に所在する「京都コリアン生活センター・エルファ」などがその代表的な例に当たる。

　川崎市の「ふれあい館」は，総合的なコミュニティ・センターとして知られている福祉施設として，国籍にかかわらず，永住コリアンを含めて日本人はもちろん，世界各国の人々（子どもから高齢者まで）が自由・平等に参加できる国際的な広場である。「ふれあい館」は，人々の交流と対話をとおして，

---

(41)　(40)に同じ，41頁。
(42)　(36)に同じ，334頁。

出会いと助け合いを重視しながら相互理解を高めて，皆がともに仲よく生きる道を摸索している総合的な福祉施設である。

　また，「ふれあい館」の活動としては，日本語，ハングル，漢字をはじめ各種の講座が設けられていると同時に，近所に居住している世界各国の子どもたちが自由・平等に参加して気楽に遊べるように遊び場を提供したり，子どもたちに楽しい遊び方を教えたりすることがあげられる。

　「セットンの家」と「故郷の家」は両方とも，永住コリアンの高齢者はもちろん，近所の日本人の高齢者もたくさん入所して，老後生活を送ることができるように用意されている老人ホームである。「セットンの家」が養護老人ホームであるのに比べて，「故郷の家」は特別養護老人ホームである点が異なるだけで，それ以外には共通点が多い施設である。

　この二つの施設の特徴は，永住コリアンの高齢者が安心して入所し，老後の生活をより安全で気楽に過ごせるように配慮している点である。たとえば，食事のメニューのなかに韓国食のビビンバを入れてくれたり，また食事のおかずにキムチとナムルを入れてくれたりして，永住コリアンの食生活文化に合わせようとしているところがこれらの施設の大きな特徴の一つである。

　また，「セットンの家」の特徴として見逃せないのは，そこは養護老人ホームであるゆえ，入所者はある程度自由に身動きができるので，暇があるときに，永住コリアンの高齢者同士が隣の知り合いの部屋に集まり，日本に来る前の若いときの話から始まって，渡日してからの苦労の話まで，時間が経つことも忘れて対話を続けるなかで，お互いにつらかった過去の記憶を癒したりしている点が大きな特徴であった。

　「セットンの家」のもう一つの特徴は，永住コリアンの入所者のほとんどが女性であり，またその女性のほとんどが渡日してから波瀾万丈の人生を送った人々であった点である。そのなかで，多くの女性たちは夫が早く亡くなってから，子どもたちの教育と生活のためにみずから土木工事の現場で働き，最後には病気になって入所している女性たちであった。それでも，そのような逆境をうまく乗り越えながら子どもたちを立派に教育し，今はその子

どもたちが協力して施設の費用を分担して払っていると誇らしく話してくれた。

「京都コリアン生活センター・エルファ」は，高齢者のデイサービス施設で，主に永住コリアンの1世が利用しているデイサービスセンターである。

この施設の特徴は，日本語がそれほど流暢ではない高齢者，また日本語の会話がある程度通じても，なまりが強くて，一般の日本人向きの福祉施設に入所したらいじめられるのではないか，それとも差別されたりはしないかという不安感で，この施設を利用するようになっている高齢者が多いという点である。

この施設のもう一つの特徴は，そこで働いている介護者やヘルパーのなかに，永住コリアンの3世または4世に当たる若い世代がたくさん参加している点である。

このような福祉施設は，「永住コリアンと日本人が同じ地域住民としてともに生きるという次元から地域社会のコミュニティセンターの役目を果たすと同時に，永住コリアンの高齢者を含む地域住民の福祉活動をとおして，多くの地域住民から歓迎されている(43)」ところである。

今後，このような自生的で共生的な福祉活動が全国的な規模に広がると予想されており，またそれを支援する多くの協力者の協力とNPOメンバーたちによる多くの活躍が期待されているところである。

---

(43) (38)に同じ，81頁。

第4章 国際福祉システムの形成とその視点

参考文献

ミュルダール, G. 著, 北川一雄監訳『福祉国家を越えて』ダイヤモンド社, 1970年。
American Bible Society, *THE HOLY BIBLE*, King James Version, 1611.
Marshall, T.H., *Citizenship and Social Class*, Cambridge University, 1949.
Myrdal, G., *Beyond the Welfare State*, Yale University, 1960.
Wilensky, H.L. and Lebeaux, C.N., *Industrial Society and Social Welfare*, Free Press, 1965.
Titmuss, R.M., *Commitment to Welfare*, George Allen & Unwin, 1968.
Rimlinger, G.V., *Welfare Policy and Industrialization in Europe, America, and Russia*, John Wiley & Sons Inc., 1971.
Pestoff, V.A., *Beyond the Market and State*, Ashgate, 1999.
Rawls, J., *A Theory of Justice*, Cambridge : The Belknap Press of Harvard University Press, 1971.（ロールズ, J. 著, 矢島鈞次訳『正義論』紀伊國屋書店, 1979年。）
Robson, W.A., *Welfare State and Welfare Society*, George Allen Unwin, 1976.
Pease, E.R., *The History of the Fabian Society*, George Allen Unwin, 1925.
Manuel, Frank E. and Manuel, Fritzie P., *Utopian Thought in the Western World*, The Belknap Press Harvard University Press, 1979.
Mcluhan, Marshall & Powers, Bruce R., *THE GLOBAL VILLAGE*, Oxford University, 1989.
Robertston, R., *Globalization*, SAGE, 1992.
Falk, R., *Explorations at the Edge of Time : the prospects for World Order*, Philadelphia : Temple University Press, 1992.
Snarr, M.T. and Snarr, D.N., *INTRODUCING GLOBAL ISSUES*, Lynne Rienner, 1998.
仲村優一『社会福祉概論〔改訂版〕』誠信書房, 1991年。
三浦文夫『増補改訂 社会福祉政策研究』全国社会福祉協議会, 1995年。
愼爕重『韓国社会福祉政策論』大学出版社, 2001年。
萩原康生『国際社会開発』明石書店, 2001年。
富永健一『社会変動の中の福祉国家』中央公論新社, 2001年。
庄司興吉『地球社会と市民連携』有斐閣, 1999年。
古川孝順『社会福祉のパラダイム転換──政策と理論──』有斐閣, 1997年。
ミル, J.S. 著, 塩尻公明・木村健康訳『自由論』岩波書店, 1971年。
シュマッハー, E.F. 著, 斉藤志郎訳『人間復興の経済』佑学社, 1979年。
ダントレーヴ, A.P. 著, 久保正幡訳『自然法』岩波書店, 1952年。
メスナー, J. 著, 水波朗・栗城壽夫ほか訳『自然法』創文社, 1995年。

アクィナス, T. 著, 稲垣良典訳『神学大全18』（第II－2），創文社，1985年。
ポラニー, K. 著, 吉沢英成・野口建彦ほか訳『大転換』東洋経済新報社，1975年。
オルブロウ, M. 著, 会田彰・佐藤康行訳『グローバル時代の歴史社会論』日本経済評論社，2000年。
ペストフ, V.A. 著, 藤田暁男ほか訳『福祉社会と市民民主主義』日本経済評論社，2000年。
トムリンソン, J. 著, 片岡信訳『グローバリゼーション』青土社，2000年。
ショー, M. 著, 高屋定國・松尾眞訳『グローバル社会と国際政治』ミネルヴァ書房，1997年。
望田幸男・碓井敏正編『グローバリゼーションと市民社会』文理閣，2000年。
キング, A.D. 編, 山中弘・安藤充・保呂篤彦訳『文化とグローバル化』玉川大学出版部，1999年。
セン, A. 著, 池本幸生・野上裕生・佐藤仁訳『不平等の再検討』岩波書店，1999年。
ポリット, J. 編, 芹沢高志監訳『地球を救え』岩波書店，1991年。
吉岡増雄『在日外国人と社会保障』社会評論社，1995年。
梶田孝道編『国際社会学』名古屋大学出版会，1992年。
田中宏『在日外国人〔新版〕』岩波書店，1995年。

第5章
国際社会福祉の領域における日本の役割

　今日，人，物，サービス，金，情報などの国境を越えた移動が地球的規模でますます拡大している。そのような時代に社会福祉分野においても，国際的視点からの考察および検討が必要であると叫ばれていながら，国際社会福祉論の枠組みの設定は，きわめて難しく，世界各国の社会的現実と生活問題の実態を把握し，国際的視点で総合的かつ理論的に分析する段階には未だ至っていないように思われる。そこで本章では，日本の役割に焦点を当てながら，国際社会福祉がめざす方向性を追求したい。

第1節　実　　績

　まず本節では，日本がこれまで取り組んできた国際社会福祉分野の実績を整理したいと考える。そのために次の二つの柱に焦点を当てて論を進めたい。①日本において「福祉の国際化」とは何か。②国際化の名のもとで行ってきた国際援助とは何か。特に政府が行う政府開発援助（Official Development Assistance, 以下，ODAと略す）と非政府組織（Non-Governmental Organization, 以下，NGOと略す）が行う援助について考察する。

1 日本における国際化の意味

　周知のとおり，今日の日本は資源も市場も他国に依存している。これまで日本は原材料を輸入し，工業製品を輸出しながら発展してきたが，1985年のプラザ合意以降，輸出競争力が落ち，それに加えてバブル崩壊後の価格破壊が起きてからは，特に可能性を秘めた新興経済諸国に対する投資を積極的に推進してきた。これは貿易相手国の開発，経済発展なくして日本の安全，繁栄が望めないという国益重視の発想に基づくものであり，それらを背景として「経済の国際化」という言葉が強調された。日本の「福祉の国際化」は，この「経済の国際化」を基軸として発展し，その潮流のなかで国際的な生活問題，社会問題への対応の必要性が提起され，誕生したものと一般に考えられている。

　国際化には二つの側面がある。一つは，国籍の異なる地域間（二国間，多国間）で関係づけを行うことであり，もう一つは，ある特定の国または国家に特定の意味を与えない，すなわち国境のないグローバルな視点から国際化をとらえる側面である。

　前者の地域間で関係づけを行う国際化には，さらに三つの局面が存在する。まず外から内への内向きの国際化，内から外への外向きの国際化，そして内から外へ，外から内への相互交流，相互関係的な国際化である。社会福祉学以外の他の社会科学分野では，それらの局面がバランスよく実施され，かなり高度の水準で国際交流，協力作業が推進されている。これに対して社会福祉分野では，これまで内向きの国際化は積極的であったが，社会福祉に関する情報を他国に提供する外向きの国際化や，南北問題などをめぐる相互関係的な国際化は十分とはいえず，近年その反省が求められている[1]。

　そもそも日本国憲法においても，その前文で国際化は高らかに掲げられている。またその内容は「福祉の国際化」につながる重要なものであることを

---

[1] 金子光一「国際社会福祉の展開」足立叡・佐藤俊一・宮本和彦編『新・社会福祉学』中央法規出版，1999年，218頁。

再認識する必要がある。前文には次のように記されている。「われらは，平和を維持し，専制と隷従，圧迫と偏狭を地上から永遠に除去しようと努めてゐる国際社会において，名誉ある地位を占めたいと思ふ。われらは，全世界の国民が，ひとしく恐怖と欠乏から免かれ，平和のうちに生存する権利を有することを確認する。われらは，いづれの国家も，自国のことのみに専念して他国を無視してはならないのであつて，政治道徳の法則は，普遍的なものであり，この法則に従ふことは，自国の主権を維持し，他国と対等関係に立たうとする各国の責務であると信ずる。日本国民は，国家の名誉にかけ，全力をあげてこの崇高な理想と目的を達成することを誓ふ。」[2]

ところが近年長期化する経済不況のなかで，国民的関心は主に国内の景気の回復に集中し，まず身の回りを建て直すことが先決であるとの気運が支配的である。日本がこのまま国際関与への意欲を失い，国内志向に陥ることはたいへん危険なことである。むしろ現在の日本に必要なことは，世界を知り，世界と交わり，世界との関与のなかで国際協調システムを強化し，より平和な国際社会を築くために努力することである。

それゆえに今後は，国境のないグローバルな視点からの国際化が重要な意味をもつと考えられる。地球上の自然科学，人文社会科学に属する諸現象を，一国だけの問題としてではなく，地球規模の協力，協調によって分析し，解決していく姿勢が求められる。その意味から考えると，1996年6月にフランスのリヨンで開催された主要国首脳会議（リヨン・サミット）における「世界福祉構想」の提唱は注目に値する。

「世界福祉構想」は，公衆衛生，医療保険・年金などを含む広義の社会保障政策について，先進国も開発途上国も含め，互いの知識と経験を共有することにより，それぞれの国が抱える問題を解決していくことをめざすものである。この構想は提唱以来，世界の多くの国々や国際機関の大きな支持を得ており，日本でもその実現のために関係省庁の協力体制のもと，①開発途上

---

[2] 日本国憲法・前文

国を念頭においた事業,②主として先進国を念頭においた事業,③世界全体での取り組み,の三本柱に沿って事業を推進している。さらに1997年6月にアメリカのデンバーで開催された主要国首脳会議(デンバー・サミット)においては,「世界福祉構想」の具体的な検討が行われ,その結果が共同宣言に盛り込まれた。

デンバー・サミットの共同宣言に盛り込まれた内容の概略は以下のとおりである。
① 高齢化
・就労をはじめとする高齢者の社会参加の促進など「活力ある高齢化(アクティブ・エイジング)」の促進。
・社会保障制度改革の必要性。
・高齢化に関する共同研究の推進,統計の整備による高齢化問題に関する取り組み能力の向上。
・こうした活動に関する経済開発協力機構(Organization for Economic Cooperation Development,以下,OECDと略す)などにおける取り組みに対するサミット参加国による支援。
② 感染症対策
・世界保健機関(World Health Organization, WHO)における活動の強化を中心とし,感染症の予防,調査および抑制を世界的規模で行い得る公衆衛生分野に係る人的,物的およびシステム的対応力の向上に対する支援。
・エイズに対するワクチンに関する科学協力と共同研究の強化。[3]

2　日本の国際援助

国際援助とは,一般に先進国から開発途上国への資本,技術,商品,サー

---

[3] 厚生省編『平成9年版 厚生白書』厚生問題研究会,248頁,1997年,厚生省監『平成10年版 厚生白書』ぎょうせい,320頁,1998年。

第5章　国際社会福祉の領域における日本の役割

ビスなどの供与形態を指すが，近年国際社会福祉の分野ではより拡大した解釈が一般的である。すなわち，国際間の格差をできる限り是正し，平等な社会をめざす国際間の協力活動を総称した言葉として国際援助を用いることが多くなってきている。ここでは代表的な日本の国際援助としてODAとNGO活動に焦点を当てて論じる。

(1) 日本のODA

　日本は第二次世界大戦直後，国際援助を受ける被援助国であった。1946～1951年のガリオア・エロア資金（アメリカによる占領地の経済復興資金）をはじめとして，国連児童緊急基金（United Nations International Children's Emergency Fund，以下，UNICEFと略す）からのミルク・衣料品，国際復興開発銀行（International Bank for Reconstruction and Development, IBRD，以下，「世界銀行」と略す）からの製鉄，自動車，造船，社会基盤整備のための資金融資などを受けていた。

　しかしその後，援助国としての国際援助が，大戦の賠償・準賠償ベースで始まり，1955年にはコロンボ・プランの一環として技術協力が加わり本格化した。1960年代中頃までは，厳しい外貨事情のもとで援助に努める状態が続いたが，1960年代後半から経常収支の黒字基調が定着するにつれ，日本は積極的に国際援助活動に取り組み始めた。そして1969年には，OECDの開発援助委員会（Development Assistance Committee，以下，DACと略す）内で五大援助国の一角を占め，石油危機を乗り切った1970年代末以降は，数次にわたる拡大計画を推進した。この結果，1989年に日本はアメリカを抜いて初めて世界最大のODA供与国となり，それ以来1990年を除いて援助額世界第1位の座を占め続け，その額は，1998年実績（支出純額ベース）で106億4000万ドル，ODA総額の20.5%に至った[4]（図5－1参照）。

　OECDでは，ODAを次の三つの条件を満たす国際的な資金などの流動と定

---

[4] 1999年度のODA実績は，為替レートの大幅な円高や，アジア通貨・経済危機への重点的な対応を反映して対前年比44.0%増の153億ドルで，9年連続の世界第1位となった。

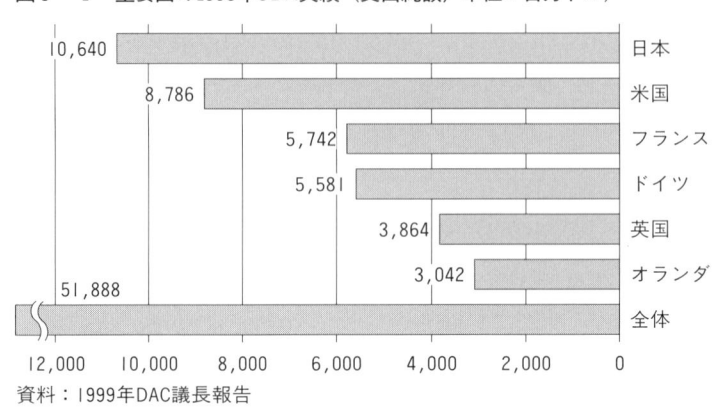

図5−1　主要国の1998年ODA実績（支出純額，単位：百万ドル）

日本	10,640
米国	8,786
フランス	5,742
ドイツ	5,581
英国	3,864
オランダ	3,042
全体	51,888

資料：1999年DAC議長報告

義している。三つの条件とは，まず，政府または政府の実施機関によって供与されること，開発途上国の経済発展および社会福祉の向上に寄与することを主たる目的とすること，資金協力が開発途上国にとって過度な負担とならないことである。

　ODAには，二国間で直接行われるものと，国際連合の各種機関や世界銀行などの国際開発金融機関などを通じた多国間のものがあり，またその内容によって贈与と借款に分けることができる。開発途上国のなかでも特に貧しい国に対しては，無償資金協力（返済義務のない贈与）が行われ，比較的豊かで返済能力のある国に対しては，有償資金協力（長期・低利の貸し付け，すなわち借款）が行われるが，特に前者には，一般無償，水産無償，食料増産援助などの無償資金協力と研修員受け入れ，専門家派遣，調査団派遣，機材供与，青年海外協力隊派遣などの技術協力が含まれる。

　日本はこれまで国際情勢に対応して，さまざまな目的意識のもとでODAを活用してきた。特に，援助開始当初からアジア地域向けの輸出振興をめざしていた日本は，1960年代に入ると，アメリカの要請もあり台湾，タイ，韓国などに対する経済支援を強化した。また1970年代には，第一次石油危機を機に対アラブ援助を推進した。さらに，1980年代にはソ連のアフガニスタン侵

攻当時のパキスタン支援，ベトナムのカンボジア侵攻当時のタイ支援などから明らかなように大規模地域紛争時にその周辺国支援を強化し，冷戦終結後は，旧社会主義国などの支援および地球的規模の課題（人口問題，環境問題）などの対応に取り組んでいる。

　ベルリンの壁の崩壊を境にポスト冷戦の時代に入った国際社会において，政治・経済の枠組みにさまざまな変化が生じた。その最大の変化は，主要なODA供与国の多くが，開発途上国援助の大幅削減に踏み切ったことである。これに対して，日本は対外政策の選択肢が非軍事面に制約されるなか，ODA中期目標を更新（1989年7月：資金環流計画，1993年6月：第5次ODA中期目標を発表）し，予算の計画的な増強に努めて国際社会の信頼を維持してきた。[5]しかしながら，今日の国内経済状況から，ここ数年中間目標の廃止や大幅な予算削減が叫ばれ，2001年度政府予算案における外務省ODA一般会計予算は，対前年度比0.7％減の5565億円であった。

(2)　日本のNGO活動

　NGOは，国連憲章第71条に明記された用語で，国連の経済社会理事会に対し，協議資格をもつ民間団体を指す。第71条の規定は次のとおりである。「経済社会理事会は，その権限内の事項に関係のある民間団体と協議するために，適当な取り決めを行うことができる。この取り決めは，国際団体との間に，また，適当な場合には関係のある国際連合加盟国と協議した後に，国内団体との間に行うことができる。」

　近年は，上記の国連経済社会理事会との協議資格の有無にかかわらず，開発問題や人権問題について国際的な活動をする団体，営利を目的としない非政府の国際協力を行う市民組織などを総称してNGOと呼ぶことが多い。

　NGOの基本的特徴は，政府から独立した民間団体であること（非政府性），その構成や活動の目的が国際的であること（国際性），多国籍企業と異なり営

---

(5)　高坂晶子「わが国ODAの再構築――遅れてきたODAの転機にどう対応するか――」『Japan Research Review』1997年7月号，9頁。

利を目的あるいは配分しないこと（非営利性）などである。またNGOは，政府が実施するODAとは異なる形態で国際援助活動を展開することが可能である。たとえば，①一般市民が直接参加して，小規模開発プロジェクトに対してもきめ細かい支援ができる，②ODAが困難な国に対しても，人道的立場からの協力を素早く行うことができる，③草の根レベルの声を反映して，地域住民のニーズにかなった協力ができる，④援助活動を通じて，市民相互の友好交流が広まり，またお互いの理解，認識が深まるなどの特長をもっている。

一般にNGOの起源は，植民地獲得時代のキリスト教会による慈善活動だといわれる。1855年の世界YMCA同盟や1863年の五人委員会（後の赤十字国際委員会）の結成を経て，第一次世界大戦から第二次世界大戦を契機に，被災者・難民・孤児・行方不明者の救援活動や都市の復興活動に取り組む市民団体が数多く誕生した。戦後，特に1960年代にアジア，アフリカで多くの独立国が誕生すると，こうしたNGOが活動の対象をヨーロッパから開発途上国に移すことになった。

日本では，戦前から一部の社会事業家によって民間の非営利活動が展開されていたが，国際的な援助活動は限定されていた。戦後は多くの住民団体や市民団体が結成され，環境や人権分野でのNGOの基礎となった。1960年代に入るとアジア地域の開発問題に取り組む団体が設立されるようになり，1979年のインドシナ難民流出を機に，難民救済を目的とするNGOの設立が相次ぎ，環境・人権問題が注目を集めた1990年代からの設立ペースはさらに加速化している。

日本のNGOの認定条件としては，次にあげる項目が一般に承認されている。①市民主導で設立され，市民活動としての理念や立場を基礎に活動している組織，②運営委員や理事会などの民主的な意思決定機構があり，代表者や事務局責任者などの責任の所在が明確な組織，③組織の意思決定や事業運営が，主として一般市民の主体的な参加と自発的な支援によって行われている組織，④原則として主たる財源が，一般市民の民間非営利団体からの会費，

寄付金，助成金などによって賄われている組織，⑤組織運営や事業内容が公開されていて，外部からの請求に対して，資料や情報を提供できる組織などである。またその事業形態はさまざまで，資金助成，物資供給，人材派遣，情報提供，開発教育，緊急援助，人材受け入れなどがあるが，現在の主要な活動分野は，教育，医療，環境保全，女性・子どもへの支援などである。

　前述のとおり，日本のNGO活動は年々増加する傾向にあり，1950年には13団体しかなかった団体数が，1980年代末には103団体に増加し，NGO活動推進センターの調べでは，2000年で387団体までその数を増やした。これらのNGO団体の総収入額は，約236億3000万円で，単純に平均すると一団体約9929万円である。ただし，少数の大規模NGOが存在するため，約42％の団体が2000万円以下の規模で活動している。法人格をもつNGOは22％で，他の78％は任意団体である。また，有給スタッフとして活動している団体は，わずかに173団体で，全体の約28％の団体は無給スタッフのみで活動している。

---

(6) 387団体の内訳は，1998年度の国際協力事業費支出実績が，開発協力型の場合300万円以上，教育・啓発型および提言型の場合100万円以上，ネットワーク型の場合50万円以上の組織で，自己資金が年間総収入額の25％以上または100万円以上ある組織が，238団体。1998年度の国際協力事業費支出実績が，開発協力型の場合300万円未満100万円以上，教育・提言型の場合100万円未満，ネットワーク型の場合50万円未満の組織で，自己資金が年間総収入額の25％以下または100万円以下の組織が，61団体。1998年度の国際協力事業費支出実績が，開発協力型の場合100万円未満の組織が88団体である。（NGO活動推進センター編『国際協力NGOダイレクトリー2000：国際協力に携わる日本の市民組織要覧』NGO活動推進センター（JANIC），2000年。）
(7) ここでは，1998年度の国際協力事業費支出実績が，開発協力型の場合300万円以上，教育・啓発型および提言型の場合100万円以上，ネットワーク型の場合50万円以上の組織で，自己資金が年間総収入額の25％以上または100万円以上ある238団体を指す。
(8) NGO活動推進センター編『国際協力NGOダイレクトリー2000：国際協力に携わる日本の市民組織要覧』NGO活動推進センター（JANIC），2000年，xii-xiii頁。

第2節　現　　状

本節では，社会福祉学の視点から日本のODAおよびNGO活動の現状と課題に関する分析を試みたい。

1　日本のODAの現状と課題

現在の日本のODAにはいくつかの課題があり，今日その大幅な転換が求められている。第一に，主要援助国が贈与（無償資金協力，技術協力）中心の援助を行っているのに対し，日本は有償資金協力をODAの中心に据えている。前述のとおり，日本のODAは借款と贈与に大別され，前者は有償資金協力，後者は無償資金協力と技術協力の合計3スキームで実施され，各スキームは資金規模や得意分野などに応じて案件を分担している。たとえば，巨額の資金を要する代わり，稼働後の収入が見込めるインフラ建設には有償資金協力を，保健・衛生や所得格差解消など社会セクターの案件には無償資金協力を，技術や知見の移転には技術協力を活用している。[9]

有償資金比率の高さは，ODAの配分先にも影響を与え，国際社会福祉において深刻な課題となっている。一般に借款の場合，返済の可能性を確保する趣旨から案件の採算性を重視するため，稼働後に手数料収入などの見込める経済インフラへ傾斜しがちである。実際，贈与を中心とする欧米の主要援助国の場合，社会福祉，教育，医療，保健などの社会セクターの比率が高いのに対し，日本のODAのセクター別シェアをみると，港湾，発電所など経済インフラ分野の比率が高く，借款中心の援助であることを裏づけている。

「援助の本質は贈与」と考える他の主要援助国は，日本のODA資金全体に占める有償資金協力の比率（以下，「有償資金比率」と略す）が高いことを「日

---

[9]　高坂晶子「わが国ODAの再構築——遅れてきたODAの転機にどう対応するか——」『Japan Research Review』1997年7月号，3～4頁。

本の援助は商業目的である」と批判し、これに対して日本の援助当局は、「返済が義務づけられる有償資金の場合、途上国側に自助努力を促す効果がある」旨の反論を行いながら、円借款供与条件の緩和と調達先の開放を段階的に進めている。

その結果、近年日本の有償資金比率は漸減傾向にあり、二国間ODAの有償資金比率は、1988年実績では54.7％に上ったが、2000年度予算では29.2％に低下している（図5－2参照）。

この有償比率の低下傾向は、資金の利便性を高めるためにとられた一連の措置であるが、同時に日本のODA配分において社会福祉を中心とする社会セクターの比率を高める効果をもち、同時に国際社会の批判をある程度和らげる効力をもつものである。

日本のODAをめぐる課題の二つ目に「要請主義」の問題があげられる。日本はODA供与に当たって開発途上国の意向や希望を最大限尊重する姿勢をとり続けてきた。すなわち、日本のODAは、基本的に開発途上国からの要請に基づいた援助活動を展開してきた。ただ「要請がなければ援助は基本的に行わず、要請があった場合はそれを十分に検討せずに援助する」という批判は内外から寄せられていた。日本のODAは、すべての被援助国が要請を示す

図5－2　ODA予算の内訳（2000年度予算）

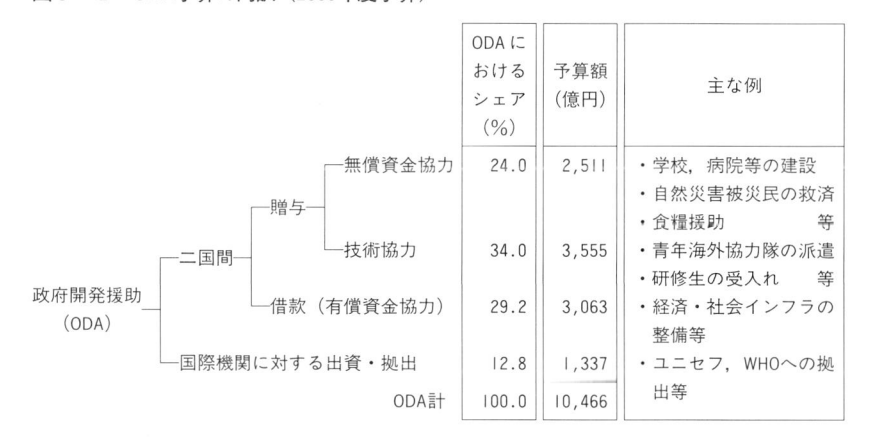

政府開発援助(ODA)			ODAにおけるシェア(％)	予算額(億円)	主な例
二国間	贈与	無償資金協力	24.0	2,511	・学校、病院等の建設 ・自然災害被災民の救済 ・食糧援助　　等
		技術協力	34.0	3,555	・青年海外協力隊の派遣 ・研修生の受入れ　等
	借款（有償資金協力）		29.2	3,063	・経済・社会インフラの整備等
国際機関に対する出資・拠出			12.8	1,337	・ユニセフ、WHOへの拠出等
ODA計			100.0	10,466	

能力をもち，被援助国側に要請の提示に伴う抵抗感はないという前提に基づいている。社会福祉の領域でも援助を受けるための申請時に生じるスティグマ（Stigma）の問題は大きなテーマであるが，国際関係においてその種の議論がほとんど行われていないことは疑問である。また，被援助国が上流階級や一部特権階級の意のままに動かされている社会構造である場合，当然そこで出される要請も一部の階級の利権と結びついたものとなる危険性がある。そのため日本を含む援助国は，要請を掘り起こす調査を積極的に行って，そのニーズをアセスメントし，被援助国の国民ができる限り満足できる援助を心がけることが重要である。

1990年代以降日本の援助当局は，「要請主義」の表明を控えているが，実際の援助手続きをみると，「援助案件の発掘・形成に当たっては，引き続き相手国の要請を十分踏まえる」ことが表明されるなど，基本方針に大きな変化はないように思われる。

さらに今後援助内容そのものも見直していかなければならない。環境（自然環境・社会環境），貧困，エイズなどの地球規模で発生している諸問題の解決，旧社会主義国の民主化，市場経済化などの世界の新たな動きに対応した協力が強く求められている。

1987年以降のデータしかないが，『外交に関する世論調査』は「国際社会における日本の役割」に関する質問も行っている。設問内容が複雑な変遷を遂げているため，厳密な比較は困難であるが，日本の役割に関する世論の多様化傾向がうかがえる。

調査の開始当初，日本が果たすべき役割として最も多くの支持を得たのは「世界経済の発展への貢献」であり，次に「開発途上国の発展のための協力」，「科学技術，文化交流面での協力」が続いていた。2年後の1989年に「地球的規模の問題の解決への貢献」が加わる一方，安全保障に関する設問の内容

---

(10) スティグマの本質的問題の提起に関しては，金子光一「イギリス——スティグマ克服への途」一番ヶ瀬康子編『21世紀社会福祉学』有斐閣，1995年，302〜314頁を参照してほしい。

が大幅に変更されると、一挙に順位が逆転し、まず「地球的規模の問題の解決への貢献」があがり、次に「国際平和維持への努力」が入り、その後に「世界経済の発展への貢献」「開発途上国の発展のための協力」と続いている。

この世論調査から、冷戦の終結や湾岸戦争などにより、国民は日本に期待する役割に関して多様化しており、地球規模の問題、国際平和維持、普遍的価値の維持などへの支持が増えていることを知ることができる。[11]

最後に従来の量的拡大路線に伴う課題をあげなければならない。前述のとおり、1970年代末より日本は中期目標を策定し、概ね前倒しでそれを達成することにより、国際社会の信頼感を高めてきたが、実際、2001年度政府予算案における外務省ODA一般会計予算は、厳しい経済・財政状況と「与党ODAに関するプロジェクトチームの見解」を踏まえ、概算要求のレベルから、さらに無償資金協力や国際協力事業団（Japan International Cooperation Agency, 以下、JICAと略す）の諸般の事情を中心に厳しい見直しを行った結果、対前年度比0.7％減の5565億円を計上している。[12]

社会福祉の領域を含む他の分野では、すでに1980年代初めから行政改革が課題にとりあげられ、官と民の役割分担、地方分権が叫ばれ始めたが、外交は数少ない政府の専管分野と位置づけられていたため、旧態依然の官主導の執行体制が維持され続けていた。しかしながら国際的な援助動向に対応しようとするならば、日本のODAも民間や地方自治体との役割分担が不可欠な状況になっていることは否定できない。これについては、次節の「日本のNGO活動の現状と課題」でより詳細に分析したい。

ODAの量的拡大路線を軌道修正することにより、援助内容が不十分となり、これまで培った国際社会との信頼関係を失うことは避けなければならない。今後は限られた予算のなかでより効果的かつ効率的に運営することに努めることが大切である。そのような意味で、近年のODAに関する政府の姿勢は評価できる。

---

[11] 総理府『外交に関する世論調査報告書』1987年版以降の各年版。
[12] 『国際協力プラザ』国際協力推進協会、2001年2月、20頁。

たとえば，2001年1月より行われた中央省庁の再編によって，外務省がこれまで事実上担っていたODAの調整機能を，関係法律（中央省庁等改革基本法，外務省設置法）で明確に規定し，ODA分野における各省間の連携・協力が強化された。具体的には，中央省庁等改革基本法の第19条第4号ロにおいて，外務省は「対象国に関する総合的な援助方針の策定その他の政府開発援助に関する全体的な企画」について「政府全体を通ずる一元的な調整の中核としての機能を担う」と規定されている。(13)

　また，ODAの政府全体を通じた調整については，すでに技術協力に関しては関係省庁連絡会議が年3回程度開催されており，情報交換の促進などを通じ技術協力の効率的実施に努めている。さらに，1999年11月の閣僚口頭了解で，政府開発援助や円借款についての基本的方針や政府開発援助に関する政策，国別援助方針・国別援助計画および個別の円借款の供与について，関係省庁の意向が反映されるよう外務省と関係省庁間の協議の場を設けることが確認されている。そして2000年3月には，関係省庁の知見，ノウハウを活用し，ODAの効果的・効率的実施を図るために，「政府開発援助関係省庁連絡協議会」が開催された。(14)

2　日本のNGO活動の現状と課題

　前述のとおり，日本のNGO活動は年々活発化する傾向にあり，団体数も急増している。日本のNGO活動で最大の課題は，活動運営費に関する問題であり，これがNGOの発展を阻んでいるとさえいわれる。日本のNGO団体の60％以上が，活動経費の50％以上を自己資金調達によって賄っている。そのためスタッフが無給で働いている団体が全体の30％以上あり，有能なスタッフが活動を継続できない状況にある。(15)この状況と前節で述べた国際援助活動にお

---

(13)　『国際協力プラザ』国際協力推進協会，2001年1月，20〜21頁。
(14)　「Ⅱ．ODA中期政策の実施状況」『我が国の政府開発援助の実施状況（1999年度）に関する年次報告』2000年10月。

ける供給主体の多元化傾向が重なり，近年，政府のNGOに対する資金補助が積極的に展開され始めている。

近年の一連の動きを整理すると，まず，日本のNGOによる海外での開発協力事業を支援するために，国際開発協力関係民間公益団体補助金（以下，「NGO事業補助金」と略す）制度が1989年度に導入された。この制度は，日本のNGOが開発途上国で行う開発協力事業費の2分の1を上限として政府が補助するものであるが，初年度の1989年度には約1億1200万円が計上され，その額は年々増加し，1997年度は総額12億円が計上された（図5－3参照）。

また，多様化する開発途上国のニーズに適合した機動性の高い援助形態と

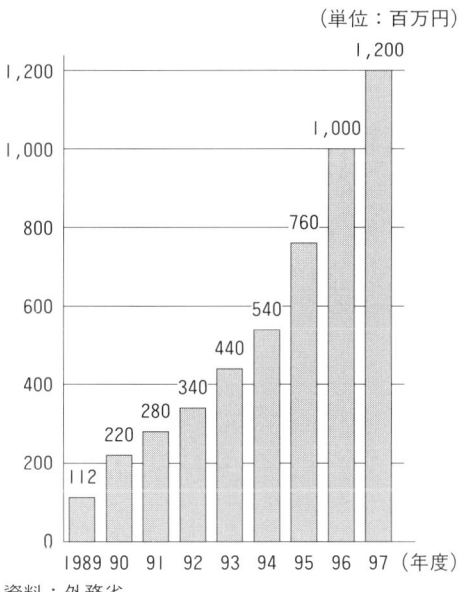

図5－3　NGO事業補助金予算額の推移

（単位：百万円）

年度	金額
1989	112
90	220
91	280
92	340
93	440
94	540
95	760
96	1,000
97	1,200

資料：外務省

(15)　原島博「市民活動の法制化に関する一考察——国際協力型NGOの現状から見て——」『デオロギア・ディアコニア（ルーテル学院大学・日本ルーテル神学校紀要）』第30号，ルーテル学院大学，160～161頁，1997年。

して，草の根無償資金協力が1989年度から開始された。

　草の根無償資金協力は，開発途上国の地方公共団体や研究・医療機関，さらに現地で活動する内外のNGOなどが実施する比較的小規模なプロジェクトに対し，日本の在外公館が直接資金協力するもので，規模に制限はあるものの草の根レベルに直接的効果が期待でき，きめ細かい援助形態として評価されている（図5－4参照）。

　2001年度政府予算案における外務省ODA一般会計予算においても，国民参加型ODAの推進が予算案のポイントとなっており，国民参加型ODAの推進として，民間活力の活用，NGOや地方自治体との連携強化が強調されている。[16]

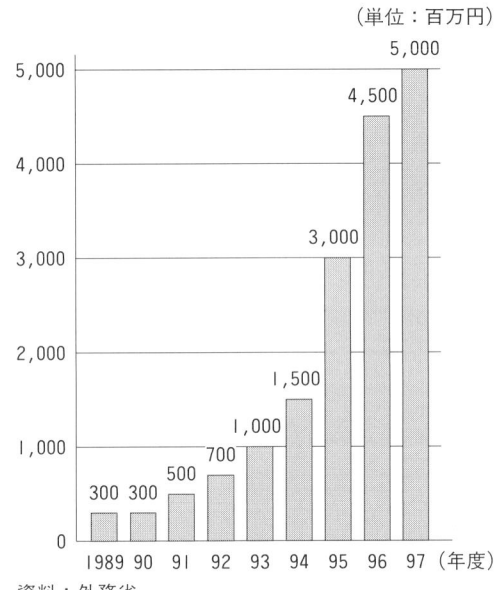

図5－4　草の根無償資金協力予算額の推移

（単位：百万円）

年度	予算額（百万円）
1989	300
90	300
91	500
92	700
93	1,000
94	1,500
95	3,000
96	4,500
97	5,000

資料：外務省

---

[16]　2001年度政府予算案のポイントは，①地球的規模の問題への対応（IT，感染症，環境など），②国民参加型ODAの推進，③実施体制の強化，④留学生・日本語教育の拡充，の四つであるが，全体としてODAの「戦略性」と「改革」をいっそう推進するものとなっている。

具体的に「ODAへの国民参加型事業として，国内からも途上国からも評価の高いシニア海外ボランティアは，新規派遣数を400人から500人へと拡大。特に，IT分野における人造り支援強化を図る。また，NGOとの連携強化では，①緊急人道支援を行うNGOの初動支援のための基金（ジャパン・プラットフォーム構想）に対する拠出（5億円），②海外NGOでの長期研修やJICA国際センターでの短期研修の実施，NGO相談員制度強化など，NGOの組織体制の強化支援に3.8億円を計上した。」

NGOをはじめとする民間非営利活動の最大のメリットは，柔軟性，独自性，創造性を有することである。すなわちそれらのメリットを損なうことなく，円滑な連携・協力関係を構築することが最も重要なことである。

確かに，コソボ難民支援，台湾やトルコの大地震の被災者支援では，悲惨な状況にある人々に対し迅速かつきめ細かな緊急人道支援を行うことができるNGOの活躍が評価された。しかしながら，それらの功績からNGOなどの民間の知見，ノウハウ，人材を活用するという発想に飛躍するのはいささか問題である。NGO活動を展開する援助主体は，それぞれの目的意識のもとで望ましい国際協力を追求しており，その限りにおいて，政府と対等の存在である。そのことがしばしば外交分野においては十分認識されず，関連中央省庁，および実施機関は，民間組織などの主体をあくまで副次的，補助的な立場に位置づける傾向がある。

ここで改めて，援助当局も社会福祉の援助活動の本質を学ぶ必要があるように思う。今日，社会福祉サービスを利用するのは一般の市民あるいは生活者に拡大され，社会的に弱い立場の一部の困っている人ではない。世界に共通する環境問題や保健および衛生に関する問題，そして人権や人間の生存にかかわる事項については，同時代を生きる地球人としてのグローバルな発想をもつことが大切である。また国際援助の場合，しばしば「国益」が強調されるが，社会福祉の領域においては，援助者の利益が第一義的に追求されな

⑰　『国際協力プラザ』国際協力推進協会，2001年2月，21頁。

159

い。

　現在，社会福祉サービスの供給主体も多元化しているが，そこで常に議論の的となるのは政府部門と非政府部門の役割の相違であり，両者の功罪を踏まえた実施体制の充実が求められている。[19]

　本来であればNGOは，政府からの補助金よりも個人を含む民間団体からの寄付金・助成金などによって運営されるべきなのかもしれないが，日本においてNGOがフォーマルな団体組織として一般市民に十分理解されていないという社会的認知不足の問題があり，十分な自己資金が確保できないのが現状である。

　このような資金問題を抱えながら，草の根的なNGOは，従来の直接的に援助するという形態から，開発途上国の自立を支援する形態へ着実に変化し，環境，人権侵害，暴力・平和などの諸問題を，開発途上国だけの問題として考えるのではなく，国境を越えた地球規模の課題としてとらえながら活動を展開している。

　それゆえ，政府の援助当局は，ODAとNGOの行う海外展開の現状の間に存在する格差を埋めるため特段の配慮が必要であり，「顔の見える援助」を展開

---

[18]　1990年代後半からのODA白書は国益重視の観点をかなり明瞭に打ち出している。具体的には，①開発途上国で発生する諸問題（疾病や環境など）が先進国にとっても脅威であり，その克服に貢献すべきこと，②開発途上国の経済発展により日本はじめ先進国が受益すること，③「資源小国・日本」にとって開発途上国との友好関係維持は死活問題であること，があげられている（外務省経済協力局「我が国の政府開発援助」『ODA白書』1996年版上巻，国際協力推進協会，2～3頁）。

[19]　公的福祉サービスは，適用範囲の普遍性，処遇の公平性に加え，サービスの水準が一定程度維持でき，責任の所在が明確である点が大きな特徴である。しかしその反面で，財政負担が大きく，官僚的・画一的サービスとなりやすく，創造性・弾力性に欠けるなどのデメリットもしばしば指摘される。これに対して，民間福祉サービスには，行政からの支援を受けながら，地域住民の参加によって展開されている社会福祉サービスで，市民が中心となって組織を運営するサービス，協同組合が「協同の理念」（cooperative ideas）に基づき経営する相互扶助的事業などが含まれる。これら創造性，柔軟性に富んだ民間福祉サービスの発展は，今日社会福祉の供給主体のあり方を考察するうえで有益な示唆を与えているが，同時に，サービスの有償性，組織の安定性，継続性の面においていくつかの課題を抱えている。

するNGO活動からその取り組みとノウハウを学ぶ謙虚な姿勢が必要である。また政策立案レベルにおいてNGOが政策提言機能（advocacy，アドボカシー）を有することは，その前提条件であると考える。それらのプロセスを経てはじめて政府はNGO活動との連携・協力関係が築けるのであって，それこそが，相互補完的な援助協調に基づく真の「国民参加型援助」といえる。

　社会福祉の知見は，援助内容の細部にも求められる。援助当局による国際援助は，これまで，開発途上国のニーズに応えようとひたむきに努力してきたというよりも，先進国側の都合による自己完結的援助の産物である場合が少なくなく，そこには「与える側」と「受ける側」という明確な上下関係が存在し，しばしば「与える側」の自己満足に陥りがちであったことは否定できない。

　たとえば，貧困者の比率を減少させるという立派な目標を提案しても，その手段として，食糧，医療など人道援助と社会ソフト援助のみでの達成はきわめて困難である。自由主義の原理を一面的に強調する国際経済システムが，必然的に競争の敗北者としての貧困層を大量に生み出すなかで，人道援助やソフト援助のみによって，貧困者比率を減らせるはずがない。もし本当に貧困を減らそうと考えるなら，国際経済システムの改革が基本要件であるし，援助というレベルで貧困の減少を考えるなら，人道援助と無償援助によってナショナル・ミニマムを保障し，ある程度自助能力がついてくれば円借款も加味して経済発展のインフラを整備し，それによって外資導入を誘導しつつ，開発途上国の国民経済の向上を図る以外に実効的な手段はあり得ないように思う。

　国際社会では冷戦の崩壊後，援助への推進力が減じ，世界的に援助資金が伸び悩んでいるなかで，貧困削減に向け，いかに援助を効果的なものとするかについて具体的な方法論をめぐって議論が活発に行われている。こうした潮流において，「包括的な開発フレームワーク」（Comprehensive Development Framework，以下，CDFと略す）や「貧困削減戦略ペーパー」（Poverty Reduction Strategy Paper，以下，PRSPと略す）の策定，「セクター・プロ

グラム・アプローチ」などの新たな援助手法の試みは注目すべきである。[20]

第3節　展　　望
——日本の国際社会福祉が歩むべき道——

　世界の総人口は，1999年秋に60億人を超えたが，その4分の3は開発途上の地域あるいは国に住んでいる。そして，そのなかの10億を超える人々が，極度の貧困状態におかれ，今日食べるものにも事欠く絶対的貧困状態にある。また，世界には18歳未満の子どもが20億人以上いるが，その87％が開発途上の地域あるいは国で生活している。そして約1億人の子どもが，いわゆるストリート・チルドレンと呼ばれる子どもたちで，路上で物を売ったり，ゴミ拾いをして生活し，売春や窃盗といった犯罪に巻き込まれる危険性も高い状況にある。

---

[20]　近年の貧困削減に向けた方法論について簡潔に説明すると，まず，CDFとは，1999年1月に世界銀行の総裁ジェームズ・ウォルフェンソン（James D. Wolfenson）が発表した方法論である。総裁は，開発途上国の開発効果を高めるために，他の関連機関との緊密な協力体制を構築する必要性を1997年頃より訴えており，開発途上国が自らオーナーシップを発揮しつつ，多くの関係者と協議して包括的なアプローチで開発を進めるべきであるという考えを示した。すなわちCDFとは，開発途上国に対する開発のアプローチ方法であり，①開発途上国のオーナーシップ，②パートナーシップ，③参加型意思決定プロセス，④結果指向，⑤長期的視点を基本原則としている。これは，従来までのマクロ経済学や金融論で解決しようとする試みから，社会面・構造面も考慮に入れた検討の重要性を強調した点で意義深い。
　また，PRSPは，1999年の世界銀行および国際通貨基金（International Monetary Fund；IMF）の合同開発委員会・総会で合意された手続きで，重債務を抱える貧困国が救済措置の適用を求める場合，その前提として作成が求められるペーパーである。これは，債務救済措置によって生じた資金が，適切に開発と貧困削減のために充当されることを確保するための戦略である。すなわち，前述のCDFのアプローチを基礎として策定されるものが，PRSPである。
　さらに，「セクター・プログラム・アプローチ」とは，開発途上国自身のオーナーシップと関係者間のパートナーシップのもとで，セクター・レベルでの開発プログラムを策定・実施，モニタリングするもので，従来の個別プロジェクトレベルへの対応とは異なる方法である（『国際協力プラザ』国際協力推進協会，2000年11月，20〜21頁）。

第5章　国際社会福祉の領域における日本の役割

　世界の将来推計によれば、現在の60億の人口は、21世紀の半ばには90億人を超え、100億人に近くなるとみられている。しかも、その増加する人口の90％は、開発途上の貧しい地域の人々である[21]。

　アジアにおける貧困問題も深刻である。これは当然、背後にアジアの経済危機があり、今日、失業率が非常に高まっている現実があるが、世界の貧困者の過半数が南アジアに住んでいるという事実を無視することはできない。そして同時に、アジアの人口問題も視野に入れて検討しなければならない。現在、中国は約12億人、インドは約10億人であるが、この2国だけで合計22億人ということは、世界の総人口（60億人）の3割以上を二つの国で占めている計算になる。増え続ける人口に対して、どうしたら一人ひとりの市民が人間らしい生活を送ることができるか、その対策に真剣に取り組む必要性が差し迫っている。

　日本国内に目を向けると、「内なる国際化問題」が浮上してきている。その一例を示せば、外国人労働者の問題があげられる。1997年における外国人入国者数は467万人、過去5年間の増加率は24.5％である。また、外国人登録者数は年々増加の傾向にあり、1997年末には全国で約148万3000人おり、人口の1.18％を占め、過去5年間で157％の増加となっている。外国人登録者数の地域別割合をみると、アジア地域が全体の7割を占め、次いで南米地域が続き、これら二つの地域を合わせると登録者全体の92.5％を占めている。「国際難民条約」の批准により社会保障制度適用にあたって国籍を問わない「内外人平等待遇の原則」の実現化にみられる国籍条項問題をはじめ、外国人滞留者が抱えるさまざまな生活問題が新たに浮上してきている[22]。

　これらの問題に対して日本はどのように対処し、役割を果たすべきなのであろうか。本節では、今後の展望を視野に入れた日本の可能性にふれたいと

---

[21]　仲村優一「国際的に社会福祉を問う意味」仲村優一・一番ヶ瀬康子編集委員会代表『世界の社会福祉　12　国際社会福祉』旬報社、2000年、18〜19頁。
[22]　岡田徹「国際社会福祉の歴史的動向」仲村優一・一番ヶ瀬康子編集委員会代表『世界の社会福祉　12　国際社会福祉』旬報社、2000年、67頁。

思う。

　『外交青書　21世紀に向けて――より良き未来のための外交』でも述べられているが，近年，世界各地で起こっている数多くの内乱，紛争などの巻き添えとなった被害者への国際的関心や，社会的に弱い立場の人々が抱える生活問題に関する国際的認識は，着実に高まっている。このことは，国際社会において人間の尊厳の重要性，民主主義，基本的人権に対する認識がよりいっそう高まってきたことの証であるといえる。[23]

　冷戦終結後，尊く侵しがたい人間の存在を認める人間の尊厳，生まれながらに当然に有するいわば天賦の権利である基本的人権（特に，生存および生活の権利）の尊重という国際社会福祉がこれまで理念として掲げてきたテーマが，国際社会において広く共有されつつあり，その結果人間個人に着目した対応の重要性が広く論議され始めている。[24]

　このように，人間が個人として尊重され，個人の可能性が発揮でき，社会の構成員として責任を果たし得る社会を構築するためには，市民の自発的な活動およびNGOなどに代表される「市民社会」（Civil Society；シビル・ソサエティ）の果たす役割がますます重要である。[25]

　グローバリゼーションの進展のなかで，今日，「市民社会」と呼ばれる非営利，非政府セクターが国内社会や国際社会のガバナンス（Governance）に果たし得る役割に国際的な関心が集まっている。その背景としては，国内社会と国際社会における公共の利益の増進に，「市民社会」がこれまで以上に大き

---

[23]　外務省『外交青書　21世紀に向けて――より良き未来のための外交』平成12年版（第43号），2000年8月，4〜5頁。
[24]　国際社会福祉の理念は，世界のすべての人々に対して平等に生存の権利と生活の権利を確保することであり，この理念は1948年に国際連合総会で採択された「世界人権宣言」に準拠している。そして国際社会福祉の目標は，第一に人間の尊厳，第二に個人と家族の適正な生活水準の維持，第三に，貧困と疾病の除去などであり，国際社会福祉の活動は，これらの目標を達成するための手段とされている。
[25]　日本の国際関係の文献では，市民社会と欧米のCivil Societyは，同義語ではないという判断から，「シビル・ソサエティ」とカタカナ表記する場合も多いが，社会福祉学の視点から考察している本稿では，混乱を避けるためあえて「市民社会」とする。

な役割を果たしてきた経緯がある。日本でも，1998年，国会で「特定非営利活動促進法」（NPO法）案が採択され，同年12月から施行されているように，非営利セクターについての関心が近年急激に高まっている。

18世紀後半にヨーロッパで「市民社会」という概念が使われたときは，「絶対主義国家の古い封建的な社会関係に対立する近代資本主義的な社会関係」という意味で用いられていた。しかしながら今日その用語法は，「社会のありようを指す場合」「期待する社会を実現する担い手（組織）を指す場合」「国家・企業と異なる主体をすべて指す場合」「市民参加を可能とする民主的な社会的条件をもつ社会を指す場合」など，使う人の見解および認識によってさまざまである。いずれにしても，約300年前に生まれた概念が，21世紀の国際社会において注目されていることは驚くべきことである。「市民社会」の概念が復活した背景には，二つの大きな思潮がある。

一つは，冷戦終結による旧ソ連ブロック諸国の民主化と市場経済への移行である。ベルリンの壁崩壊後，旧東側諸国は民主主義や市場経済などを制度的に導入したが，それだけでは収斂しないことが明らかになった。新体制を機能させるためには実効的な制度と主体が必要となり，「市民社会」という概念が国際援助施策のなかで生まれた。

もう一つの背景としては，開発途上国に援助をしても必ずしもそれらの国の発展につながらないことが明確になり，その責任を国家および公的機関の官僚制や非効率性などに求めた。

「市民社会」は，官に対する民に力点が置かれる点で強調されがちであるが，単純な官尊民卑の権威主義ではなく，民間団体と「市民社会」が充実することによって「市民力」（Civilian Power；シビリアン・パワー）が生じ，それによって初めて形成され得るものである。「市民社会」のアプローチや概

---

[26] NGOと非営利団体（Non-Profit Organizations；NPO）は，どちらも「非政府で非営利の組織」を意味し，同じ内容であるが，前者は国連が使い始めた用語であったこともあり，国際的な文脈で活動する「非政府・非営利」の団体をイメージしがちであり，後者は国内のまちづくり，住民参加の福祉活動などを行う住民団体が用いる場合が多く，今日両用語の解釈に多少の混乱が生じている。

念に対する期待は立場によって異なるが，その問題意識は共通している。すなわち，急速に進められた近代化のなかで導入された民主主義，市場経済などの制度が必ずしもうまく機能していないということ，そして，その問題の解決のためには，個人，集団そして国家を含む社会の新しい関係と役割が必要とされていることである。

さらに，「市民社会」（シビル・ソサエティ）の「シビル」に態度やマナーが文明的という意味があるが，文化の多様性を残しながら国際化を推進し，世界的な価値・基準・ルールの統一見解が模索される過程で，人権尊重，自由，民主主義を共有できる場が増すことが期待されている。

前述のとおり，「市民社会」という概念は，ヨーロッパで「近代国家」が形成される歴史のなかで生み出されてきたものである。換言すれば，国家に対する国民の主権，平等権，自由権，社会権が獲得された過程のなかで意味をもつものである。しかし，日本を含むアジアの国家は，時代の趨勢によりこれらの過程を省き，急速に「民主主義」「市場経済」を導入したため，個人や団体の活動を制限するような形で国家主体の経済活動，官僚主義の弊害を含む縦割りの行政機構，政治運営が行われている場合がある。実質的な国民主権を保障するための行政・企業活動の透明性，公開性，責任性も不十分といわざるをえない。「市民社会」の前提となる自発的かつ主体的な意志に基づく活動，義務と責任を伴う行動が十分でなければ，「市民社会」は単なるスローガンで終わってしまう危険性がある。

アジアに焦点を当てて考えれば，社会構造上の問題も無視できない。「市民社会」はそもそも中間層の発達を想定した都市志向の概念であり，伝統的な地域組織をどのように位置づけるかは今後の課題として残されている。多くのアジア住民は農業従事者であり，またほとんどのアジア諸国は多民族国家である。地域や民族を中心に社会が構成されている国で「市民社会」がどのような意味をもつか検討が必要である。確かに「市民社会」は，国際社会において一定のコンセンサスを得つつあるが，具体的にどのような団体が，どのような役割を果たすかについては共通の理解が未だ得られていない。

現代の社会福祉の領域においても，市民としての人権が尊重される「市民社会」の構築が叫ばれ，市民一人ひとりの意識変革と連帯に基づく自律的運動の重要性が強調されている。それを反映してここ数年，人権擁護の施策や権利保障のしくみはかなり充実しているが，消費者および地域住民の「市民社会」への関与についての問題は未解決であり，具体策を模索している状況である。

　「我が国の政府開発援助（ODA）の実施状況1999年度に関する年次報告」が，2000年10月に公表されたが，その報告書においても一連のODA改革への努力を説明した後は，ODAに対する国民の理解と支援を得ることの重要性が強調されている。またNGOや青年海外協力隊，シニア海外ボランティアなどの活動やODA民間モニター制度を紹介し，さらなる国民参加を推進することを狙いとする記述が目立つ。確かに政府主導のこの種の取り組みは一定の役割を果たすが，市民の意識変革を経た自発的な国民参加でないと意味がないように思われる。

---

(27)　勝又英子・川村暁雄「市民社会：その概要とイメージ」GAP（国際公益活動研究会）監修『台頭する「市民社会」アジアのNPO――10カ国の非営利団体レポート新しいアジア公益活動の潮流と展望――』アルク，1997年，11〜12頁，20〜21頁。

参考文献

佐藤進『国際化時代の福祉課題と展望』一粒社，1992年。

伊部英男・早川和男編著『世界の社会政策――統合と発展をめざして――』ミネルヴァ書房，1992年。

日本社会福祉学会『社会福祉における国際協力のあり方に関する研究』（基礎編），1994年。

小島蓉子・岡田徹編著『世界の社会福祉』学苑社，1994年。

萩原康生編『アジアの社会福祉』中央法規出版，1995年。

金子光一「イギリス――スティグマ克服への途――」一番ヶ瀬康子編『21世紀社会福祉学』有斐閣，1995年。

日本社会福祉学会『社会福祉における国際協力のあり方に関する研究』（理論・実践編），1997年。

岡澤憲芙・宮本太郎編『比較福祉国家論――揺らぎとオルタナティブ――』法律文化社，1997年。

草野厚『ODAの正しい見方』筑摩書房，1997年。

Midgley, J., *Social Welfare in Global Context*, SAGE Publications, 1997.（ミッジリィ，J.著，京極高宣・萩原康生監訳『国際社会福祉論』中央法規出版，1999年。）

金子光一「国際社会福祉の動向」精神保健福祉士養成セミナー編集委員会編『精神保健福祉士養成セミナー 9〔改訂〕社会福祉原論』へるす出版，2001年。

金子光一「国際社会福祉の展開」足立叡・佐藤俊一・宮本和彦編『新・社会福祉学』中央法規出版，1999年。

仲村優一・一番ヶ瀬康子編集委員会代表『世界の社会福祉』（全12巻）旬報社，1998～2000年。

第**6**章

社会福祉のグローバル化と国際協力

　国境を越えて物や金の取り引きや生産活動が展開される今日の経済活動は，先進国と開発途上国の経済格差の拡大や貧困問題と密接に関係している。また，1980年代末から生じた社会主義諸国の崩壊後に，それらの国では市場経済が導入される一方で，民族紛争が激化して難民問題を抱える国も出ている。一つの国の出来事が近隣の国へ波及したり，また世界的な問題へと発展している今日，地球規模の福祉課題の解決には，国際的な協力が重要になってきた。そこで，本章では，開発途上国への国際的な支援のフレームワークを概観し，国際協力のアクターである政府開発援助(ODA)，国連機関(UN)，および非政府組織（NGO）による国際協力の現状と課題を整理する。

第1節　国際社会福祉の背景

1　国際協力による「社会福祉」とは何か

　国民国家成立以前の社会における福祉ニーズは，家族や親族および近隣共同体の相互扶助によって満たされていた。近代化や国民主権国家の進展に伴い，国民福祉の国家責任が明確になり，ナショナル・ミニマムを定め，豊かな「福祉国家」を築いてきた。この流れは主に西欧の社会発展に伴う社会福

祉の展開である。しかし，20世紀を世界規模で振り返ると，ヨーロッパの列強によるアジア，アフリカ，ラテンアメリカへの植民地主義による政治経済的支配と同時に，世界全体を巻き込む戦争が二度にわたって行われた。また，植民地主義に終止符が打たれ，独立国家が続々と誕生した世紀でもあった。

国際的な「社会福祉」の理念は，1948年に国連で採択された「世界人権宣言」に述べられているとおり，世界のすべての人々に対して平等に生存権と生活権を保障することであるといえる。世界の発展の方向は，人間の幸せを追求することである。岡田は，「福祉国家」がすべての国民に対して一応の最低生活の権利を保障するように，世界の人々と協力して，地球に生をうけたすべての人が，世界市民として最低生活の権利を保障される「福祉世界」をつくりだすことであるとし，福祉の対象を国家の枠から地球社会へと広げた。すなわち，社会福祉における国際協力の具体的な課題は，①人間の尊厳：戦争・紛争・貧困による難民問題の解決，②貧困・飢餓・人口：個人と家族の適正な生活水準の維持，③自然環境：地球規模の環境保全などに大きく分けることができる。

「社会福祉」とは，すべての個人，家族，地域社会の社会的ニーズ（生存に必要な条件：安全な飲料水，住居，教育，ヘルスケア，個人の安全，調和の取れた社会とのかかわり）が満たされることと理解する。社会的ニーズが満たされるうえで次の3点，すなわち，①個人や地域社会が社会問題の解決能力レベル，②ニーズの充足度，③潜在能力を開発する機会が提供されるレベル，を必要条件としてあげることができる。しかしながら，本論では，開発途上国問題に焦点をあてるため,福祉国家で使われる「社会福祉」（社会サー

---

(1) 京極高宣監『現代福祉学レキシコン〔第2版〕』雄山閣，1998年，544頁。
(2) シュナイダー, B. 著，田草川弘・日比野正明訳『国際援助の限界』朝日新聞社，1996年，53頁。
(3) 岡田藤太郎『社会福祉学一般理論の系譜』相川書房，1995年，306頁。
(4) (3)に同じ。
(5) (1)に同じ。
(6) Midgley, J., *Social Development, The Developmental Perspective in Social Welfare*, Sage, 1995, p.14.

ビスの給付を強調する）ではなく，開発途上国や国連などで一般的に使われている「社会開発」（社会の発展を含む）を使うことにする。

後で詳しくとりあげる国際協力のアクターである政府開発援助（ODA），国連機関（UN），および非政府組織（NGO）は先に述べた社会的ニーズを満たすために開発途上国社会でさまざまな取り組みを行っている。社会福祉の進展や成果を示す指標が国連開発計画（UNDP）によって，1990年より毎年発刊されている「人間開発報告書」のなかで社会発展の一つの尺度として「人間開発指標」（HDI：Human Development Index）が用いられるようになった。HDIは社会的側面を描き出しており，経済指標としてのGNPを補いながら，世界の人々の福祉（well-being）の状態を描き出している。HDIは，長寿，教育，一人当たりの所得からなる三つの指標をもとに，生存状況，保健医療，教育の不均衡，環境悪化，食糧の確保，ジェンダーギャップなどの項目を数値化して，国別順位をつけているが，その目的は，人間開発順位づけをして優劣をつけることではなく，それぞれの国に欠けている福祉問題を分析して，それを社会政策，福祉政策，さらに，国際協力の政策を策定するうえで一つの重要な情報とすることである。また，国際協力の成果をマクロ的に示すものでもあるといえるだろう。

次に，戦後になって現れた先進国と開発途上国との間にみられる経済格差とその構造，それらを軽減するための理論と政策の展開を国際協力の視点から振り返っておくことにする。

2　国際協力の前段階
―― 植民地政府イギリスによるコミュニティ福祉支援 ――

20世紀前半のアフリカにおける欧米の植民地政府の関心は，植民地経済を持続させることにあった。労働力となっている植民地の住民の福利には関心が払われなかった。労働者の労働力が低下すると，奴隷として別の元気な労

---

(7) UNDP著，北谷勝秀・恒川惠市ほか監『人間開発報告書 1999』国際協力出版会，1999年，29頁。

働者を輸入することによって解決できたからである。西アフリカの植民地における奴隷労働者の社会的ニーズは，長年にわたり土着の人々に福祉サービスを提供してきた欧米のキリスト教宣教師や慈善団体の活動によって充足されていた。世界恐慌により輸出が振るわなくなった英国植民地政府がアフリカへの投資の呼び水として1929年になると「植民地開発及び福祉法」を施行した。後に，英国政府は植民地の労働者の社会福祉サービスの必要性に関する調査を実施し，限られた分野ではあるがイギリス人のソーシャルワーカーによるサービスの提供が行われた(8)。財源の乏しい植民地政府は給付中心の福祉サービスに批判的であり，成人識字教育に転換していった。第二次世界大戦が終結する頃には，植民地主導のもとで，「コミュニティ・ディベロップメント」(Community Development)が採用されたが，これは識字教育，女性や青少年のための活動，地域改善プロジェクト，保健衛生サービスなどから構成されていた(9)。イギリスによる西アフリカでの「自助」と「自己決定」を強調するコミュニティ・ディベロップメントの方法が修正されながら他の植民地地域へと導入されていった。また，イギリスの植民地であったインドでもマハトマ・ガンジーの思想を取り入れながらコミュニティ・ディベロップメントが波及していった。フランスやアメリカも同様にイギリスに倣って「自立・参加・自己決定」をキーワードにコミュニティ・ディベロップメントの考え方を広めた。1950年代になってコミュニティ・ディベロップメントは経済開発の努力によって福祉ニーズを達成するとする「社会開発」へと展開される。この頃には，アジア，アフリカ，ラテンアメリカ地域の植民地が独立国家となり，植民地政府と国家主義的リーダーは工業化を行うことによって国民が豊かさを享受できるとする前提に立ち，「経済開発」を推進した。

---

(8) (6)に同じ，54頁。
(9) (6)に同じ，55頁。

第6章　社会福祉のグローバル化と国際協力

3　南北格差と「国連開発の10年」の流れ

　戦後まもない時期は東西対立を背景にして，アメリカを中心とする自由主義諸国は社会主義・共産主義勢力を孤立させる必要があった。このために地政学的に重要な開発途上国への経済援助が開始された。また，戦後の恒久的な平和を希求する国際主義が強調された時期にもあたり，開発途上国への国際支援は社会的に受け入れられるものであった。トルーマン大統領の発表した「ポイント・フォア提案」（1947年）には，「低開発地域の国民の貧困が彼ら自身のみならず，より豊かな地域にとっても重荷であり，脅威である」と強調し，政治的戦略思考を超えた「地球共同体」的発想を示した。この発想は国際協力の原点として評価されている。新設された国際連合は「世界人権宣言」の理念に立って，援助計画が策定され，戦後の復興から継続的な開発の路線が敷かれた。ミュルダールは福祉的経済の視点から，少数の豊かな西欧諸国と多数を占める貧しい低開発諸国を二つの経済階層としてとらえ，二つの階層間を比較し，栄養，住宅，教育，保健などの生活面で顕著な不均衡状態を指摘し，欧米諸国が福祉国家となったように開発途上国の国民の福祉が保障される「福祉世界」の方向性を明示した。また，ロイド銀行頭取のオリバーフランクスは，南半球に集中する開発途上国の経済水準が低いため経済発展が困難であり，貧困の悪循環の結果によっては西ヨーロッパ諸国の運命に影響すると述べ，「南北問題」が重要な関心事であることを伝えた。

　南北問題が政策課題とされたのは，米国のケネディ大統領が国連総会のなかで途上国支援に対する国際連合の努力の必要性を説いたことから始まった。国際連合は，1961年の国連総会で「国連開発の10年」を採択した。この「国連開発の10年」は三次にわたり1980年代まで続けられることになった。第一次「国連開発の10年」では，10年で5％の経済成長率を達成することを国際的な目標として掲げた。「途上国への資本移転必要量を先進国の国民所得

---

(10)　西垣昭・下村恭民『〔新版〕開発援助の経済学』有斐閣，1993年，52頁。
(11)　ミュルダール，G. 著，北川一雄監訳『福祉国家を越えて』ダイヤモンド社，1970年。

173

の1％と定めた。この政策に対して，米国が積極的に開発援助の先陣を斬り，世界全体の援助の3分の2を占めていた。このような流れのなかで，米国は1961年に「対外援助法」を成立させ，米国国際開発庁（US AID）のもとに，「ビッグ・プッシュ・モデル」を策定し，資金援助・技術援助・食糧援助を実施した。また，日本の「青年海外協力隊」（JOCV）に類似した「平和部隊」（US PEACE CORP）を開発途上国へ国際協力ボランティアとして派遣した。

しかし，1960年代末には目標として経済成長率は達成されなかった。南北の格差が改善されない状況を経済学者プレビッシュは理論的に説明した。プレビッシュは，第一に，工業製品を生産する先進工業国と原料となる第一次産品を供給する開発途上国の関係から，第一次産品は工業製品の価格より高くなることはないことから，開発途上国の経済は常に先進国よりも不利な条件のもとに置かれると説明した。すなわち，第一次産品と工業製品の交易条件を変えることなしに，開発途上国の経済発展は考えられないということに帰結し，「開発のための新しい貿易政策を求めて」というプレビッシュ報告を発表した。10年間で達成することの難しさを経験したことから，第一次の反省に立って，1970年代を第二次「国連開発の10年」とし，開発協力の具体的な達成目標として，先進国の政府開発援助（ODA）の目標数値を国民総生産（GNP）の0.7％と設定したことは新しい試みであった。開発協力の目的は，経済開発を促進して，農業生産，工業生産が発展することによって，経済成長の利益が貧困状況にある国民に分配されていくという考え方に基づいていた。この開発理論は経済学者アルバート・ハーシュマンの「トゥリクル・ダウン」（滴下理論・浸透理論）といわれる概念が採用された。しかし，1970年代には先進国のインフレが経済停滞をもたらし，先進国は開発援助を自国の利益のために使い，この「ひも付き援助」によって開発途上国に自国の市場を拡大した。先進国に対する開発途上国の反発が強くなり，原料などを供給

---

(12) (10)に同じ，64頁。

している開発途上国にとって有利になる経済改革計画として，1974年に開発途上国の結束のもとに「新経済秩序（NIEO＝New International Economic Order）」が国連で採択された。しかし，先進国との対話が不調に終わり，実質的な改革に結びつかなかった。1970年代末には開発途上国の経済成長の恩恵が一般大衆の生活に届かず，むしろ所得分配の不平等や貧困が拡大しているという報告がなされた。

4　構造調整政策と累積債務問題
──失われた開発の10年──

　1980年代においても基本的には経済成長の開発に基づいた政策が続投され，開発途上国にとっては「失われた開発の10年」となった。その原因として，開発途上国の債務返済額が新規の借入金を上回るようになり，アフリカやラテンアメリカでは債務危機の問題が発生した。これに対して，国際通貨基金（IMF）・世界銀行は構造調整政策を導入した。この政策では，開発途上国の債務の累積が一時的ではなく構造的に続くと判断して，①規制緩和の導入，②緊縮財政政策の実施（増税，教育・福祉予算の削減，公務員給与の引き下げ，赤字国営企業の民営化促進），③金融引き締め策（通貨供給の抑制，金利の引き上げ）などの内容であった。この政策の導入により，累積債務を抱える国の一般庶民の生活は圧迫されるようになった。特に，雇用，女性の立場，教育，保健などの面で問題が指摘された。UNICEFは「人間の顔をした調整」に欠けているとIMF・世界銀行を批判した。債務問題はその後も続き，2000年のケルン・サミットでとりあげられた。NGOは「ジュビリー2000」という署名キャンペーンを展開し，人間の生存を脅かす人権問題として累積債務を帳消しにするよう訴えた。

第2節　国際社会開発と国際協力

1　経済開発から社会開発へ

　1960年から1980年代にかけて国連，世界銀行，国際通貨基金（IMF）が中心となって進めた開発途上国への支援は，開発途上国政府による上からの開発政策や貸し付け支援が開発途上国の債務を増大させた。債務救済のために導入された構造調整政策によって，開発途上国の一般大衆の生活への圧迫を招いてしまった。開発途上国への経済成長策は，いくつかの国を除いては成長の分配を国民が享受するというシナリオは実現しなかった。構造調整アプローチが現れる以前に，経済成長中心の開発路線が開発途上国の所得格差を生み出している状況から，貧困状況にある人々が最低限の基本的ニーズを満たすことを主張する「ベーシック・ヒューマン・ニーズ」（BHN）充足型の開発戦略が1974年に世界銀行総裁のロバート・マクナマラ氏によって打ち出された。この開発戦略に沿って，国際援助委員会（DAC）は，「経済成長とBHN対応のための開発協力に関する宣言」を発表して，開発途上国援助を行う先進諸国に対して農業，雇用，教育，健康などの分野への援助の必要性をガイドラインとして示し，援助政策に大きな影響を与えた。1970年代中盤には，経済成長は人間の福祉ニーズ（貧困層に対する生活必需品や医療・保健・教育などの社会サービス）を充足する社会開発へと発展していった。[13]

　しかし，経済成長を進め所得の増加を促進しながら，人間の生活の基本的なニーズを充足させようとするBHN重視の開発支援は，1970年代後半から1980年代にかけて，二度にわたる石油危機による開発途上国の財政悪化とその状況を改善するために借り入れをしたことによる累積債務問題が足かせとなり，BHNアプローチは開花しなかった。それに加え，BHNアプローチは

---

[13]　[10]に同じ，67頁。

政府やODAによってBHNの充足をめざす救済的発想に立っていたため，開発途上国は貧困の構造的問題点は先進国にあると批判した。構造調整政策により，開発途上国では，経済全般にわたるリストラが都市と農村で失業を増大させ，保健医療，福祉，教育などのサービスの低下により，社会的弱者の生活水準の低下が深刻化した。BHN政策の成果は，人権としての開発や人間の能力開発への関心を高めた点にある。

2　ベーシック・ヒューマン・ニーズ（BHN）から人間開発（HD）へ

社会開発は欧米の植民地に対する自助自律を促す開発・福祉支援として始められたが，1980年代までは開発途上国への援助政策は基本的には経済成長を目的とする開発政策であった。1970年代にはBHNアプローチが現れ，財政難で頓挫してしまったことを述べたが，社会開発の概念はどの時代においてもなくなることはなかった。国連開発計画は1994年の報告書では，世界の経済格差が拡大していることを報告している。そこでは世界の最も裕福な5分の1を占める人々（先進国中心）が世界の富の約85％を享受している一方で，最も貧しい5分の1を占める人々（最貧国中心）は1％ほどしか経済的利益を受けていないことを示している。この不公平を解決するには先進国が開発途上国に対する経済関係を改善することが不可欠であるが，市場経済が進展するなかで，急激な改善は難しいと考えられている。このような状況で，同報告書は，国連は，領土や軍事的安全保障ではなく，恐怖や欠乏からの自由を保障する「人間の安全保障」という概念を発表し，経済，食糧，健康，環境，個人，地域社会，政治の安全保障の7項目を示すとともに，開発協力は慈善でも国家主義でもなく，国際主義の視点から公平と公正を実現するためにある，と述べている。また，BHNに代わる概念として，1990年に「人間開発」（HD：Human Development）という概念を発表した。この概念はア

---

(14) 西川潤編『社会開発』有斐閣，1997年，vii頁。
(15) UNDP著，広野良吉ほか監『人間開発報告書 1994』国際協力出版会，1994年，63頁。

マルティア・センの「潜在能力」論の影響を受けており,「人々の選択の拡大過程」と定義されている。広い選択肢の範囲から基本的なものは,長寿で健康な生活を送ること,教育を受けること,すなわち人並みの生活水準を享受することである。「ベーシック・ヒューマン・ニーズ」は人々の選択ではなく財とサービスを提供しているのに対し,「人間開発」はベーシック・ニーズだけでなく,人々の参加を促進する動態的な過程であると論じている。アマルティア・センは『人間開発報告書』(1999年)の「人間開発」の評価のなかで,人間開発指標（HDI：Human Development Index）は,長寿・教育・所得の三つの構成要素がもつ限界の範囲内で,開発プロセスの評価について経験主義的認識を大幅に広げるものとして役立ってきたと,10年を振り返っている。1995年にコペンハーゲンで開催された国連世界社会開発サミット（WSSD=UN World Summit for Social Development）は「人間開発」の流れを受けたものであった。国連はもとより,ODA,NGOにとって重要な概念になりつつあり,国際協力政策とプログラムのなかに具体化されることが求められる。

3　国際協力に与えた「国連世界社会開発サミット」の効果

　1995年3月にコペンハーゲンで開催された国連世界社会開発サミットは,社会開発戦略が世界的に認知された会議であった。この会合では「社会開発サミット宣言」と「行動計画」が採択された。「宣言」には,貧困,失業,社会的排除に取り組むべきであると述べられている。なすべきこととして,人々の生活の不確実,不安定をなくし,物質的および精神的ニーズに社会が効果的に対応すべきである,としている。「原則と目標」の部分では,社会開発は,人間の尊厳,人権,平等,尊敬の念,平和,民主主義,相互の責任と協

---

(16)　絵所秀紀『開発の政治経済学』日本評論社,1997年,209頁。
(17)　UNDP著,北谷勝秀・恒川惠市ほか監『人間開発報告書 1999』国際協力出版会,1999年,29頁。

力，多様な宗教，倫理的価値観，および文化的背景をあますところなく尊重し，国家，地域，および国際的政策・行動において，あらゆる人々の完全な参加による社会進歩，正義，および人間が置かれている状態の改善の推進を優先するものとしている。「公約」として10点あげられているのでテーマとして確認しておきたい。①社会開発のために講ずるべき制度的・法的措置，②世界の貧困根絶のための，国別と国際的な行動，③完全雇用の達成，および男女平等，④社会的統合の推進，および社会的弱者の参加による社会の形成，⑤男女平等・公正の達成，女性の参加と指導的役割の推進，⑥質の高い教育への普遍的で平等なアクセスの実現，ならびに，健康と保健医療の確保，⑦アフリカや後発発展途上国への開発支援，⑧構造調整計画の合意にあたって，そこに，社会目標，特に貧困の根絶，生産的雇用の拡大，差別のない社会統合の促進，を必ず含むこと，⑨社会開発サミットの諸目標を実現するための資源の増加，⑩社会開発のために，国際協力の枠組みを改善・強化すること，およびパートナーシップ精神の確立，である。[18]

UNDPが1994年に構想した「20：20協定」がこのサミットで採択された。この協定は，援助国の予算の20％を基本的人間開発事項（基礎教育，保健・栄養，安全な飲料水と衛生，自営の機会の保証）に割り当て，これを受けた援助国政府は自国の予算の20％を基本的人間開発事項に割り当てるものである。開発途上国は基本的人間開発分野の国家予算に占める割合は13％であり，また，援助供与国はこの分野には全体の7％であるとする。このことから20％は全体の予算額を変えなくとも，優先順位を調整することは可能であるとした。[19]

1990年代に出された国連の社会開発重視のアプローチは，経済開発協力機構（OECD）やその下部機構の開発援助委員会（DAC）の1990年代の開発協力に影響を及ぼし，「参加型開発（Participatory Development）」と「よい統治（Good Governance）」が強調された。「参加型開発」として，①あらゆる

---

[18] 山田陽 『ODAとNGO』第一書林，2000年，66頁。
[19] (15)に同じ，63頁。

179

人が，生産過程に参加し，経済成長の成果の公平な配分を可能にする政策や戦略を定めることの必要性，②人間開発のための基礎的サービス（教育，訓練，医療，安全な水，家族計画）へのアクセスの可能性，③零細企業，NGO，草の根運動を含む民間セクター活動の推進，④開発における女性の参加（WID）の必要性，などとなっている。一方，「良い統治」については，質の高い社会をめざすために，①民主主義と多元的社会の形成努力，②透明性と責任ある政府の確立，③人権尊重，④法と司法による支配の確立，⑤独立したメディアの形成と情報の公開，⑥汚職の撲滅，⑦過度な軍事支出の回避，などを目標項目としている。[20]この政策的動きは，後節でとりあげる日本の政府開発援助へも影響を及ぼし，援助政策は，経済インフラの支援から社会インフラへの支援へ拡大していった。

　社会開発サミットと並行して世界のNGOが結集して開催された「国連社会開発サミットNGOフォーラム」は，「もう一つのコペンハーゲン宣言」を発表した。その宣言では，サミットの交渉過程での重要課題にある程度の進展がみられたとしながらも，「開放的な自由市場経済の力」に依存している限り，宣言に盛り込まれた経済的な枠組みが公平で持続的な社会開発の諸目標を達成することは無理であろうと述べ，具体的には，子どもや障害者，先住民，難民や避難民の人権や構造調整プログラムの非民主性が市民の権利を脅かしている点について触れられていないと批判した。

4　地球規模の社会開発の前進と課題

(1)　人間開発の成果と課題

　1999年の『人間開発報告書』では，1990年から1997年のデータをもとに「人間開発」の進歩と剥奪という視点から，保健，教育，食糧と栄養，所得と貧困，女性，子ども，環境，人間の安全保障の8項目からなる「人間開発のバ

---

[20]　OECD・DAC『21世紀に向けて：国際協力を通じた貢献』OECD，1996年。

ランスシート」を発表した（表6－1）。これは社会開発の成果と課題を示すと同時に，開発途上国諸国および国際協力の成果と今後の課題としてとらえることもできるものである。

　国内的努力および国際的協力によって「人間開発」の進展は確かに喜ばしい事実であるが，経済のグローバル化が進むにつれて，経済的，社会的な機会が一部の人々に集中してしまう結果を示している。グローバリゼーションは経済効率と利益の増加を追求することにあるため，公正さや貧困の撲滅など人間の福祉に重要な課題が後回しにされてしまうという問題が生じている。全世界には，1987年には1日1ドル以下で生活する絶対的貧困者数は12億人であったが，2000年には15億人となり，2015年までには19億人になると世界銀行では予測している。このままでいけば，開発途上国の人口増加の恒常的な伸びは，同時に絶対的貧困者数の増加に比例することになる。貧困は人間開発バランスシートに示されている問題を深刻化するといえるであろう。[21]

(2) **開発の新戦略**

　1998年6月の国連総会で，「開発のためのアジェンダ」が採択された。これは1990年代に入ってから開催された国連諸機関の会合で採択された宣言や行動計画を統括したものでもある。このアジェンダには，経済成長，貿易，財政，科学技術，貧困撲滅，雇用，人的資源開発だけでなく，民主主義の役割，人権，人々の参加，よき統治，女性のエンパワメントが新たに加えられている。もう一つ注目すべき戦略として，1999年に入って，世界銀行が発表した「包括的な開発のフレームワーク」（CDF＝Comprehensive Development Framework）がある。これまでの開発フレームワークは，マクロ経済指標（国内総生産，金利，外貨準備高，経済成長率）によって開発評価を行ってきたが，このバランスシートに構造的，社会的，人的な分野を加え，総合的な開

---

[21] 世界銀行『世界開発報告 1999/2000』2000年。

表6-1 人間開発のバランスシート

	グローバルな進歩	グローバルな剥奪状況
保健	1997年に84か国で出生児の平均余命が70歳を超え、1990年の55か国から大幅に増えた。このなかに含まれる開発途上国の数は22か国から49か国へと2倍以上に増えた。1990年から1997年の間に安全な水を利用できる人口の割合は40%から72%に上昇した。	1990～97年にHIV／エイズ感染者数は1500万人未満から3300万人以上へと2倍以上増えた。約15億人が60歳になるまで生存できずにいる。8億8000万人以上が保健医療サービスを利用できず、26億人が基本的な衛生設備を利用できない。
教育	1990年から1997年にかけて成人識字率は64%から76%に上がった。同時期に初等・中等教育の合計就学率は74%から81%へと上昇した。	1997年現在で、8億5000万人あまりの成人が読み書きできない。先進国では1億人以上が、社会生活を営むのに必要な識字能力を備えていない機能的非識字者である。初等・中等教育レベルで2億6000万人以上の子どもが就学していない。
食糧と栄養	急激な人口増加にもかかわらず、一人当たりの食糧生産は1990年から1997年の間に25%近く増大した。一人当たりの1日のカロリー供給量は、2500カロリー未満から2750カロリーに上昇し、たんぱく質供給量は71gから76gに増えた。	8億4000万人が栄養失調状態にある。全世界人口の富裕層上位20%の消費量は貧困層下位20%の16倍に達する。
所得と貧困	1990年から1997年に、一人当たり実質GDPは年平均1%以上の伸びを示した。一人当たり実質消費は同じ期間に年平均2.4%で増大した。	13億人近くが1日1ドル未満で生活しており、10億人近くが基本的に必要な消費を賄うことができない。世界の富裕層上位20%の所得が地球全体の所得に占める割合は、貧困層下位20%の74倍である。
女性	1990年から1997年にかけて、女子の中等教育純就学率は36%から61%に上昇した。同じ時期に女性の経済活動率は34%から40%近くに上がった。	3億4000万人近い女性が40歳まで生存できない。全女性の4分の1から半数までが親しいパートナーから肉体的な虐待を受けている。

子ども	1990年から1997年の間に，乳児死亡率は出生1000人当たり76人から58人に減少した。同期間に予防接種を受けた1歳児の割合は，70%から89%に上昇した。	1億6000万人近い子どもが栄養失調状態にある。2億5000万人以上の子どもが児童労働に従事している。
環境	1990年から1997年にかけて，使用エネルギーに占める汚染度の高い在来燃料の割合は5分の2以上減少した。	毎年300万人近くが大気汚染で亡くなっており，その内80%以上が室内の空気汚染で命を落としている。そして500万人あまりが，水質汚染によって引き起こされる下痢症で死亡している。
人間の安全保障	途上国の3分の2から4分の3の人口は，複数政党による比較的民主的な体制のもとで暮らしている。	1997年末時点で1200万人近い難民が存在する。

出典：UNDP著，北谷勝秀・恒川恵市ほか監『人間開発報告書 1999』国際協力出版会，1999年。

発のフレームワークとするものである。ここで重要な点は，開発を担うパートナー，すなわち，①政府，②多国間と二国間，③NGOなどの市民社会，④民間セクターが協力，連携して，合意を形成していくことである。相互の協力を通して人間開発のバランスシートに進歩を刻むことができるかは国際協力にかかっている。

　これまで社会開発の動きを中心にして，国際協力の視点を概観してみた。開発協力のあり方は，我々が選択する開発アプローチによって変わるものである。我々がどのような社会をめざすべきか，社会の発展を担う多様なアクターが行動して実現していくことが求められる。

第3節　地球社会共生のための国際協力

1　国際協力の全体的しくみ

　国際協力は,先進工業国から開発途上国に対する援助行為として始まった。国際協力を担うアクターとして,政府(ODA＝政府開発援助),国際機関(IO：International Organization),非政府組織 (NGO：Non-Government Organization)がある。援助すると援助を受ける側には契約もしくは合意があるわけだが,外から開発途上国に物・金・人が投入されることにより,開発途上国社会にはさまざまなプラスとマイナスの影響が生じることは,すでに前節で述べたとおりである。

　ここでは,これらのアクターの概要と社会開発分野を中心に国際協力の最近の動向について述べることにする。

　国際協力を担うアクターは,人間開発のバランスシートで報告されているように,保健,教育,食糧と栄養,所得と貧困,女性,子ども,環境,人間の安全保障などの分野で国際協力を行っている。国際的に自由市場経済がグローバル化する一方で,貧困が拡大し,都市スラムの拡大,失業,教育や保健医療の問題などの生活問題を生み出している。このような状況において,国際協力を通して社会開発のグローバル化を牽引することは重要である。

　現在,開発途上国への国際協力が実施されているシステムをわかりやすく描くと図6－1のように示すことができる。地球社会を先進国地域と開発途上国地域に分け,二つの地域間で営まれる協力もしくは援助関係を前提に,協力システムが形成されている。主な援助の形態としては,①先進国と開発途上国政府間で行われる二国間援助,②国連などの国際機関を通じて行われる多国間援助,③NGO（非政府組織),PO・CBO（民衆組織・コミュニティに根ざした組織)がある。政府,国連,NGOは,図6－1に示されているような関係を保ちながら協力や連携,ときには建設的な批判を行いながら国際

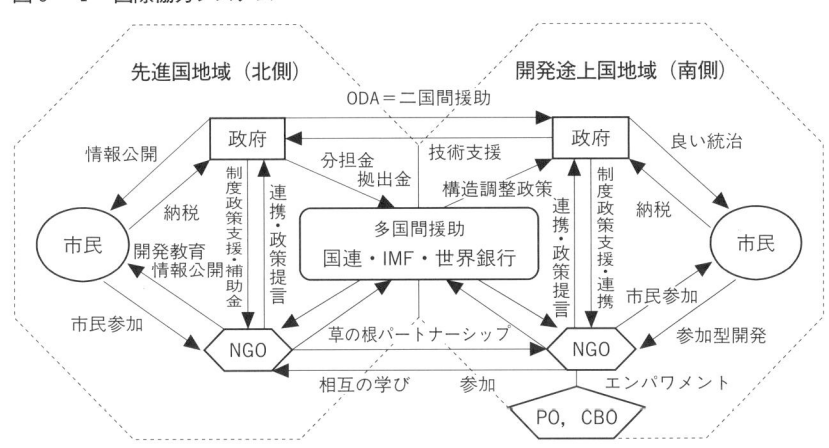

第6章　社会福祉のグローバル化と国際協力

図6-1　国際協力システム

```
先進国地域（北側）              開発途上国地域（南側）
                ODA＝二国間援助
        政府 ─────────────→ 政府
情報公開 ↑     分担金     技術支援     ↑ 良い統治
        │     拠出金  構造調整政策     │
   納税  │制度          │          制度│  納税
市民 ←──→│政策  連携・  │  連携・  政策│←──→ 市民
        │支援  政策提言 │  政策提言 支援│
   開発教育│    多国間援助           │市民参加
   情報公開│補  国連・IMF・世界銀行  │
        │助金                        │
   市民参加↓    草の根パートナーシップ  ↓ 参加型開発
        NGO ←─────────────→ NGO
            相互の学び    参加   エンパワメント
                    PO, CBO
```

協力の質を高めようと努めている。

2　日本政府による国際協力

　1998年度の日本のODA総額に占める二国間援助は1兆1264億円（86.06億ドル），一方，国際機関を通じた多国間援助は，2782億円（21.25億ドル）であり，DAC加盟先進国21か国中，ODA実績総額で8年連続1位を記録した。[22]日本政府は1992年に「政府開発援助大綱」を制定した。大綱が策定された背景として，開発途上国からの要請に対して援助をするとした「要請主義」の見直しを迫られた事情がある。一つは，日本政府の援助金が開発途上国政府の高官の不正蓄財に使われた疑惑や大型プロジェクト（例：インドのナルマダ川ダム建設，インドネシアのアサハン・アルミ・プロジェクト，フィリピンのレイテ島・銅精錬所建設など）が起こした環境や住民の立ち退きなど社会的配慮に欠ける点が批判された。[23]一方，国際的な開発戦略にも変化があり，経済開発優先の援助から社会開発（貧困対策，開発における女性，環境，参

[22]　外務省経済協力局編『ODA白書』国際協力推進協会，1999年，4頁。
[23]　鷲見一夫『ODA援助の現実』岩波書店，1989年。

加型開発）重視の路線が出された。

(1) 政府開発援助大綱

1980年代まで政府は開発途上国政府による要請主義を根拠に内政不干渉の立場をとっていたが，援助を意味のあるものにする必要性も認識した結果，「政府開発援助大綱」（ODA大綱）がつくられた。ODA大綱では，援助の基本理念として以下の4点をあげている。

(1) 人道的配慮

世界の大多数を占める開発途上国においては，今なお多数の人々が飢餓と貧困に苦しんでおり，国際社会は，人道的見地からこれを看過することはできない。

(2) 相互依存性の認識

開発途上国の安定と発展が世界全体の平和と繁栄にとって不可欠という意味での国際社会の相互依存関係を認識しなければならない。

(3) 環境保全

環境保全は，先進国と開発途上国が共同で取り組むべき全人類的課題となっており，地球規模の持続可能な発展にとって重要である。

(4) 自助努力の支援

開発途上国の離陸に向けての自助努力を支援することを基本とし，広範な人づくり，国内の制度を含む経済社会基盤および基礎生活分野の整備等を通じて，これらの国における資源配分の効率と公正や「良い統治」の確保を図り，その上に健全な経済発展を実現することを目的とする。

また，開発援助の実施に際しては，国連憲章の諸原則（特に，主権，平等および内政不干渉），以下の4原則を踏まえ，相手国の要請，経済社会状況，二国間関係等を判断して実施することとしている。

(1) 環境と開発を両立させる。
(2) 軍事的用途と国際紛争助長への使用を回避する。
(3) 国際平和と安定を維持・強化するとともに，開発途上国はその国内資源

を自国の経済社会開発のために適正かつ優先的に配分すべきとの観点から，開発途上国の軍事支出，大量破壊兵器・ミサイルの開発・製造，武器の輸出入等の動向に十分注意を払う。
(4) 開発途上国の民主化の促進，市場指向型経済導入の努力，基本的人権および自由の保障に十分注意を払う。

(2) 政府開発援助（ODA）のしくみ

政府開発援助には二国間援助と多国間援助がある（図6－2）。二国間援助は，贈与と政府貸付（円借款）に大きく分けられる。贈与は無償資金協力と技術協力に分けられ，無償資金協力は1998年度実績ではODA全体の約20％を占めている。社会開発との関連では，一般プロジェクト無償援助において，医療，健康，教育のBHNニーズへの対応が行われている。技術協力では，研修受け入れ（年間1万人），専門家派遣による技術指導，また「研修受け入れ」「専門家派遣」「機材供与」をセットにしてプロジェクトを組むプロジェクト方式技術協力，青年海外協力隊による開発協力ボランティア・プログラムがある。

政府貸付（円借款）は，開発途上国に対する長期の低利子の直接貸付制度である。プログラムとしては，開発途上国の経済的・社会的基盤を整備するための「プロジェクト借款」と国際収支赤字の開発途上国へ緊急輸入資金として貸し付ける商品借款がある。1997年実績ではODAの29.3％を占めており，DAC諸国平均のODAに占める借款の比率4.7％に比べると非常に高いことがわかる。利用条件は開発途上国にとっては有利になるが，実態として，資金貸付の債務返済が困難な重債務国（HIPCs）が出ている。しかし，日本の資金貸付債権額は総額約9300億円であり，財政法上の債務の帳消しはできない立場をとっており，債務返済繰り延べを了承し，返済された債務額に対する額を無償資金として供与する方法をとった。

多国間援助は国際機関を通して実施される援助である。国際機関は地球規模の問題を地球益からできる限り解決を行う専門家を擁する組織といえる。

図6-2 政府開発援助（ODA）のしくみ

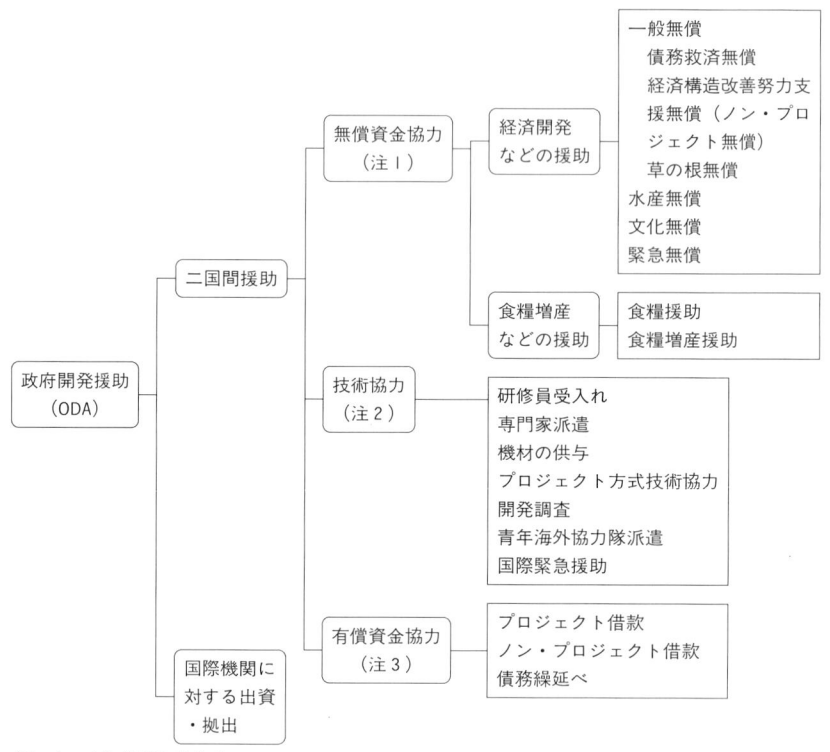

```
政府開発援助─┬─二国間援助─┬─無償資金協力─┬─経済開発─┬─一般無償
（ODA）  　　│      　　　　│　（注1）  　　│などの援助　├─債務救済無償
       　　  │      　　　　│         　　　│       　　 ├─経済構造改善努力支
       　　  │      　　　　│         　　　│       　　 │　援無償（ノン・プロ
       　　  │      　　　　│         　　　│       　　 │　ジェクト無償）
       　　  │      　　　　│         　　　│       　　 ├─草の根無償
       　　  │      　　　　│         　　　│       　　 ├─水産無償
       　　  │      　　　　│         　　　│       　　 ├─文化無償
       　　  │      　　　　│         　　　│       　　 └─緊急無償
       　　  │      　　　　│         　　　└─食糧増産─┬─食糧援助
       　　  │      　　　　│                 などの援助　└─食糧増産援助
       　　  │      　　　　├─技術協力  　　─┬─研修員受入れ
       　　  │      　　　　│　（注2）  　　　├─専門家派遣
       　　  │      　　　　│         　　　　├─機材の供与
       　　  │      　　　　│         　　　　├─プロジェクト方式技術協力
       　　  │      　　　　│         　　　　├─開発調査
       　　  │      　　　　│         　　　　├─青年海外協力隊派遣
       　　  │      　　　　│         　　　　└─国際緊急援助
       　　  │      　　　　└─有償資金協力─┬─プロジェクト借款
       　　  │               　（注3）      　├─ノン・プロジェクト借款
       　　  │                       　　　　 └─債務繰延べ
             └─国際機関に
                 対する出資
                 ・拠出
```

（注1）　実施機関は外務省，JICA
（注2）　実施機関はJICA
（注3）　実施機関はOECF
出典：国際協力事業団監，小早川隆敏編著『国際保健医療協力入門』国際協力出版会，1998年。

　日本のODA全体の19.8％が国際機関へ拠出されており，DAC諸国による国際機関拠出額の20％は日本の拠出が占めている。社会開発分野に力を発揮しているUNDP（国連開発計画），UNICEF（国連児童基金），FAO（国連食糧農業機関），WHO（世界保健機関）などの国連機関は専門性をもった実務機関への日本のODA拠出額は上位を占める。このほか，通称「世界銀行」と呼ばれるIBRD(国際復興開発銀行)，第二世界銀行と呼ばれるIDC(国際開発協

会) からなる世界銀行グループへの拠出が行われている。

1999年度「ODA白書」で報告された1998年の政府開発援助で，特に社会開発分野において実施された主な協力内容は以下のとおりである。

・人間の安全保障

コソボのアルバニア系難民と難民流入によって影響を被る国への支援として，UNHCRなどの国連機関への人道的支援，医療専門家の派遣，アルバニア，マケドニアへの食糧増産などの無償資金協力，紛争後の難民帰還・再定住，復興への支援の実施。また，1997年に「対人地雷禁止条約」が採択され，同年11月には「東京ガイドライン」に沿って，向こう5年間を目途に地雷除去支援と犠牲者支援を行うことを決定した。

・開発と女性

日本は1995年に北京で開催された「世界女性会議」で「途上国の女性支援イニシアチブ」を発表し，教育，健康，経済・社会活動への参加を協力の中心におき，女性を対象とした職業訓練，識字教育，母子保健などの協力が行われている。

・保健医療

人口・エイズ問題は地球規模の問題となりつつあり，保健医療分野でも注目され始めた。1994年「人口・エイズに関する地球規模問題（GII）」が発表され，そこではリプロダクティブ・ヘルスの視点を踏まえた包括的なアプローチをとっている。GIIの重点国として12か国を定め，UNFPA，UNAIDS，WHOと連携しながら推進され，現場レベルではNGOの参加や協力を得て調査活動などが行われている。

・国際緊急救援

海外の自然災害によって被災した国の要請に対して，救援要員，物資，資金などの援助を迅速に行う体制をもっている。人的援助として国際緊急援助隊は災害応急対策，災害復旧対策に必要なアドバイスを行う専門家チーム，医療活動，浄水・給水活動，輸送活動を行う自衛隊部隊がある。物資援助では，海外の被災者が緊急に必要とする物資を供給する援助のロジスティック

図6－3　国際緊急援助体制

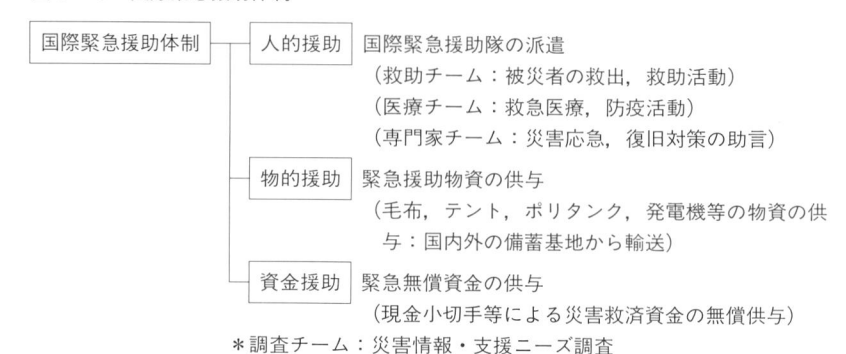

```
国際緊急援助体制 ─┬─ 人的援助 ── 国際緊急援助隊の派遣
                 │              （救助チーム：被災者の救出，救助活動）
                 │              （医療チーム：救急医療，防疫活動）
                 │              （専門家チーム：災害応急，復旧対策の助言）
                 ├─ 物的援助 ── 緊急援助物資の供与
                 │              （毛布，テント，ポリタンク，発電機等の物資の供
                 │                与：国内外の備蓄基地から輸送）
                 └─ 資金援助 ── 緊急無償資金の供与
                                （現金小切手等による災害救済資金の無償供与）
```
＊調査チーム：災害情報・支援ニーズ調査
出典：外務省経済協力局編『ODA白書　上巻』国際協力推進協会，1999年，293頁。

を考慮して，現在，シンガポール，メキシコ，ワシントン，ロンドン，および成田に緊急援助物資の備蓄倉庫を設置している。

　以上，政府開発援助の社会開発分野での協力を述べたが，全体の予算に占める割合は多くはなく，さらに社会開発分野への支援が期待される。

(3)　政府開発援助の課題

　日本の政府開発援助金額は，世界1位であるが，国民一人当たりの援助額はDAC加盟21か国中9位であり，84.3ドルとなっている。また，とりわけ貧しい後発開発途上国（LDC：Least Developed Countries）と呼ばれる国への援助は少ない。1998年度実績で，二国間援助の社会開発分野への支出は全体の20％であった。最貧国に対する社会開発援助は見直されるべきだといえる。

　日本政府による開発援助体制は，世界の開発戦略を意識しながら徐々に変化をみせているが，欧米諸国には開発援助法や開発援助を担当する国際開発援助庁を配置して，独立性をもたせているのに対して，日本はそこまで踏み込んだ体制をとるまでには至っていない。草野は政府開発援助の課題を，①縦割り行政，②消化主義，③人材不足，④単年度主義，⑤評価体制の不備，

第6章　社会福祉のグローバル化と国際協力

の五つにまとめている。縦割り行政の問題とは，援助予算にかかわる省庁が多いということである。1990年から18省庁が概算要求に加わり，一貫性のある援助方針に基づく予算化が難しく，一方で，援助体制が不備であるため，承認された予算を効率的に使えず，結果として，大きなプロジェクトへ支出することにつながる。さらに，無償資金は一般会計から支出されるため，年度内に消化することが原則となり，受益国の国内状況を考慮した予算執行が難しい場合がある。人材の不足は，援助実務を行う一般職員の数に加え，援助専門家の絶対数の不足が指摘されている。日本の援助評価体制として，中間状況調査，終了時調査，事後調査などのしくみがあるが，実態は時間に追われてしまい，調査結果のフィードバックをもとに適切な計画の修正などができていないケースもある。

　政府の援助体制は，複数の省庁にまたがり，予算額が巨額であることから，国別援助計画で事前の調査が十分なされ，実施から評価に至るまでプロジェクトの質の高い運営管理が求められる。

3　国際連合による国際協力

(1) 国際連合機関の概要

　第二次世界大戦の悲惨な結果が世界の平和と繁栄を推進するための国際連合を誕生させた。1961年の国連総会でケネディ米大統領が開発途上国問題への国連の取り組みを訴えて以来，国連の開発への取り組みが始まった。歴史的には，開発途上国支援は浅いが，社会開発を推進するうえで国連機関は大きな影響を与え，貢献をしてきた。21世紀の世界では経済のグローバル化が進み，相互関係が重視されるなかで，国連憲章や世界人権宣言が唱えている公正で公平な地球社会を実現するために国連の立場は重要である。しかし，国連は国家の集合体であるため，加盟国間や地域的な利害が対立する面もあ

---

[24] 渡辺利夫・草野厚『日本のODAをどうするか』NHK出版，1991年。

り，すべての国に当てはまる「共通利益」を見いだすことが困難な場合もある。[25]しかし，国連機関で働く実務家は，各国政府から派遣された官吏ばかりでなく，援助の現場には，直接，国連機関に雇用された専門家も多くいる。フィールドで働く職員は，極端に言えば，どの国の政治的利益をも代弁する必要がないため，人権の視点から社会的弱者の「共通利益」を見いだしやすい立場にあるともいえる。人道支援や社会開発のフィールドにおいては，クライエント（対象者）の抱える問題やニーズをとらえることが重要である。国連機関のなかでも特に，国連児童基金(UNICEF)，国連難民高等弁務官事務所（UNHCR）などは人権保護や社会開発を目的として，フィールドでの地球規模の福祉活動を展開している。ここでは，国連児童基金（UNICEF）をとりあげ，組織の概要および最近の動向について紹介する。

(2) 国連児童基金（UNICEF）の実践

　国連児童基金（UNICEF）は，1946年国連児童緊急基金として第二次世界大戦の犠牲者となった児童の救済を目的に，緊急措置として設置された。当初のヨーロッパの戦災児童の救援から開発途上国の児童の救済に拡大され，アフリカやインドシナ難民などの救援にも貢献した。開発途上国および貧困や人口過剰に苦しんでいる地域に焦点をあて，従来の物資援助から各国が児童，年少者対策を整備，強化することへの援助へ力点を移している。1990年に発効した「子どもの権利条約」では，子どもは慈善や人道的配慮の対象ではなく，子どもが人間としてもっている「生存権」「発達権」「保護される権利」「参加する権利」が保障されるべき対象としている。

　UNICEFの2001年版『世界子供白書』は幼い子どものケアについて特集を組んでいる。[26]この背景として，幼児期がその後の子どもの成長に大きく影響を及ぼすことが国の政策，プログラム，予算の点からしばしば無視されていることを指摘している。成長を阻害する要因として貧困，女性への暴力，紛

---

(25)　最上敏樹『国際機構論』東京大学出版会，1996年，55頁。
(26)　UNICEF『世界子供白書2001』ユニセフ駐日事務所，2001年。

第6章 社会福祉のグローバル化と国際協力

図6－4　国際連合の機構

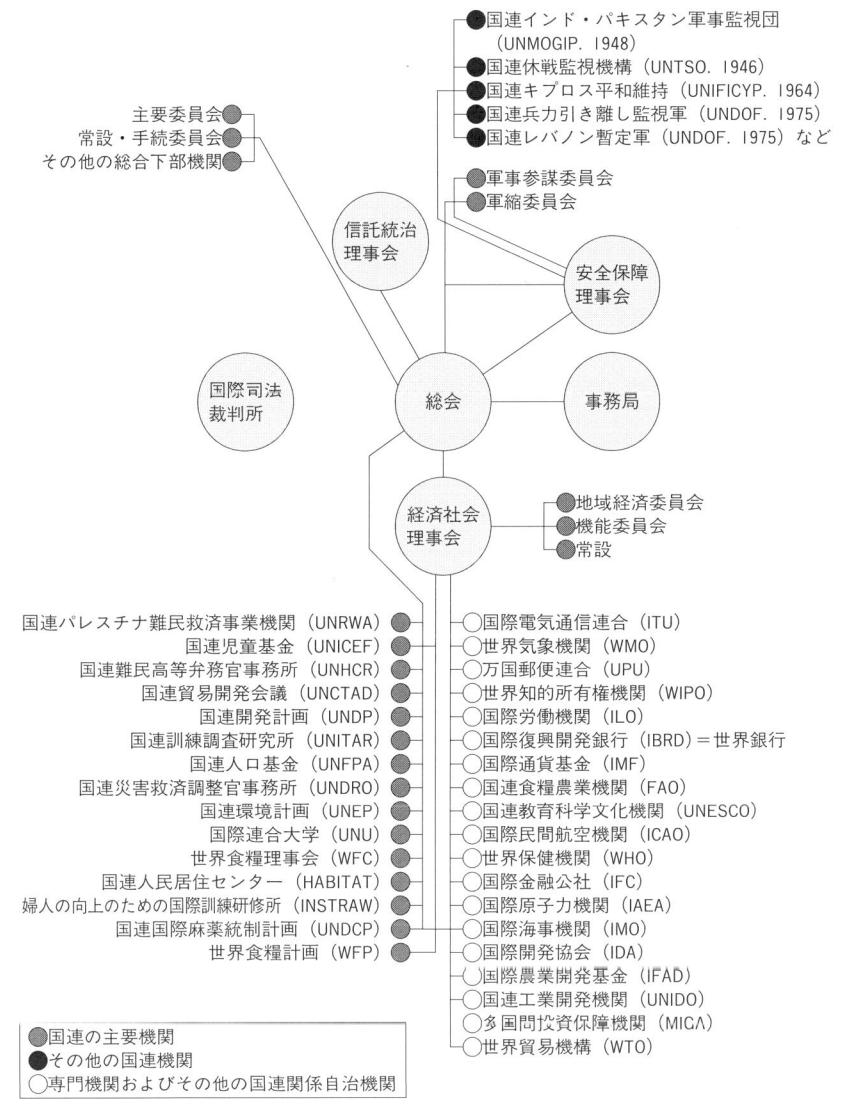

● 国連インド・パキスタン軍事監視団（UNMOGIP. 1948）
● 国連休戦監視機構（UNTSO. 1946）
● 国連キプロス平和維持（UNIFICYP. 1964）
● 国連兵力引き離し監視軍（UNDOF. 1975）
● 国連レバノン暫定軍（UNDOF. 1975）など

● 主要委員会
● 常設・手続委員会
● その他の総合下部機関

● 軍事参謀委員会
● 軍縮委員会

信託統治理事会

安全保障理事会

国際司法裁判所

総会

事務局

経済社会理事会

● 地域経済委員会
● 機能委員会
● 常設

国連パレスチナ難民救済事業機関（UNRWA）●
国連児童基金（UNICEF）●
国連難民高等弁務官事務所（UNHCR）●
国連貿易開発会議（UNCTAD）●
国連開発計画（UNDP）●
国連訓練調査研究所（UNITAR）●
国連人口基金（UNFPA）●
国連災害救済調整官事務所（UNDRO）●
国連環境計画（UNEP）●
国連大学（UNU）●
世界食糧理事会（WFC）●
国連人民居住センター（HABITAT）●
婦人の向上のための国際訓練研修所（INSTRAW）●
国連国際麻薬統制計画（UNDCP）●
世界食糧計画（WFP）●

○国際電気通信連合（ITU）
○世界気象機関（WMO）
○万国郵便連合（UPU）
○世界知的所有権機関（WIPO）
○国際労働機関（ILO）
○国際復興開発銀行（IBRD）＝世界銀行
○国際通貨基金（IMF）
○国連食糧農業機関（FAO）
○国連教育科学文化機関（UNESCO）
○国際民間航空機関（ICAO）
○世界保健機関（WHO）
○国際金融公社（IFC）
○国際原子力機関（IAEA）
○国際海事機関（IMO）
○国際開発協会（IDA）
○国際農業開発基金（IFAD）
○国連工業開発機関（UNIDO）
○多国間投資保障機関（MIGA）
○世界貿易機関（WTO）

● 国連の主要機関
● その他の国連機関
○ 専門機関およびその他の国連関係自治機関

出典：国際協力事業団監，小早川隆敏編著『国際保健医療協力入門』国際協力出版会，1998年。

193

争，HIV／エイズの状況を報告するとともに，UNICEFの取り組みをとりあげているので紹介する。

・貧困が幼い子どもに与える影響

　開発途上国の子どもの10人に4人はかなり貧しい状況のなかで生まれ，栄養，衛生環境が悪い状況に置かれ，貧困ゆえに学校に行くことができない。貧困は子どもの身体的，知的発達を阻害することになる。このような状況に置かれている子どもの母親も同じく教育を受けられていないため子どもたちへの十分なケアができないのが現状である。そして，貧困は一つの世代にとどまらず，循環を繰り返すことになる。

・女性への暴力が子どもに与える影響

　貧しい社会に暮らす女性は経済的，政治的，社会的，文化的に弱い立場にあり，暴力の対象になりやすい。特に，南アジアの女子の胎児，嬰児殺しがある。このように，幼児は間接的に母親の胎内にいるときから暴力の影響を受けているといえる。

・紛争と子ども

　世界では毎日，20以上の武力紛争が続いており，過去10年間で200万人の子どもが殺され，600万人の子どもが負傷または回復不能な障害を負った。チェチェンでは子どもが砲撃の恐怖にさらされたり，ルワンダでは25万人の子どもが殺され，コソボの子どもは「民族浄化」で家族から引き離された例をあげている。

・HIV／エイズが幼い子どもに与える影響

　国連のHIV／エイズプログラムの統計から，世界では現在，15歳未満の子ども130万人を含む3430万人がHIV／エイズに感染しており，感染経路として母親の胎内や出産後の授乳時の感染をあげている。これらの子どもは10代になるまでに死亡することが多く，生存や発達の権利が保障されていない。特に，アフリカ地域は深刻であり，一部の国では15歳未満の児童の10％以上が孤児となっている。

(3) 子どもと親のための「ECDアプローチ」の推進

UNICEFでは，出生時から8歳になるまでの子どもとその親の福祉の向上をめざしたECD（Early Child Development＝「幼児期の発達」の略）アプローチを推進している。このアプローチは，後の成長に影響を及ぼす幼児期の成長の重要性を強調し，それを国の政策やプログラムに取り入れてもらおうというねらいがある。

ECDアプローチを効果的に実施するためには，プログラムの立案などにコミュニティや家族の参加や協力が引き出せること，地域の文化的な価値観に根ざした物事が決定および実施されることが重要であるとしている。そのことは地域のニーズに対応しやすく，コストが抑えられプログラムを継続することが可能となる。

『世界子供白書』では，すでにいくつかの国における取り組みを報告している[27]。フィリピンでは，政府の保健，教育，福祉の各省が合同して，国内14か所で，包括的な保健，栄養，幼児教育サービスが提供されている。マラウイでは，地域のプロジェクトで家庭訪問のモデルを採用して，コミュニティのボランティアの組織化をはかったり，その他，女性のケア，母乳育児，社会心理的ケア，衛生などの子育ての仕方の指導を行った。コソボから難民を受け入れたマケドニアではアルバニア人の女性団体と協力して，七つのコミュニティに対して，150人のボランティアに対して仕事や家庭訪問，グループの集会，児童の発達について訓練が提供された。その結果，9000人の子どもをもつ6500家族に育児に関する情報と物資的援助が行われた。

この実施については，政府だけではなく，NGO，市民団体，企業の参加が必要となる。これは社会開発における女性（WID）や「人間の潜在性の開発」の考え方に基礎をおいたアプローチといえる。

---

[27] UNICEF『世界子供白書2001』ユニセフ駐日事務所，2001年。

⑷　国際連合の課題

　国連児童基金（UNICEF），国連難民高等弁務官事務所（UNHCR），世界保健機関（WHO），国連開発計画（UNDP）などの人権に基づく活動による人間開発への取り組みは賞讃に値するものである。しかし，国連は原加盟国51か国から2000年には加盟国は189か国まで増え，組織の巨大化による弊害や役割の混乱が出ているのも事実である。このような状況のなかで，国連改革が唱えられるようになったが，実際には加盟国による政治的利害によって，改革は容易ではない現実がある。ベルトランは，組織の肥大化とそれに伴う重複している機能を統合することを提言している。(28)その提言では，国連食糧農業機関（FAO），国連開発計画（UNDP），国連児童基金（UNICEF），国連人口基金（UNFPA）を整理統合して，「国際開発機関」（IDA＝International Development Agency）をつくり，開発戦略の計画および実施を述べている。国際開発機関には決定によって直接影響を受けるアフリカ，アジア，ラテンアメリカの代表を加えることを提言している。また，肥大化に伴い予算が人件費，運営管理費に支出される割合が80％となり，本来の活動に使われている部分が20％足らずであることを指摘して，これを逆転することを提言している。

4　日本のNGOによる国際協力

⑴　NGOの発展と戦略

　NGOについて第5章ですでに述べられているが，国連の協議資格をもたなければNGOとなれないわけではなく，むしろ，政府や企業と区別をし，営利を追求することや行政の補完的役割を果たすのではなく，地球規模のさまざまな社会の課題に取り組むグローバルな市民社会形成を推進する役割を担っている。先進国のNGOは直接開発途上国のコミュニティに入って開発活

---

(28)　シュナイダー，B.著，田草川弘・日比野正明訳『国際援助の限界』朝日新聞社，1996年，53頁。

動を行う直接支援型や開発途上国のNGOのパートナーとして当事者グループであるCBO (Community-Based Organization)，PO (People's Organization) を間接的に支援する場合がある。さらに，NGOは，開発・福祉，人権，環境，平和にかかわる，国内の課題を中心に取り組む国内的なNGOと国境を越えて諸活動をする国際的なNGOに分類することもできる。

　コーテンは，NGOが社会変革を実現できる組織であることに気づき，NGOの発展段階を総括して「NGOの四つの世代」を発表した[29]（表6－2）。多くのNGOは，現場での経験に学びながら，自己変革を通して発展するボランタ

表6－2　NGOの四つの世代とその戦略

	第1世代 救援・福祉	第2世代 地域共同体の開発	第3世代 持続可能なシステムの開発	第4世代 民衆の運動
問題認識	モノ不足	地域社会の後進性	制度・政策上の制約	民衆を動かす力をもったビジョンの不足
持続期間	その場かぎり	プロジェクトの期間	10～20年	無限
対象範囲	個人ないし家庭	近隣ないし村落	地域ないし一国	一国ないし地球規模
主体（担い手）	NGO	NGOと地域共同体	関係するすべての公的・民間組織	民衆と諸組織のさまざまなネットワーク
NGOの役割	自ら実施	地域共同体の動員	開発主体の活性化（触発）	活動家・教育者
管理・運営の方向性	供給体制の管理・運営	プロジェクトの管理・運営	戦略的な管理・運営	自己管理・運営的ネットワークの連携と活性化
開発教育のテーマ	飢える子どもたち	地域共同体の自助努力	制約的な制度と政策	宇宙船地球号

出典：コーテン，D. 著，渡辺達也訳『NGOとボランティアの21世紀』学陽書房，1990年。

[29]　コーテン，D. 著，渡辺達也訳『NGOとボランティアの21世紀』学陽書房，1990年。

リーな組織であるとしている。

　第1世代（救援・福祉）の戦略は，戦争や災害の被災者の救援，飢餓状態の人々への福祉サービスや物資を配給することなどである。その場限りの援助であるので，援助団体がすべてを取り仕切らざるをえない。救援活動は一時的な困窮状態は解決できるが，長期的な復興などには至らない。

　第2世代（地域共同体の開発）の戦略は，持続性をもった支援を前提に，地域住民の参加を通して，NGOが活動を展開する。住民のエンパワメントのために，保健，農業，飲料水確保などのプロジェクトを通して民衆組織（PO）を組織するが，地域の権力構造までは変えられない。また，限られた地域であるので成果が他の地域へ波及しない。

　第3世代（持続可能なシステムの開発）の戦略は，小地域レベルでの活動から，地方レベル，全国レベル，さらに国を越えた国際的レベルでの政策や制度の変革をめざすことである。NGOが活動経験から各レベルでの問題点を鋭く分析し，システムを改善する役割が期待される。

　第4世代（民衆の運動）の戦略は，特定の政策や制度を変革し，公正，持続可能性，寛容な開発の達成をめざすものとしている。これを達成するには，あらゆる国とセクターでそのような改革ができることにかかっているが，膨大なエネルギーとネットワークが必要である。

　コーテンが四つの世代で述べたように，日本のNGOは小規模であるが類似した発展をしている。

　日本のNGOの活動は，1960年代からみられるようになったが，飢餓や難民問題に対する救援活動から始められた。1970年代は海外のボランティア活動へ参加した若者が国際協力の意味を考えるようになり，貧困問題や自立への協力などをとりあげるようになった。1980年代は，開発途上国で直接活動を行う団体ばかりでなく，開発途上国の国内のNGOへの支援や民衆組織など間接的支援を行うNGOが多くなっていった。1990年代は地雷問題，環境問題，重債務問題に関するアドボカシーや開発途上国と先進工業国との関係を学ぶ開発教育に取り組むNGOも増えてきた。特に，1990年から1993年までの間に

143団体が設立された背景には，外務省のNGO事業補助金制度や郵政省によるボランティア貯金制度ができ，資金にアクセスしやすくなったことがあげられる。約40年間のNGOの歴史をみると，日本の国際協力NGOのテーマや活動が多様化してきているといえる。

(2) NGOと社会開発協力

　国際的にNGOの活動の対象は，戦争や災害などの緊急支援，収入向上，保健衛生，子どもへの教育，人権擁護といった社会開発の問題中心の取り組みを行っていることが特徴である。表6－3は1994年と1996年のNGOの事業分野別活動団体数を比較したものである。1994年にはなかったが，1996年には「食料・飢餓」「民主主義・良き統治・制度の発展・参加型開発」を事業分野とする団体の増加がみられた。北朝鮮の飢餓の緊急状況に対する食糧支援が多くあったこと，また，主義，制度，参加型などに集中しているのは，DACの開発戦略の明確化に影響されたことにもよるだろうが，NGOといっても支援事業においても当事者の参加の重要性を再認識し，外部からの援助者とプロジェクトの受益者の役割に関心が高まった時期であった。

　NGOの活動形態は，資金助成が一番多く，続いて，人材育成，情報提供，物資の供給，地球市民教育となっている。政策提言やNGO間のネットワークについてはあまり優先されていないといえる。ネパールやカンボジアで活動するNGO間では定期的会合をもち活動を行ううえでの情報交換，相互学習が試みられている。

(3) NGOの組織と役割

　一般的に，わが国NGOの組織や予算規模は欧米のNGOに比べると小規模である。NGOの財源が確保できない理由は，NGOの専門性が確立していないことや運営管理面での未熟な点などが指摘される。1998年には「特定非営利活動促進法」（NPO法）が成立し，国際協力NGOも法人化できるようになった。NPO法は税制面での優遇措置が不備であることなど課題はあるが，法人

表6－3　事業分野別活動団体数

事業対象分野	96年度 団体数	96年度 %	94年度 団体数	94年度 %
1．教育・訓練	148	68.2%	164	66.4%
2．子ども・青少年・家族	108	49.8%	103	41.7%
3．健康・衛生・水	99	45.6%	125	50.6%
4．農村開発・農業	80	36.9%	96	38.9%
5．ジェンダー・女性	64	29.5%	83	33.6%
6．植林	51	23.5%	43	17.4%
7．都市（スラム）開発・住居	49	22.6%	44	17.8%
8．食料・飢餓	46	21.2%	—	—
9．環境・公害	45	20.7%	73	29.6%
10．少数民族	44	20.3%	42	17.0%
11．人権	44	20.3%	21	8.5%
12．難民・避難民・被災民	44	20.3%	72	29.1%
13．障害者	39	18.0%	34	13.8%
14．適正技術	36	16.6%	32	13.0%
15．民主主義・良き統治・制度の発展・参加型開発	26	12.0%	—	—
16．小規模融資	25	11.5%	24	9.7%
17．平和・紛争	24	11.1%	17	6.9%
18．小規模企業・露天業	15	6.9%	31	12.6%
19．エコロジー・生物多様性	15	6.9%	—	—
20．エネルギー・交通基盤	14	6.5%	—	—
21．人口・家族計画	14	6.5%	18	7.3%
22．債務・金融・貿易	11	5.1%	—	—

注：94年度実施のアンケートの選択肢は96年度と違いがあったため、96年度の項目に合わせて再集計した。94年度の再集計は下記の約束により行った。
- 「教育・訓練」分野は、「教育」「職業訓練」のどちらかを実施している団体を1と数えた。
- 「農村開発・農業」分野は、「農村開発」「農業」のどちらかを実施している団体を1と数えた。
- 「健康・衛生・水」は「保健医療」「給水」のどちらかを実施している団体を1と数えた。
- 「都市（スラム）開発・住居」は「スラム開発」「住居」のどちらかを実施している団体を1と数えた。
- 「環境・公害」は「地球環境」「公害」のどちらかを実施している団体を1と数えた。
- 「難民・避難民・被災民」は「難民」「被災者」のどちらかを実施している団体を1と数えた。

出典：伊藤道雄監『NGOデータブック'98～数字でみる日本のNGO』NGO活動推進センター（JANIC）、1998年。

化することで社会的認知および募金活動がしやすくなったといえる。

　わが国のNGOは一般的に，財源確保，事業管理面で課題を抱えているが，1991年に開催された全国NGOの集いで確認されたNGOの役割—①小規模ながら，幅広い民衆を対象とした草の根的支援が可能，②少額資金でも，多数の民衆を対象とした機動的なきめ細かいアプローチ，③国家間の政治的要因にしばられず，人権尊重，人道的立場からの協力，④持続可能な開発，人間開発などの視点から，ODAへの建設的な提言活動，⑤開発途上国のNGOに資金的，技術的指導を行い，NGOの組織化への貢献，⑥市民参加を基盤とした活動により，先進国と開発途上国の市民との連帯や友好関係の促進—は地球市民社会の形成にきわめて重要である。

(4) 今後の課題

　日本のNGOは欧米のNGOに比べると歴史が浅く，まず，組織基盤が弱い傾向にあり，いくつかの団体を除いては，資金調達が不安定であるなど管理面で脆弱であることが指摘される。活動面においては，活動の戦略性，長期的視点に欠けてしまい，活動地域が限定されているため，波及効果があまり期待できない。政府開発援助のNGO補助金，ボランティア貯金，環境基金など政府系のNGO活動への支援策も出されているが，これらの補助金制度は，事業資金を会員からの会費や寄付金に拠っているNGOにとっては，有効な資源となる。反面，政府の補助金に依存してしまうと，本来のボランタリー（自発的な）側面が失われる可能性も秘めている。NGOは団体が発展すると専従で働くスタッフが必要となり，運営管理能力が求められる。ボランタリーな団体で，自主性や独自性を大切にしながら，開発途上国と支援者である日本の市民をつないでいく役割や開発途上国の社会開発に必要な専門性を積み上げていくことがますます期待される。

おわりに

　本章では，国際協力の背景にある開発のフレームワークを踏まえて，国際福祉を推進する社会開発分野の国際協力を中心に，政府，国連，NGOの活動を概観した。社会福祉学は，もともと欧米先進諸国の近代化のなかで発展してきたため，開発途上国社会を対象とした社会福祉援助という視点は入ってこなかった。日本は欧米の社会福祉を研究し，国内の福祉問題に応用してきた。すなわち，社会福祉学では先進国による開発途上国への「開発協力」「国際協力」などは研究対象領域として認められなかった。「開発協力」「国際協力」は「開発経済学」によって担われた。その背景には，「経済成長」の遅れている開発途上国へ近代化論に基づく経済中心の援助の必要性が認識されていたからである。しかし，今日，開発とは経済成長だけを意味するのではなく，「人間開発」にみられるように開発のテーマは，社会のあり方，質の高い生活（クオリティ・オブ・ライフ）をどうつくりだしていくかという開発指向型福祉の課題でもある。事実，国際協力の実践活動では，政府，NGOを問わず，貧困問題を中心として，収入向上，識字教育，保健衛生，女性と開発，環境改善など社会的なプロジェクトも数々行われている。しかし，援助する側が十分な社会的影響を考慮せずに，開発途上国で事業を実施するときに対象地域社会の人間関係に悪影響を与えたり，人権問題に発展したり，住民が援助に依存してしまうなどさまざまな問題点が指摘されている[30]。本来，開発途上国の人々の自助自立をめざして行われる国際協力の社会的影響に関する研究がなされてこなかったのである。問題を抱える当事者のエンパワメントを通して当事者の問題解決能力を高めるための専門性をもった北側の開発ワーカー，または開発コーディネーターは国際協力の現場で必要とされる時代にきている。また，国際協力を一つの研究，および実践分野として位置づ

---

[30]　佐藤寛編『援助研究入門』アジア経済研究所，1996年，110頁。

けて専門性の開発を行うことも今日的課題であるといえる。

参考文献

大芝亮『国際組織の政治経済学』有斐閣，1994年。
国際協力事業団編集協力『国際協力用語集〔第2版〕』国際開発ジャーナル社，1998年。
NGO活動推進センター編『国際協力NGOダイレクトリー2000』国際協力NGOセンター，2000年。
セン, A. 著, 鈴木興太郎訳『福祉の経済学——財と潜在能力——』岩波書店，1988年。
セン, A. 著, 黒崎卓・山崎幸治訳『貧困と飢餓』岩波書店，2000年。
セン, A. 著, 池本幸生・野上裕生・佐藤仁訳『不平等の再検討——潜在能力と自由——』岩波書店，1999年。
鈴木興太郎・後藤玲子『アマルティアン・セン——経済学と倫理学——』実況出版，2001年。
チャンバース, R. 著, 穂積智夫・甲斐田万智子監訳『第三世界の農村開発』明石書店，2001年。
チャンバース, R. 著, 野田直人・白鳥清志訳『参加型開発と国際協力』明石書店，2000年。
ミッジリィ, J. 著, 京極高宣・萩原康生監訳『国際社会福祉論』中央法規出版，1999年。
白鳥正喜『開発と援助の政治経済学』東洋経済新報社，1998年。
チェルニア, M.M. 著, "開発援助と人類学"勉強会訳『開発は誰のために——援助の社会学・人類学——』日本林業技術協会，1998年。
斎藤優『国際開発論』有斐閣，1995年。
エルラー, B. 著, 伊藤明子訳『死を招く援助』亜紀書房，1987年。
鷲見一夫『ODA援助の現実』岩波書店，1989年。
ジョージ, S. 著, 向壽一訳『債務危機の真実——なぜ第3世界は貧しいのか——』朝日新聞社，1989年。
プロジェクトPLA編『続・入門社会開発——PLA：住民主体の学習と行動による開発——』国際開発ジャーナル社，2000年。
ECFA開発研究所編『社会開発ハンドブック』海外コンサルティング企業協会，1993年。
野田直人『開発フィールドワーカー』築地書館，2000年。

第7章
国際社会福祉の新たな方向
——開発型社会福祉——

第1節　社会開発の歴史と展望

　社会福祉の定義はさまざまであるが，社会福祉を三つのタイプに分けることができる。第一は，ボランタリーな社会福祉事業であり，これには宗教的な慈善事業と世俗的な博愛事業が含まれる。宗教的な慈善は，キリスト教の場合，隣人愛から出てきており，キリストにならうことが貧者をはじめとする社会的弱者へ手を差し伸べる行動となってあらわれる。また，仏教の場合は，現世における善行がその者の来世の幸せを約束するものと考えられ，社会的弱者の支援という行動が出てきた。さらに，世俗的な博愛事業は，個人の憐憫の情が行動として結実したり，個人が社会的責任（Noblesse oblige；高い身分に伴う道徳上の義務）として社会的弱者への支援をとらえたりしたものであり，特に19世紀には欧米で社会問題に対処するための慈善組織が数多くつくられた。これらのボランタリーな組織は，現在では非営利組織（NPO）や非政府組織（NGO）と呼ばれており，欧米では第三セクターと呼ばれることもある。

　このボランタリーな社会福祉は，現在でも大きな役割を果たしているが，

---

(1) ミッジリィ, J. 著, 京極高宣・萩原康生監訳『国際社会福祉論』(Social Welfare in Global Context), 中央法規出版, 1999年, 7〜12頁。

それとともに現在「国家福祉」と呼ばれる政府の制度としての社会福祉がある。この国家福祉はボランタリーな社会福祉から生み出されたのであり，この国家福祉の収斂した制度が福祉国家という政治経済体制である。福祉国家は，完全雇用と社会保障を基調として，企業の国有化などの国家による経済介入と社会保障によって国民の生存権を保障しようとする制度である。しかし，1980年代以降，国家支出の増大などによって福祉国家の危機が叫ばれ，国家の社会福祉的機能のスリム化が進行している。したがって，近年では，国家福祉とともに民間企業の社会福祉への参入も顕著になってきている。しかし，社会福祉を完全に市場原理に任せ，それを利用する住民が消費者としてだけ位置づけることには好ましくないという考えもあり，住民自らが創造的にかかわる生活の質の向上をめざした活動の必要性が強調されている。国家福祉，ボランタリーな福祉，そして住民が創造する福祉という三層構造が，現代の社会福祉である。

　慈善・博愛事業が第一の道，国家福祉が第二の道であるとすると，第三の道は，住民の創造する福祉であり，これが本章の主要関心事の「社会開発」である。「社会開発は，社会施策とダイナミックな経済発展とを直接的に結びつけようとする点において他のアプローチと異なっている。その他のアプローチが，経済的な側面を軽視する傾向があるのに対して，社会開発の支持者は，雇用を生み出し，所得を確保し，生活水準を向上させる経済発展の力を活用することによって，社会福祉は最も促進されると主張する」[2]。すなわち，慈善・博愛事業と国家福祉の場合，住民は消費者（利用者）としての役割をとるが，社会開発の場合は単なる消費者ではなく生産者の役割をも果たすのである。そして，この社会開発は，経済発展の波に乗って住民の生存権保障を実現していくものであり，経済発展の副次効果として豊かさがもたらされるというこれまでのような経済発展至上主義と決別し，そして福祉の向上を受身的にとらえるという考えに別れを告げ，住民の力によって福祉の向上を

---

[2] (1)に同じ，11頁。

図るという積極的態度を維持しようとするものである。

　この社会開発は住民自らの意思で福祉の実現を図ろうとする「内発的」動因によるものであり，住民主体と住民参加が前提となっている。これを，開発型社会福祉と名づけてもよいだろう。これは市民参加の社会福祉づくりという点で，W.A.ロブソンのいう福祉国家と福祉社会が並存することによって，人間の福祉が実現できるという考えに近いものである。[3]

　ところで，開発途上国にはストリート・チルドレン，児童売買春，児童労働など，児童の権利を侵すさまざまな社会福祉問題が存在するが，これらの問題に対しては，慈善・博愛事業も国家福祉も有効な解決手段を提示できないまま現在に至っている。これらの社会福祉問題に対して，地域社会住民の覚醒を促し住民がすすんでそれらの問題に取り組むように援助していくのが，開発型福祉のあり方である。

　この社会開発アプローチは，後に述べるように，国際機関・団体が関心を寄せ，開発途上国での活動が盛んであるが，それのみならず，経済的先進国においても，この手法による住民の福祉の向上が図られている。たとえば，アメリカなどのスラムでの生活改善活動がその例である。したがって，国の経済状態にかかわらず，経済的先進国でも開発途上国でも有効な福祉アプローチである。

　開発型社会福祉の原型となる社会開発は，イギリスの旧植民地におけるコミュニティ・ディベロップメント（Community Development）から始まっている。すなわち，1948年にケンブリッジで開催されたイギリス植民地社会福祉担当者会議において，大衆教育の代わりにコミュニティ・ディベロップメントが採用され，このとき以降は救済的社会福祉よりも，地域住民の生活向上を全体的に図ろうとするコミュニティ・ディベロップメントの手法が採用された。特にこのコミュニティ・ディベロップメントは農村開発と結びつけられた。一方，都市においては，貧困者を対象とする救済的サービス(social

---

[3] ロブソン，W.A.著，辻清明・星野信也訳『福祉国家と福祉社会』東京大学出版会，1980年。

welfare）が実施されていた。1954年にロンドン近郊のアシュリッジ（Ashridge）で開催された植民地社会福祉担当者会議において，これら二つの手法を包摂する概念として，社会開発（social development）という用語が正式に採用された。[4]

社会開発の概念は経済開発の補完概念であり，経済開発の進行によって生じた有害な問題を除去する政策としてとらえられたこともあったが，その後社会開発が経済開発に従属するものではないという考えが現れてきた。たとえば，比較的早い時期の社会開発に関する定義は，パイバ（J.F.X. Paiva）によるものがある。パイバによると，「社会開発は，二つの関連する側面を有する。一つは，人々が自らのためにおよび社会の福祉のために継続的に活動する能力を育成することである。第二は，社会制度の改変あるいは醸成であり，これは人間のニーズがすべての階層の人々（特に最下層の人々）の間で充足されるようにするためである」[5]として，社会開発を積極的にとらえようとしている。また，ミッジリィは，社会開発は「経済開発のダイナミックなプロセスとの関連で，国民全体の福祉の向上を企図した計画的社会変革のプロセスである」[6]ととらえている。この社会開発という概念は，その後国際連合によって用いられるようになり，社会開発から人間開発へと，理論構築が行われている。

ところで，ミッジリィは社会開発を定義したのち，「社会開発は，主要な社会サービス，土地改良，農村開発，住民参加，人口計画，貧困を改善し生活水準を向上させる国家戦略である」と説明し，社会開発の特徴を以下のとおり整理している。[7]

① 慈善やソーシャルワークと異なって，社会開発は個人に物品やサービスを提供するものではなく，処遇を行ったりリハビリを行ったりするもので

---

(4) Midgley, J., *Social Development*, SAGE Publications, 1995, p.56.
(5) Paiva, J.F.X., *A Conception of Social Development*, Social Service Review, 1977, p.332.
(6) (4)に同じ，25頁。
(7) (4)に同じ，25～28頁。

もない。
② コミュニティや社会全般に焦点を当てて，より広い社会過程と社会構造を扱うのである。
③ 社会開発アプローチは，総合的かつ普遍的である。
④ 貧困者だけを扱うのではなく，すべての人間の福利向上を追求するものである。
⑤ 成長と変化のプロセスを含んでいて，ダイナミックなものである。
⑥ 適切な福祉レベルを維持しようとする他のアプローチと異なり，開発プロセスを積極的に推進することによって，この固定的な状況を超えようとする。
⑦ 社会開発活動と経済開発活動を結びつけようとする。
⑧ 経済開発と社会開発は，コインの両面である。経済開発なくして社会開発は存在せず，社会開発なくして経済開発は無意味である。

ミッジリィは，社会開発を人間の福祉の向上をめざす社会変化を企図した活動と考えている。同様に，パイバも，①社会開発の計画と実施にあたっては，制度間の統合が必要であること（調和した発展のために社会・経済制度の必要な構成体を統合することの必要性），②構造的変化が不可欠であること（緑の革命が，土地改革やカーストの改革などの構造的変化を伴っていなかったため人間の発展に役立たなかった），③制度の発展が必要であること，④社会経済的統合，社会構造の変化および制度発展のための努力が継続的に行われなければならないこと，を挙げて，社会開発が社会全体の変化を起爆させ，それによって人間の福祉の向上を図るものであることを強調している[9]。

このように，社会開発は，貧困者というような特定の集団として措定した

---

(8) 緑の革命とは，1943年にメキシコで始められた品種改良のこと。この品種改良によって収穫の増大が可能となったが，品種改良された稲が病害虫に弱く，また除草剤などの化学薬品を大量に必要とすることから，収穫の増大が先進国の薬品会社への依存という問題をもたらした。開発途上国の農業が，先進国に従属するという国際関係をつくったのが，緑の革命の一つの側面である。
(9) (5)に同じ，330頁。

人々だけではなく，すべての人々の福祉向上を目的とする社会への働きかけであり社会変革である。そして，ミッジリィは社会開発の戦術として，①個人による社会開発(貧困者のための小規模事業の育成など)，②地域社会による社会開発（コミュニティ・ディベロップメントなど），③政府による社会開発（社会経済開発政策の策定など）をあげており，社会開発の具体化を行っている。

なお，わが国も社会開発に対して決して無関心ではなかった。1962年に発表された「人口資質向上対策に関する決議」において政府文書ではじめて使用された社会開発という用語は，1964年に当時の佐藤栄作内閣によってキャッチフレーズとして使用された。しかし，このときの社会開発政策は，経済開発を優先する政策のなかで看板倒れになってしまった。その後も社会開発政策が期待されたことはあり，1975年には「第二次世界大戦による荒廃から奇跡とまでいわれた経済復興をなしとげ，さらには高度経済成長を謳歌してきたわが国の社会は現在大きな変革期にさしかかっている。それは高度経済成長の副産物とでもいうべき数々の社会問題が露呈し，今のままでは社会崩壊につながる危惧があり，新しい時代の創造が具体的に計画されなければならない差し迫った事態にたちいたっているといえる」[10]という認識のもとに，「生活環境の整備」「省資源型の生活様式の確立」「豊かな人間性と能力特質の涵養発揮」を中心課題とした「社会づくり」がめざされた[11]ものの，これも経済の発展の陰に隠れてしまった。その後社会開発の状況を計測する社会指標だけが一人歩きをし，社会開発の本来の意味は見失われてしまった。社会開発は，後にも述べるように，住民参加のボトムアップの政策を基本としているが，経済的な豊かさが実現され，国家福祉が充実してくると，国民は与えられる福祉になれ「自ら共同してつくりだす福祉＝社会開発」を忘れてしまったのである。

---

[10] 加藤寛・武藤忠義編『社会開発政策』青林書院新社，1975年，3頁。
[11] [10]に同じ，7頁。

第2節　社会開発の枠組み

社会開発の国際動向

　国連が大規模に開発に取り組み始めたのは，1961年の「国連開発の10年」からである。この時代の「開発」は，あくまで経済開発をさしており，経済開発の成功が国民に豊かさをもたらすと信じられていた。しかし，当初は目標設定された経済成長を達成していたが，石油危機，世界不況，第一次産品の価格の下落，債務問題の激化などがあって，開発目標と経済成長は画餅に帰してしまい，貧富の差の拡大などが問題となってきた。このため，1990年代の「第四次国連開発の10年」では，①経済成長と富の公平な分配，②人口政策と人材育成・識字教育の浸透・女性の社会参加の促進・学校教育拡充，③貧困の軽減と飢餓の除去，④環境への配慮，という課題が重視されるようになり，将来の世代が享受する経済的社会的利益を損なわないという「持続可能な開発」(sustainable development) が提唱されるようになった。

　1970年代から1980年代になると，世界の国々は二度の石油危機を経験し，従前の経済開発中心の政策が見直されだしたのである。そして，1990年代になると貧困に対する見方が変化し，「第四次国連開発の10年」では，経済成長を旗印と掲げつつも，人口政策と人的資源の育成，貧困の軽減と飢餓の除去，環境への配慮が関心を呼ぶようになった。

　1990年代には，貧困，女性，障害者など，社会開発にかかわる国際会議が多く開催され宣言や決議が多数出されるようになった。これらのうちでも，特筆すべきものは，1995年にデンマークのコペンハーゲンで開催された「国連社会開発サミット」であった。このサミットの最終文書で取り上げられた事項の主なものは，次のとおりである。

- 現在，世界の人々が直面している重大な社会問題は，貧困，失業，および社会的排除であって，すべての国に影響を及ぼしている。人々の生活上の

不確実性と危険性を減少させるために，これらの背景にある構造的な原因と苦悩の原因を明らかにすることは，我々の責務である。
- 社会のすべての分野においての民主主義と透明性と責任ある統治が，住民中心の持続的発展に欠くことができない。
- 社会発展と社会正義が，平和と安全を欠いては，あるいはすべての人権と基本的な自由の尊重を欠いては，すべての国内外において発展を達成できない。
- 経済開発，社会開発および環境保護が相互に関連しており，持続的発展の構成要因を相互に強化するものである。この持続的発展は，すべての人々にとっての質の高い生活を実現する我々の活動枠組みになるのである。貧困者による環境資源の活用推進を認める平等な社会開発は，持続的な発展にとって必要な基礎である。
- 社会開発が，世界の人々のニーズと欲求およびすべての政府ならびに市民社会のあらゆる関係者の中心となっている経済的社会的な意味で最も生産的な政策と投資とは，人々がその能力と資源と機会とを最大限に活用するように力づける政策と投資である。社会経済発展は，女性の完全な参加を欠いては持続的に行えない。そして女性と男性との平等と公正が国際社会では最優先事項であり，経済社会開発の中心を占める人間が持続的発展にとっての関心の中心であり，人間が環境と調和した健康で生産的な生活を享受する権利を有する。
- 社会開発の目標をめざし目的を達成するためには，社会的苦悩の大きな原因や家族および社会にとっての不安定さを軽減しかつ除去する継続的な努力が必要である。保健や安全や栄養不良，違法な薬物の問題，組織犯罪，政治的腐敗，外国による占領，武力紛争，人種的民族的宗教的あるいはその他の嫌悪に対しての不寛容と誘因，外国恐怖症，風土病や伝染病や慢性病が問題となる。この目的を達成するために，国レベルではもとより，地域的あるいは国際的レベルでの協力と協働がさらに強化されるべきである。

この問題指摘によって明らかにされていることは，貧困，失業および社会的排除という社会福祉問題が存在するため，社会開発を実行しなければならないということである。そして，社会開発の目的を達成するためには，民主主義と透明性のある政治と行政が必要であり，個人の人権の尊重が必要であるということである。

　また，ここで「持続的発展」(sustainable development) という概念が出されており，貧困者が環境資源を平等に活用できるようにすることが，この持続的発展の基礎となるとしている。この「持続的発展」という概念は，「国連環境と開発に関する世界委員会」(ブルントラント委員会) によって強調されており，この委員会は「目先の利益だけを追い求めるのではなく資源保護を行って次世代の利益を考慮する発展」を強く提言している。

　上記の事項で重要なものの一つは，持続的発展のためには，女性が男性と平等な社会的地位につき，女性が積極的に社会開発にかかわっていく環境を整備することである。世界の多くの国においては，女性が社会的に低い地位に置かれている。教育の機会，財産の保有等で女性は多くの場合男性に劣っている。男女の社会的平等が実現されてはじめて持続可能な開発を期することができるというのが，社会開発サミットの理念である。

　コペンハーゲンサミットの資料では，上記の関心事項に続いて，基本信条と行動準則が述べられている。基本信条は，以下のとおりである。

　「われわれ国家と政府の元首は，人間の尊厳，人権，平等，尊敬，平和，民主主義，相互責任と協働，人々が有する各種の宗教的民族的価値と文化的背景の十全の尊重にかかわっている。したがって，われわれは，すべての人々が参加する社会的発展と公正と人類の生活向上のための一国家の，地域のそして国際的な政策と行動を最優先課題とする。」

　社会開発サミットの意義はこの基本信条に尽きるが，ここで述べられていることは，中心になるのは「経済発展」ではなく，「人間の生活向上」であり，そのためには住民参加の社会開発が重要であるということである。この基本信条に基づいて，具体的行動のための指針が出されている。それらは，次の

213

とおりである。
- 人間を中心に据え，経済発展が人間のニーズ充足に仕えること。
- 社会開発には，国際協力が不可欠である。
- 経済政策，社会政策および文化政策を統合し，公的部門と私的部門が相互に補うような活動を行う。
- 経済発展を否定するのではなく，健全で広範囲な経済発展を支える政策の必要性を認識する。
- 民主主義，寛容と非暴力，多元主義および被差別の達成をめざす。
- 機会の均等をはかり，利潤の平等な分配を行う。
- 弱者を社会開発に包摂する。
- 人権と基本的な自由の保障を行う。
- 子どもと女性の人権保障を行う。

　ここに示されている行動の指針となる事項は，人間中心，人権尊重，民主主義，弱者の参加という言葉で表されることである。社会開発というのは，一見わかりにくい言葉であるが，人間を中心に据えて，人間の福祉を向上させるために，人間が協力して社会の育成を図ることなのである。しかも，個人をとりまく社会環境が国際化し，グローバリゼーションのなかに個人が置かれていることからすると，この人間中心の活動は国際協力なしには考えられないのである。

第3節　社会開発の諸相

1　CBR (Community Based Rehabilitation)

　CBRは，1974年に開始され，現在90か国を超える国において実施されている。1978年にはCBR技術の開発が始まった。当初，西欧諸国が専門職中心の先進国型のリハビリテーションの技術を開発途上国に導入しようとしたが，

それは受け入れられず，批判にさらされた。この経験をもとにして，専門職ではなく，家族が障害者のリハビリテーションを行うという手法が考えだされた。家族は障害者の訓練とケアを行うのに最も適した資源であると考えられ，各地で実施された。この経験に基づいて，WHOがマニュアルの策定を行った。

CBRは「障害者が一級市民」であるという認識をもち，障害者，その家族・地域社会が，計画，実行，管理に積極的にかかわることを求めている。したがって，CBRは，地域社会に基盤を置いたリハビリテーションといわれる。しかし，単なるリハビリテーションではなく，障害者，その家族，地域社会の人々の考え方や行動を変えるプログラムの総体である。CBRは，サービスの提供を改善し，より公平な機会を与え，障害者の人権擁護を促進することによって，障害をもった人々の生活の質を向上させる戦略である。このCBRは，障害をもった人々のためのプログラムではなく，さまざまなかたちのリハビリテーションを合体させたコミュニティ・ディベロップメント・プログラムであるとも考えられている。そして，CBRは，障害をもつ人々とその家族をすべての活動に巻き込む。障害をもつ人々は，単なるサービスの受け手ではなく，他の人々の指導やCBRの運営を行う専門家とみなされる[12]。

一つの例をあげてみよう。中西は1989年にインドネシアのソロ市に建設されたCBR開発・研修センターを紹介して，「センターは，CBRをリハビリテーションよりもむしろ地域社会の発展の手段とみている。障害は医療の問題ではなく，社会の問題であると考えて，障害者が社会活動に参加することまでを目指している。それゆえ，既存の施設や機関へのレファーラルを重視し，CBRの対象は障害者本人ではなく，そこに住む障害者を含んだ地域社会としている」と指摘している[13]。

また，ガイアナでのCBRは，「このプログラムの最終目標は，あらゆる社会

---

[12] 中西由起子監修，久野研二訳『CBR──その考え方と実践──』アジア・ディスアビリティ・インスティテュート，1995年。
[13] 中西由起子・久野研二『障害者の社会開発』明石書店，1997年，82頁。

的背景をもつ人々を大切にする社会の形成を援助することである」という考えに立って運営されており，このガイアナのCBRで提供されているサービスは，以下のとおりである。
① 障害者とその家族を対象とした所得創出プログラム
② 地域レベルで行われる職業技術訓練プログラム
③ 医療機関やガイアナCBRと協力関係のある団体が行っている上級職業訓練コースへの紹介

　エジプトのカイロでは，1991年からCBRプロジェクトが実施されている。これは，できるだけ多くの特別のニーズをもつ人々（Persons with Special Needs；PSN）に可能な限り多くのリハビリテーションのサービスを地元で提供できるように考えられたものである。このCBRプログラムは，地域の資源を活用し，PSNのエンパワメント，PSN・家族・地域住民の協力を得て行われる。ここで行われている具体的な活動は，以下のとおりである。

・地域住民の啓蒙とその態度変化をめざす。
・地元のメンバーを採用する。
・PSNの実態調査を実施する。
・地元での基金造成と地元の資源の開発を行う。
・PSNの診断を行い，個人でのリハビリテーションおよび集団でのリハビリテーションの計画を策定する。
・個人のリハビリテーションのための家庭訪問を行う。
・活動や学習プログラムの策定を行う。
・旅行やキャンプを行う。
・職業準備教育や職業教育を行う。
・就労斡旋を行う。
・収入創出プログラムを実施する。
・両親を集めて話し合いを行う。

---

(14)　www.sdnp.org.gy
(15)　www.redbay.com/newbies/ned/index.htm

・管理・モニター・報告制度を構築する。
・紹介制度を構築する。

　以上のほかに，両親や地元のリーダーの訓練を行い，それとともに教育マニュアルを作成する。

　このように，CBRは単なるリハビリテーション活動ではなく，地域社会の人々が障害をもった人々を健常者と同じように受け入れ，ともに地域社会で暮らしていくための基盤整備を行うものである。したがって，CBRは（地域）社会変革をめざした社会開発の一つであるといえる。

2　都市における社会開発

　都市における社会開発は，多くの場合，スラムにおいて行われている。かつて，東京にもスラムがあり，高度経済成長のなかで，すべてのスラムが解体された。そこに住んでいた住民の多くは，低家賃の公営住宅に移住した。スラムは目に見える形ではなくなった。しかし，これらのスラム住民の移住した地域において，社会問題の発生が取りざたされるようになった。

　このスラム解体プロジェクトには，二つの問題点があったといえる。一つは，不良住宅地域での生活文化をそのままに高層アパートに移してしまったことである。高層住宅の階段は，たちまち不潔な状態となってしまった。形だけのスラム解体をしただけで，スラム文化の改善をしなかったための，当然の結果である。もう一つの問題は，スラムにおける人間関係を分断し希薄化したことである。スラムに住んでいた当時は隣近所の横のつながりがあり，コミュニティとしてのまとまりもあった。しかし，高層住宅に入り階段だけの人間関係しかない状態になったとき，地域全体の人間関係は失われてしまったのである。スラムでは，この人間関係が生活規範を維持し社会解体を防止していたのである。これらの二つの意味において，東京のスラム解体プロジェクトは失敗したと考えられる。

　ところで，都市における社会開発は，スラムにおいて社会関係を維持し，

217

生活改善を行う機能をもっている。たとえば，タイの首都バンコクにあるクロントイ・スラムでの人間育成センター（Human Development Center；HDC）の活動は，多元的なスラムにおける生活改善プロジェクトである[16]。このクロントイ・スラムは，バンコク最大のスラムで，人口は10万人とも6万人ともいわれるが，実数は不明である。ここには，麻薬や覚醒剤問題，エイズ問題，その他の社会問題が集積している。このような問題地域において，さまざまな社会開発プロジェクトが実施されている。

その一つは，SKIPと呼ばれるスラム保育所プログラムである（Slum Kindergarten Improvement Program）。これは1970年代に始められたもので，基礎教育を行っているこのプログラムには31か所の施設があって，これまでに5万5000名の子どもが教育を受けており，現時点で3600名の子どもが教育を受けている。

このスラムには自治会があり，これらの自治会がSKIPなどのプログラムにかかわっている。HDCはその他にストリート・チルドレン（street children）のためのシェルターを運営したり，給食サービスを行ったりしている。さらに問題に直面した子どもたちを援助する刑務所プログラム（Prison Program）があり，入国管理収容所や拘置所に収容された青少年への援助を行っている。これらすべての活動に，住民が主体的にかかわっているのが，これらのプログラムの特徴である。

スラムでの活動のもう一つの例は，ナイジェリアのラゴスのアジェガンル（Ajegunle）スラム改善プロジェクトである[17]。ラゴスでは，200万人以上の市民がスラム（不良住宅地域）に居住しており，ほとんどの住民はトイレもない掘っ立て小屋に居住している。下水設備や塵芥収集もなく，家庭ごみや生活廃水は，すべて近くの川に流されている。多くの失業中の青少年が，麻薬乱用にはしり，盗みをし，喧嘩も日常茶飯事であった。

このような状況にあったスラムで，NGOがクリーンアップ・ナイジェリア

---

[16] www.inet.co.th/org/hdc/html/hdc.htm
[17] www.tbwt.com/ips1796.asp

(Clean Up Nigeria；CUN) というプロジェクトを失業中の青少年をボランティアとして組織化して行った。このCUNは30名のスラムの青少年を動員して、そこの排水設備を造成することから活動を始めた。排水設備の材料は、地区の篤志家に寄付を仰ぎ、活動を続けた。排水設備の次は、トイレットの設置、そして水浴び場の整備を行った。CUNは、トイレットと水浴び場の利用者から使用料を徴収し、その揚りを他の活動に活用した。その後リサイクル可能な廃棄物を回収して、地区の女性がそれらを分別して売却したり、生ごみから有機肥料を生産したりした。分別収集されたゴミのうち、ビンは業者に引き取られ、その代金がその後の活動資金として活用された。

3　農村における社会開発

農村における社会開発の事例として、二つの事例を示すこととする。第一は、タイのプリラム県サクーン村の例をとりあげる[18]。村民の選挙で選ばれたパーイ村長は、「村を開発しても、人間を開発しないことには何もできない」と気づき、村の小学校教諭と僧侶と協力して、村の開発に取り組んだ。村人を教育するにあたって、僧侶が道徳面を、村長が開発面を、そして小学校教諭が青少年教育を担当した。また、村長と教諭が協力して、村人の教育にあたった。

パーイ村長が村人によく語っていたことは、①草の根の活動を行うこと、②村人が中心になって活動を行うこと、③村人の参加が重要であること、④開発の事業が、次世代のためのものであること、すなわち持続可能な開発をめざしていること、であり、ミッジリィらが指摘した「社会開発」の真髄に迫るものである。

第二の事例は、タイのランプーン県のものである[19]。農村でのコミュニティ・

---

[18] ポンピット, S. 著, 野中幸一編訳『村は自立できる――東北タイの老農――』燦々社、1992年。

[19] 萩原康生『国際社会開発』明石書店、2001年、175頁以下。

ディベロップメント活動のリーダーの多くは女性である。このランプーン県の場合も女性が活発な働きをしており、その一人がシヌワンであった。シヌワンは、1942年に村長の娘として生まれ、小学校卒業後裁縫と美容との訓練を受けた。結婚後内職として縫製業を営み、しばらくして女性の織物グループを結成して、個人内職的な仕事をグループでの活動にまで広げ、販路の確保と研修による製品の質の向上を図り、村の小さな企業にまで規模を拡大した。また、乾燥ロンガン（ランプーン特産の果物）の製造などの特産品を生かした村おこし運動を展開し、子どもの教育、保育、女性の保護にまで活動を広げ、女性の地位の向上、生活改善を行った。これらの活動の特徴は、住民が中心となって住民が参加する活動によって、生活の向上を図っているということである。外部の企業などに従属させられていないことも、重要なことである。[20]

これまで都市と農村における社会開発プログラムを検討してきたが、これらのいずれにおいても、住民中心と住民参加の思想がつらぬかれ住民が中心となって福祉を創造するという活動が重要視されていることに注目しなければならない。

第4節　開発型福祉の真髄——内発的発展——

1　概念の整理

鶴見和子が「内発的発展」という用語を最初に使ったのは、1976年である。その前年にデンマークのダグ・ハマーショルド財団の出した報告「もう一つの発展（開発）」があり、鶴見は自分の使った「内発的発展」という用語とこの「もう一つの発展」という用語が同じ意味をもつものであることを指摘し

---

[20]　(19)に同じ、174頁。

ている。鶴見は，発展は物質生活の向上の側面に限らず，精神的覚醒と知的創造性とを通して，人々は社会的変化の主体となることができると主張するのである。

ハマーショルド財団の報告の指摘する発展の要件は，①健康などの人間の基本的要求充足，②内発的である発展，③地域共同体における自助による発展，④自然環境との調和，⑤社会変革への行動，である。また，1989年にOECDの開発援助委員会（DAC）の提唱した参加型開発（Participatory Development）も同様の意味合いをもっている。鶴見の主張とこれらの考えを重ね合わせると，社会開発そのものとなる。また，西川潤は，内発的発展の特徴として，次の4点をあげている。

① 内発的発展は経済学のパラダイム転換を必要とし，「経済人」に代え，人間の全人格的発展を究極の目的として想定している。
② 内発的発展は他律的・支配的発展を否定し，分かち合い，人間開放など共生の社会づくりを志向する。
③ 内発的発展の組織形態は参加，協働主義，自主管理等と関連している。
④ 内発的発展は地域分権と生態系重視に基づき，自立性と定常性を特徴としている。

ここで考えられていることは，内発的発展論がこれまでの経済学が思い描いてきた利益追求の「経済人」から生身の人権主体としての「生活人」へその考え方を全く転換していること，また，内発的発展論が人間の助け合いや支え合いという側面を重視するとともに，環境の征服ではなくこれとの共生を中心課題としていることである。端的に言うと，開発の中心に人間を据えたのが，この内発的発展論である。

鶴見は特に非西欧的な精神的側面を強調するので，以下においてアジアの仏教に根ざした内発的発展を基盤とした社会開発を素材として，実践を検討

---

(21) 鶴見和子・川田侃編『内発的発展論』東京大学出版会，1989年，47頁。
(22) (21)に同じ，47頁。
(23) 西川潤『人間のための経済学』岩波書店，2000年，17頁。

する。

2　スリランカのサルボダヤ運動の事例

　「サルボダヤ」という用語は，シンハリ語で「すべてのものの覚醒」を意味する。この運動は，1958年にコロンボで，A.T.アリヤラトネ（A.T. Ariyaratne）の指導を受けている若手の教師と学生の小さなグループが，貧困な農村で，スラマダナ（Shramadana；時間・資源・思考・エネルギー・労働の自発的な共有の意味）キャンプを組織したことに始まる。これは，一種の学習キャンプであり，教師と学生たちは，貧しい村で学びかつ働いて，村人たちと生活をともにした。このようなプログラムはスリランカ各地に広まり，現在は8000を超える村にサルボダヤ協会がある。サルボダヤ協会は，スリランカにおける最大のNGOであり，サルボダヤは新しい社会秩序のビジョンをもっている。貧困も富裕もない社会，真実と非暴力と自己犠牲というガンジー主義に基づいた社会，地方分権を尊重する社会を建設するのが，このサルボダヤの目的である。サルボダヤの特徴は，以下の事項である。[24]

・健全な思想的基盤を有する。
・個人から個人へ，コミュニティからコミュニティへ受け継ぐことのできる人間の成長の全体的視点を有する。
・志向する方向と戦略は豊かな文化と伝統に根ざしており，西洋から借りてきたトップダウンで中央集権的な開発計画に代わるもので，スリランカのような第三世界の国の開発に適している。
・ボランティアと有給職員との強力な組織力をもち，草の根の活動を行う。
・次のような5段階の戦略をとる。
　① 自発的協働労働キャンプ（Shramadana）への参加を通じて，リーダーシップ，開発のあり方，コミュニティの精神を学ぶ。

---

[24] www.sarvodaya.org

② 個人のニーズに応じて，役割ごとの集団（青少年，母親，高齢者，子ども，農夫等）を組織して研修を行う。
③ これらの集団は，ここのニーズを優先して討議を重ね，(自然に優しい)入手可能な資源と労働力を活用して，プロジェクトを実施する。
④ 社会開発プロジェクトが継続して実施されるにしたがって，所得創出プロジェクトによって地域社会は経済的に自立するようになり，自給自足が可能となる。
⑤ 自給自足から経済的余力が出てきて，他のコミュニティを援助するようになる。

このように，サルボダヤは開発の中心に人間を据えた内発的発展である。外部の力に支配されない独立した勢力で開発を行うのがサルボダヤである。

第5節　開発型福祉をめざして

これまでの論議を整理しながら，開発型福祉の全体像を描いてみよう。開発型福祉の基礎となる参加を検討するために，参加型開発と参加のプロセスを図示すると図7－1のようになる。[25]図の中心に位置を占めるのが住民であり住民組織である。住民が保健や衛生という人間としての基本的なニーズ（Basic Human Needs；BHN）を充足するために，政治的参加（行政における民意の反映など），社会的参加，市場経済活動への参加を行う。住民は法や制度というフォーマルなシステムによって，また伝統や習慣というインフォーマルなシステムによって社会的や政治的や経済的に参加をし，参加を通じて組織化や管理や交渉の能力を育成していく。主体的な住民が利用するのがフォーマルな制度などであり，また主体的住民を支援するのがNGOなどである。住民は開発の担い手であり，また開発の受益者である。

[25] 国際協力事業団「参加型開発と良い統治」（分野別援助研究会報告）による。
www.jica.go.jp/enjoreport/participation/participantion-h21.html

図7－1　「参加型開発」概念図

参加型開発

開発の影響を受ける人々が，開発の様々な局面において開発の担い手，受益者として開発活動に主体的に参画し，こうした参加のプロセスを通じ，自立的かつ持続的な開発及び社会的公正の実現を目指すこと

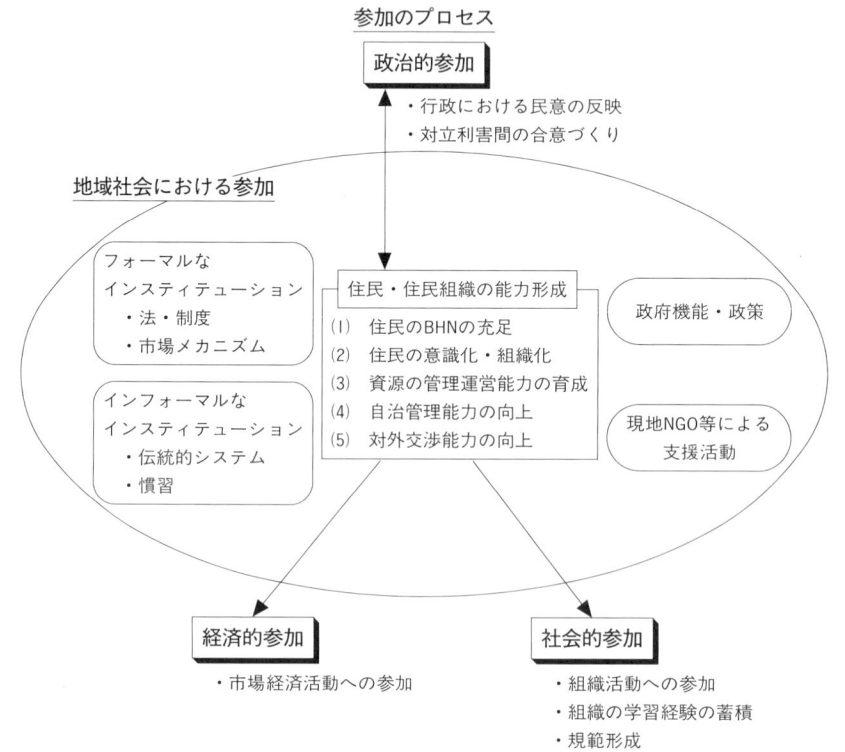

参加のプロセス

政治的参加
・行政における民意の反映
・対立利害間の合意づくり

地域社会における参加

フォーマルな
インスティテューション
・法・制度
・市場メカニズム

インフォーマルな
インスティテューション
・伝統的システム
・慣習

住民・住民組織の能力形成
(1) 住民のBHNの充足
(2) 住民の意識化・組織化
(3) 資源の管理運営能力の育成
(4) 自治管理能力の向上
(5) 対外交渉能力の向上

政府機能・政策

現地NGO等による
支援活動

経済的参加
・市場経済活動への参加

社会的参加
・組織活動への参加
・組織の学習経験の蓄積
・規範形成

出典：国際協力事業団「参加型開発と良い統治」（分野別援助研究会報告），1995年。

　また，住民は地域社会での参加活動を通じて，さらに広い全体社会へと参加を広げていくのである。このような住民主体の草の根の活動が，開発型福祉の原点となっている。
　次に，このような参加型開発に基づく開発型福祉を従来型福祉と比較してみよう。表7－1に示したように，マクロ・レベルでは，政治，行政および

政策が語られる。政治の領域では，従来型が中央集権的で人権を制限することもあったのに対して，開発型は地方分権に基づき人権を最大限尊重する。行政の領域では，従来型が「寄らしむべし知らしむべからず」という住民の参加を拒否するものであるのに対して，行政のすべてが住民に公開されているのである。政策の領域では，従来型福祉が経済発展を中心に据えその「滴り落ち効果」によって住民の福祉実現をめざすのに対して，開発型福祉は人間の幸福を最終目的として住民の現在と将来の福祉の実現をめざすのである。なお，これらのマクロ・レベルでの開発型福祉の特徴は，良い統治(Good Governance)の要因と重複することを指摘しておきたい。[26]

メゾ・レベルにおいて開発型福祉と従来型福祉が大きく相違するのは，中間集団の存在の有無である。従来型の福祉では中間集団が欠如しているのに対して，開発型福祉では，NGOやNPOが中間集団として機能している。中間

表7-1　開発型福祉と従来型福祉の比較

レベル	領域	開発型福祉	従来型福祉
マクロ・レベル	政　治	地方分権，人権の尊重	中央集権，人権の制限
	行　政	透明性の確保	秘匿性の尊重
	政　策	持続的発展	短期的発展
		内発的発展	外発的発展
		人間開発	経済開発
メゾ・レベル	集　団	NGO・NPO，共同組合	（中間集団の欠如）
ミクロ・レベル	個　人	生産者＋消費者	消費者
		開発への参加	開発への不参加

---

[26] UNDPでは，良い統治（Good Governance）といわれるための7条件を次のようにあげている。
　①国家が正当性をもつこと，②結社と参加の自由が保障されていること，③法律と制度が体系的に整備されていること，④行政への信頼性と行政の透明性があること，⑤正確で有効な情報へのアクセスが確保されていること，⑥公共部門が効果的・効率的に管理されていること，⑦政府と地域住民組織との協力関係が存在すること。

集団の存在が国家による住民の専制的支配を防ぎ民主主義を守ったという歴史を考えると，この開発型福祉におけるNGOやNPO，共同組合の存在の意義は大きいといえる。

ミクロ・レベルの地域社会では，住民が開発に参加し，住民は福祉の消費者でもあるが福祉の生産者として機能するのである。

これまで述べてきたように，開発型福祉は住民の住民による住民のための福祉活動である。これが開発型福祉の真髄であり，また社会開発の本質なのである。世界の福祉は，いまや与えられる福祉から創造する福祉へと向かっており，この創造する福祉が人間の幸福(well-being)を生み出すものであると考えられている。

参考文献
セン, A.『不平等の再検討』岩波書店，1999年。
鶴見和子『内発的発展論の展開』筑摩書房，1996年。
西川潤『人間のための経済学』岩波書店，2000年。
西川潤編『アジアの内発的発展』藤原書店，2001年。
萩原康生『国際社会開発』明石書店，2001年。
保母武彦『内発的発展論と日本の農山村』岩波書店，1996年。
ハク, M. 著，植村和子ほか訳『人間開発戦略 共生への挑戦』日本評論社，1997年。

●執筆者一覧（執筆順）

仲村優一（編者）……………………………………………はしがき

愼　燮重（編者）……………………………………………第1章

沈　　潔（高知女子大学社会福祉学部教授）………………第2章

菅沼櫻子（東京国際大学人間社会学部非常勤講師）………第3章

李　仁之（群馬社会福祉大学社会福祉学部教授）…………第4章

金子光一（淑徳大学社会学部助教授）………………………第5章

原島　博（ルーテル学院大学文学部助教授）………………第6章

萩原康生（編者）……………………………………………第7章

●編者紹介

仲村優一（なかむら・ゆういち）

 1921年 東京都生まれ
 1944年 東京大学経済学部卒業
 1947年 日本社会事業学校研究科卒業
日本社会事業大学教授・学監・学長，放送大学教授，淑徳大学教授などを歴任。
現在，日本社会事業大学名誉教授，日本社会福祉学会名誉会員，日本ソーシャルワーカー協会会長。
 主著：『ケースワーク教室―自立と人間回復をめざして―』（編著，1980年，有斐閣）
    『ケースワーク〔第2版〕』（1988年，誠信書房）
    『ソーシャルワーク倫理ハンドブック』（監修，1999年，中央法規出版）
    『世界の社会福祉年鑑2001』（編集代表，2001年，旬報社）

愼　燮重（しん・そぶじゅん）

 1934年 韓国晋州市生まれ
 1956年 ソウル大学校文理科大学政治学科卒業
 1974年 アラバマ大学院社会事業学部修了
 1980年 釜山大学校大学院政治学科博士課程修了
釜山大学校社会科学大学教授・学長，韓国社会福祉学会長，韓国社会政策学会長などを歴任。
現在，釜山大学校名誉教授，広島国際大学教授。
 主著：『韓国社会福祉政策論』（1998年，大学出版社）
    『社会保障政策論』（1999年，大学出版社）
    『世界の社会保障』（編集代表，1996年，裕豊出版社）
    『高齢化対策の国際比較』（共著，1993年，第一法規出版）
    『社会福祉の国際比較』（共著，2000年，有斐閣）

萩原康生(はぎわら・やすお)

 1944年 大阪府生まれ
 1968年 日本社会事業大学社会福祉学部卒業
 1998年 杏林大学大学院国際協力研究科博士前期課程修了

大阪・横浜・浦和保護観察所に勤務したほか,法務総合研究所研究員,国連社会防衛研究所主任研究員,国連アジア極東犯罪防止研修所教官,日本社会事業大学社会事業研究所教授などを歴任。

現在,城西国際大学人文学部教授。

主著:『アジアの社会福祉』(編著,1995年,中央法規出版)
   『アジアの子どもと女性の社会学』(編著,1996年,明石書店)
   『国際社会福祉論』(共監訳,1999年,中央法規出版)
   『国際社会開発―グローバリゼーションと社会福祉問題―』(2001年,明石書店)

グローバリゼーションと国際社会福祉

2002年9月20日　発行

編著者	仲村優一・慎爕重・萩原康生
発行者	荘村多加志
発行所	中央法規出版株式会社

　　　〒151-0053　東京都渋谷区代々木2-27-4
　　　販　売　TEL03-3379-3861　FAX03-5358-3719
　　　編　集　TEL03-3379-3784
　　　http://www.chuohoki.co.jp/
　　　営業所　札幌―仙台―東京―名古屋―大阪―広島―福岡

装幀	松田行正＋齋藤知恵子
印刷・製本	サンメッセ株式会社

ISBN4-8058-2213-9

定価はカバーに表示してあります。
乱丁本・落丁本はお取り替えいたします。